《德意志研究(2023)》

German Studies

卷首语

经过一年的精心准备，《德意志研究》终于再次如约而至，与广大读者共同分享一年一度的学术盛宴。在此，我们汇聚了文学、翻译、人文、历史等多个领域的新研究成果，旨在通过深入的探讨与交流，推动对德意志文化的全面理解与深入研究。

2023年正值德国著名汉学家卫礼贤(Richard Wilhelm，1873—1930)诞辰150周年。9月金秋时节，中外学者会聚文化名城曲阜，用一场盛大的学术研讨会共同缅怀了这位文化使者。本书的人文研究栏目也因此特辟专栏，以纪念卫礼贤对中德文化交流所作出的杰出贡献。在卫礼贤的汉学家生涯中，他的第一部重要译著是1910年发表的《论语》全译本。通过这一译本可以看到，当时尚在青岛办学、传教的卫礼贤已经开始勇敢挑战殖民主义思想，在中德两国之间打开了一扇平等对话的窗口。1911年，卫礼贤又出版了引起巨大反响的《老子道德经》全译本，为他成为职业汉学家奠定了坚实基础。《德意志研究》在两年前已经刊登长文探讨了卫礼贤对《老子道德经》的翻译和解读。今年，我们在回顾卫礼贤汉学生涯的同时，进一步将视线延伸至《论语》译本的诞生历史和"双重翻译"特色，并将卫礼贤为1911年版《老子道德经》译本撰写的前言和导言首次完整地呈现给中国读者。这些介绍、论文和译文不仅是向卫礼贤个人的致敬，更是对中德文明交流互鉴历史的回顾与反思。

在文学研究部分，本书首先聚焦于德国古典文学的历史基础和文化意义，追随国际歌德学会主席、歌德专家约亨·戈尔茨博士(Dr. habil. Jochen Golz)的视线回顾了歌德与赫尔德、维兰德、席勒等人携手合作共创德国古典文学辉煌的历程。随后的两篇论文将关注点转向作家内心研究，探索作品在情感方面的丰富内涵，分析了歌德在诗歌《感伤的凯旋》中体现的感伤主义倾向和诺瓦利斯作品中的宗教情怀。接下来两篇来自博士生的论文则在文本分析方面走上一条新路，它们充分挖掘冯塔纳作品中的潜文本构建艺术与隐性道德批判，探索并解密了融汇自然关照、人文关怀和政治隐喻内涵于一体的空气诗学，展示了19世纪末德国现实文学的深刻意蕴。同样被研究者用专业放大镜仔细审视的还有赫尔曼·黑塞的文化评论。通过研读黑塞关于阿西西的圣方济各和克里斯托弗·施伦普夫二人的评论，黑塞围绕"虔诚"与"信仰"所展开的多重思考也层次分明地展现在我们面前。为了推动对布莱希特作品的阐释，我们还首次将布莱希特的早期戏剧作品《巴尔》(节选)和教育剧《措施》翻译成中文。各位读者可以通过导读文章初步了解

《措施》中的戏剧创新与中国元素，并从《巴尔》看到布莱希特在 20 岁时对表现主义文学和人生道路的思考。

在翻译研究部分，中国学者对高立希（Ulrich Kautz）先生的访谈特别关注了中国现当代文学在德语世界的译介与接受，而另一篇论文则以对当代汉学家顾彬（Wolfgang Kubin）的分析为重点，从跨文化对话视角出发，对汉学家顾彬近年完成的《庄子》译本进行了系统阐释。这些研究都旨在促进中德之间的交流与对话，也为中华文化走向世界提供了有益的参考。

在历史研究部分，本书继续探讨德语国家中的纹章学故事，此次大家看到的是列支敦士登的历史与纹章演变之间的关系。在文献翻译栏目，我们选取了神圣罗马帝国国事诏书、普奥奥尔米茨和约、德皇威廉二世继位训令这三份重要历史文献，以及 20 世纪德国文学理论家斯丛狄（Peter Szondi）对“悲剧性”的论述，还有德国当代诗人、文学评论家戴特宁教授（Heinrich Detering）在中国之行中写下的五首代表性诗歌。这些文献的翻译不仅为我们提供了研究德奥历史的宝贵资料，也开拓了我们的文化视野。

在全新的学科建设研究部分，我们特约上海外国语大学德语系谢建文书记探讨了跨学科或跨领域专业课程与课群实践性问题。这不仅为德语学科建设提供了有益的借鉴和启示，也为推动德语学科的发展提供了重要的理论支持。《德意志研究》希望能通过这些研究为德语学科的建设提供有益的借鉴和启示，为培养更多优秀人才作出贡献。

在学术资讯栏目，我们按惯例盘点了 2023 年国家社科、教育部社科基金中与德语国家相关的项目，并对《德意志之名：德国国名国号及其汉译研究》等著作进行了评介，还向读者们推荐了《意第绪语——一门语言的历险记》这样优秀的学术读物。此外，图宾根大学荣休教授顾正祥也再次撰稿，对《德意志研究》丛书前八卷的内容进行了盘点和评价，并撰文介绍了 2024 年最新出版的德语《金瓶梅》校勘本。

展望未来的德意志文化发展方向，我们可以预见一个更加多元、开放和包容的文化景观。随着全球化的深入发展，中德文化将更加积极地进行对话和交流，吸收和借鉴其他文化的优秀元素，不断丰富自身的文化内涵。

我们期待看到德语文学继续保持其独特的艺术魅力和深刻的人文关怀，通过探索新的题材和形式，创作出更多具有世界影响力的作品。同时，我们也期待看到中德两国进一步加强合作与交流，推动更多优秀的作品和思想在不同文化之间传递。

最后，我们衷心感谢所有为《德意志研究》付出辛勤努力的作者、编辑和读者。正是因为大家的支持与关注，《德意志研究》才能不断取得新的进步和发展。在未来的日子里，我们将继续努力为读者提供更多高质量、有深度的研究成果和学术资讯，帮助大家更好地理解德意志文化的历史与现状。

让我们一起在学术的海洋中遨游，共同推动对德意志文化的深入研究，期待《德意志研究》在未来的发展中绽放出更加绚烂的光彩！

《德意志研究》编辑部

2024 年 6 月

目　录

文学研究

德国古典文学的历史基础和文化意义 ………… ［德］约亨·戈尔茨 著　莫光华 译(003)
论《感伤的凯旋》中的感伤主义反思 ……………………………… 张文畅(010)
论德国浪漫派诗人阿尔尼姆的诗学观 ……………………………… 刘　萌(027)
论诺瓦利斯作品中的宗教思想及其形成过程 ……………………… 彭偲涵(038)
《燕妮·特赖贝尔夫人》新释
——论冯塔纳的潜文本构建艺术与隐性道德批判 ……………… 王秋月(046)
“太多的空气总比太少的空气要好”
——论冯塔纳小说《泽西利亚》中的空气诗学 …………………… 李　雯(056)
虔诚与信仰
——赫尔曼·黑塞评圣方济各和施伦普夫 ………………………… 马　剑(070)
教育剧《措施》中的戏剧创新与中国元素 ………………………… 谭　渊(086)
措施(汉译)
………［德］贝尔托特·布莱希特　S. 杜多夫　H. 艾斯勒 著　谭　渊 译(091)
活出精彩与“新人”的毁灭
——戏剧《巴尔》解读 ……………………………………………… 谭　渊(115)
巴尔(节选汉译) ………………… ［德］贝尔托特·布莱希特 著　谭　渊 译(123)

翻译研究

中国现当代文学在德语世界的译介与接受
——德国翻译家高立希最后的访谈 ………………………………… 胡一帆(135)
跨文化对话视角下顾彬对《庄子》的现代阐释 ………… 周奕珺　张瑞杨　周珈如(143)

人文研究·纪念卫礼贤诞辰150周年专栏

专栏导语 …………………………………………………………………………… (155)
卫礼贤版《论语》译本初探 ………………………………………………… 谭 渊(158)
卫礼贤译《老子道德经》第一版导言
…………………………………………… [德]卫礼贤 著 谭 渊 盛可心 译(168)

历史研究

列支敦士登的历史与纹章 ………………………………………………… 林纯洁(185)

文献翻译

神圣罗马帝国国事诏书(1713年4月19日) ……………………………… 李芳芳 译(193)
普奥奥尔米茨和约(1850年11月29日) ………………………………… 李芳芳 译(197)
德意志帝国皇帝威廉二世继位训令(1888年6月15日至18日) ……… 刘剑枫 译(200)
论悲剧性(节译) ……………………………… [德]彼得·斯丛狄 著 翟 欣 译(205)
诗歌:中国行五首 ………………………… [德]海因里希·戴特宁 著 谭 渊 译(213)

学科建设研究

跨学科或跨领域专业课程与课群实践性问题考察——以上外德语系为例
……………………………………………………………………………… 谢建文(219)

学术资讯

2023年国家社科、教育部社科基金德语国家相关项目盘点 ……………… 谭 渊(231)
国号之源与民族之魂
——评《德意志之名:德国国名国号及其汉译研究》 …………………… 谭 渊(236)
导读:《意第绪语——一门语言的历险记》 …………………………………… 江雪奇(240)
学术园圃里的又一片沃土
——贺《德意志研究》丛书出版八周年 ………………………………… 顾正祥(245)
百年沧桑——贾译德语《金瓶梅》校勘本评述 …………………………… 顾正祥(251)

文学研究

德国古典文学的历史基础和文化意义

[德]约亨·戈尔茨(Jochen Golz)著
西南交通大学　莫光华　译

摘要：德国古典文学的发展深受18世纪德国历史、政治、经济和文化的影响。魏玛公国统治者奥古斯特公爵与阿玛丽娅女公爵为德国古典文学的繁荣提供了土壤。而德国古典文学的发展则始于歌德在魏玛的活动，他与赫尔德、维兰德等共同奠定了文学基础。席勒则通过审美教育理论和戏剧创作对《浮士德》等杰作产生了重要影响。他们共同创造了德国古典文学的辉煌时期。而欧洲政治剧变又影响了歌德的文化意识，使他开始关注世界文化，提出“世界文学”概念，强调通过交流认识人性。德国古典文学虽与启蒙运动精神相符，追求社会变革，但对目标设想与未来态度各异。古典文学根植于传统，强调艺术自治，追求“潜移默化”地引导观众，吸收现代哲学与科学成就，致力于表达普遍人性与历史矛盾，勾画理想世界，传达对未来的期望。

关键词：德国古典文学；魏玛；歌德；席勒；《浮士德》

德国古典文学这样的文化巅峰绝不是从历史的真空中产生出来的，而是可以归因于各种真实历史进程和思想与文化进程的共同作用。唯有这些进程之综合，才可能诞生出一种我们此处要讨论的、存在于1775年至1832年的那种文化。广义的德国古典文学时期是指歌德在魏玛活动的整个时期，狭义的则仅指1795年至1805年这十年——其间，歌德与席勒结下友谊并开启创作同盟。

出于上述原因，我们首先有必要看看18世纪德国的历史状况。当时的德国是所谓“德意志民族的神圣罗马帝国”的一部分，奥地利和它那些邻邦也属于这个帝国。其最高统治者是德意志皇帝，当时的驻地在维也纳(Wien)，帝国议会位于雷根斯堡(Regensburg)，而帝国法院则处在韦茨拉尔(Wetzlar)。这三个地方就是帝国的行政、立法和司法机构之所在地。然而，它们其实都是形式上的存在，因为真正的政治权力掌握在德国的大量诸侯手中。这些诸侯统治的地盘相对较小，但正是在这些地盘上，他们行使着一种绝对权力。数百年来，这种权力也针对其臣民的宗教信仰，因为当时通行的原则是“在谁的领地，就信谁的宗教”。从经济上看，所有这些领地都以农业为主导。只有少数农民是自由的，这类农民大多占有少量土地，并且依附于其封建领主，而这些领主本身又依附于掌握政权的诸侯。手工业者通过为诸侯的宫廷和富裕市民提供生活必需品为生。当时工业发展刚刚起步，且主要是在纺织行业。

萨克森—魏玛—艾森纳赫公国(Herzogtum Sachsen-Weimar-Eisenach)就是那样一块小地盘。它在1815年升格为大公国(Großherzogtum)。其面积只有36平方英里(Quadratmeilen),可以换算为今天的900平方公里。这个诸侯国的首都就是魏玛,一个约有6000个居民的小城。魏玛著名的人文主义者赫尔德(Johann Gottfried Herder)称之为"介乎城市与村庄的一个地方"(Mittelding zwischen Stadt und Dorf)。生活在这里的手艺人为魏玛宫廷及其僚属提供产品,同时也从事农业劳动。与当时德意志境内的普鲁士和奥地利等大型邦国相比,魏玛的宫廷生活其实很简朴。属于宫廷的有为君王提供消遣的贵族,此外还有公国行政官员和公国豢养的一支极小规模军队的军官。自1775年起,统治魏玛的是奥古斯特(Carl August)公爵。他于1776年把歌德请至魏玛,并同后者一起在魏玛这块弹丸之地实施改革,直至他1828年去世。将奥古斯特与歌德维系在一起的,是这样一个观念:只有在幅员不大、能一目了然的国土上,政治改革才能成功。他们拒绝革命。同时很重要的是,统治者不应为民众制定改革措施,而是要首先设法使他们相信改革之必要性,然后激励他们去走这条道路。歌德起初很想对魏玛的经济改革施加影响,由此使各阶层的民众从中受益;同时他想消减军费开支。此外,他还必须使奥古斯特公爵认识到,即使君主也不可大手大脚,否则会导致国家财政入不敷出。可是歌德的这些改革方案失败了。1786年,他远走意大利,以求思索自己的人生。回到魏玛之后,他虽然并未放弃他的改革思想,但他从此只专注于文化和科学政策的改革。

在萨克森—魏玛公国,与现实政治生活中发生的种种变化密切相关的,乃是文化生活上的诸多变化。这些变化早在1800年前后就已为魏玛赢得了德意志文化中心的美誉,并使魏玛的声誉在整个欧洲广为传播。这朵文化之花,其基石却是由奥古斯特公爵的母亲阿玛丽娅女公爵(Herzogin Anna Amalia)奠定的——她聘请了著名的德国作家维兰德(Christoph Martin Wieland)前往魏玛宫廷做她儿子的教育者。维兰德此前写了一部长篇小说,描绘了一个君王应当接受的理想的教育。他正是凭这部小说自荐。维兰德是启蒙运动的代表人物。启蒙运动兴起于英国和法国,然后由德国哲学家康德(Immanuel Kant)发展出一整套理论。康德的名言是:"要勇于运用自己的理智。"于是,具有思维能力的理智就成为准绳,用于考量一切事物,诸如教会、意识形态和国家等体制。维兰德之所以能在魏玛生存下来,不仅因为他从魏玛宫廷获得了一笔微薄的俸禄,即使后来他不再做公爵的师傅,他仍能享受这笔俸禄;而且也因为他创办了杂志《德意志信使》(*Teutscher Merkur*),对公众观念的形成产生了重要影响,并且期刊带来的利润足以使他过上体面的生活。除了维兰德,阿玛丽娅女公爵还招聚一些其他市民知识分子来到魏玛,并同他们讨论那个时代的一切话题。至此,德国古典文学所需的土壤已经就绪。

德国古典文学的真正发展始于歌德1775年起在魏玛的活动。从那以后,歌德在各个领域劳作:他既是公国的宰相,也负责管理与魏玛相邻的耶拿大学,还担任奥古斯特公爵的外交顾问。作为艺术家,他的活动有限。歌德还在斯特拉斯堡大学念书时,就已结识赫尔德,并从后者身上受益匪浅。歌德创造了种种条件,促成赫尔德1776年受聘至魏玛。赫尔德担任魏玛公国的宫廷牧师,同时也主管学校和教育事务。作为理论家,赫尔德为德国古典文学奠定了理论基础。在其巨著《关于人类历史哲学的思想》(*Ideen zu einer Philosophie der Geschichte der Menschheit*)中，赫尔德重构了从无机到有机自然再到人类的自然发展历程。他认为，人类就其天性而言，必然会走向人道，并成为真正的人。他指出，如果人人都遵从人道之律令，那么全人类终将和谐地共生于一个和平的世界。值得注意的是，赫尔德发展思想的立论基础不仅有欧洲的历史，而且也包括他本人所能获知的世界各民族的历史。他甚至设有专章论述中国的历史。赫尔德的另一部重要著作是《旨在提升人道的通信》(*Briefe zur Beförderung der Humanität*，1792—1794)。赫尔德意识到，人道不可能自发地产生出来，而是须由人类自身去努力创建和捍卫。他的第二部巨著就是专门探讨人道的捍卫问题。歌德从赫尔德对自然的见解中获得了重要的启迪。所以，当歌德1784年发现人类也有颚间骨(Zwischenkieferknochen)的时候，他首先通知的就是赫尔德，因为歌德发现的是一个重要证据，证明动物与人类其实具有某种共性。

维兰德、赫尔德和歌德，他们三位都在魏玛寿终正寝(维兰德死于1813年，赫尔德死于1804年，歌德活到了1832年)，并且共同奠定了德国古典文学的基础：维兰德是一位启蒙家，一位对一切现存体制持怀疑态度的批评家；赫尔德是人道理论家；歌德是百科全书式的艺术家和科学家，同时也是政治家。席勒(Friedrich Schiller)比前面三位都年轻。维兰德生于1733年，赫尔德生于1744年，歌德生于1749年，席勒生于1759年。1787年，席勒第一次造访魏玛。1789年之后他在魏玛供职，担任耶拿大学历史学教授。从1794年起，他与歌德结为至交。他们彼此竞赛，共同创造了与“德国古典文学”这一概念密切相关的作品。歌德1774年发表了《少年维特的烦恼》(*Die Leiden des jungen Werthers*)，就是这部小说使他在整个欧洲一举成名。在同一时期，他还写出了著名的诗歌《普罗米修斯》(*Prometheus*)。在这首诗中，诗人向一切世俗权力宣战，并且把具有创造力的自我看作世界上最重要的原则。在魏玛，歌德起初主要是政治家和科学家。他虽然在1776年写出了不少著名的诗歌，例如叙事谣曲《魔王》(*Erlkönig*)、《对月》(*An den Mond*)，甚至他最著名的那首诗作《漫游者的夜歌》(*Wandrers Nachtlied*)，其首句为“一切的山巅沉寂”(Über allen Gipfeln ist Ruh)。可是到此为止，他更伟大的杰作却都是尚未完成。直至到了意大利，也就是1786年和1788年，歌德才写出了《伊菲格涅在陶里斯》(*Iphigenie auf Tauris*)、《艾格蒙特》(*Egmont*)和《托夸多·塔索》(*Torquato Tasso*)。

从意大利返回之后，歌德首先以古典诗体的格律进行创作。然后于1795年和1796年发表了《威廉·迈斯特的学习时代》(*Wilhelm Meisters Lehrjahre*)，同时开始专心致志地研究植物学和色彩学。歌德此间在文学创作上的重要成就得益于他与席勒的友谊。在席勒的支持下，他完成了《浮士德》第一部，使之能于1808年出版。席勒起初撰写了一系列理论文章。他在这些文章里提出的思想是，人首先必须受到足够的审美教育，然后才有能力作出正确的历史抉择。席勒指出，人类唯有经过美的熏陶，方能变得自由。歌德却提醒席勒，应该重新投入戏剧创作。于是，在1795年至1800年，席勒写出了杰出的戏剧三部曲《华伦斯坦》(*Wallenstein*)。其核心人物是三十年战争时期的一位统帅。从1800年起，席勒每年都会发表一部剧作，其题材和人物皆出自欧洲的历史，例如《玛丽亚·斯图亚特》(*Maria Stuart*)、《奥尔良姑娘》(*Die Jungfrau von Orleans*)、《梅西纳新娘》(*Die Braut von Messina*)和《威廉·退尔》(*Wilhelm Tell*)。1805年席勒去世的时候，留下了一部未竟之作《德米特里乌斯》(*Demetrius*)，该剧取材于俄罗斯的历史。席勒也为歌德领导的魏玛宫廷剧院创作剧本。他还改编了一部中国题材的戏剧《图兰朵》(*Turandot*)。他曾为该剧每场新演出编写了一个新谜语。作为竭力歌颂自由的诗人，席勒在19世纪和20世纪的东欧和西欧各国深受读者喜爱。

席勒之死使歌德陷入深刻的精神危机。甚至有一段时间，他作为诗人完全沉默了。但歌德的天性中有一种力量，使他能借助创造性的活动摆脱痛苦与绝望。此时，歌德不仅必须摆脱席勒之死带给他的巨大伤痛，他还必须适应在他眼前已经发生了巨大变化的现实。1789年的法国大革命深刻地重塑了欧洲政治格局。在法兰西出现了一个崭新的资产阶级国家，尽管1800年之后拿破仑还是加冕称帝了。在不列颠，资产阶级与资本主义生产关系早就获得了胜利。拿破仑大军极大地改变了欧洲政治版图。所有这一切事件的最终结果，就是在社会和文化领域发生了极端变化，导致整个社会随时处于动荡与失范的边缘。对于歌德而言，现实世界必须是稳定和安宁的，混乱和动荡乃不可忍受的干扰因素。在他的艺术创作中，他极力反对此类干扰因素，极力寻求秩序，追求和谐的平衡。

1808年，歌德发表了小说《亲和力》(*Die Wahlverwandtschaften*)。他在书中描述的是，由于社会和政治关系的嬗变，诸如婚姻这样的人类关系也将破裂。歌德于1808年发表的《浮士德》第一部对其公共知名度的扩大具有里程碑意义。如果说维特已经使歌德声名远播，那么此时的《浮士德》则刷新了他在欧洲的知名度。在西欧和东欧，还有世界上的不少其他国家，歌德从此就作为《浮士德》的作者扬名于世。即便在德国，欧洲范围内的政治剧变也并非毫无影响。萨克森—魏玛公国当初在反拿破仑的战争中站在普鲁士一方，结果在1806年惨败，被法军占领。法国人提出了巨额战争赔款，使德国百姓变得一贫如洗。德意志民族的神圣罗马帝国自1806年起不复存在。直到1815年拿破仑失败之后，萨克森—魏玛公国才在政治上恢复独立，并且升格为大公国。奥古斯特大公爵推行了一系列改革。有些改革措施甚至限制了他自己的权力，同时把更多权力赋予民众，从而在经济上使国家走上了资本主义道路。可是对于这种发展趋势，歌德却投去怀疑的目光。

席勒死后，歌德的文化意识也在很大程度上发生了改变。从意大利返回之后，古代和文艺复兴时期的艺术为歌德自己的艺术创作提供了准绳。此时，歌德对欧洲范围以外的文化发展状况产生了兴趣。受中世纪波斯诗人哈菲兹(Hafis)的启发，歌德写出了完全具有波斯和阿拉伯精神的诗歌。他于1819年将这些作品汇编为《西东合集》(*West-östlicher Divan*)。歌德不仅创作了这些诗歌，而且还在这部诗集的第二卷里撰写了解释《西东合集》之文化史背景的长篇注疏。诗人通过这些注疏向读者传授了近东和远东的重要文化知识，其中也谈到了中国文化。在接下来的数年间，歌德深入研究了他所知道的世界各部分的文化发展进程，并且创造了“世界文学”(Weltliteratur)这一概念。歌德理解的“世界文学”不是从荷马经但丁和莎士比亚直到他那个时代的经典著作之集合，而是主要意指一种交流过程。通过各种现代交通手段，比如邮政、铁路、航运等，世界各民族能够比前人更好地把握当下的文化进展，并且相互交流。

在此交流过程中，人们会逐渐认识到，任何时代的艺术处理的都是源于人类自身本质的那些问题。其核心从古至今并未发生任何改变，其要义就在于人性。由此，歌德就重拾了赫尔德当年提出的一个核心思想。正是艺术中对人性的表现将世界各时代和各民族的艺术联系在了一起。为了认识寓于其他民族之艺术中的这种人性，我们必须认真了解该民族的历史与文化。此时，宽容乃是我们认识其他民族并尊重其文化贡献的先决条件。在此过程中，各民族可以学会相互认识和理解。歌德曾为此理想作出过不懈的努力：他让人在他创办的刊物上发表了出自各种语言的译作，并且令他本人引以为豪的是，他的《浮士德》已被译成了所有的现代文化语言。歌德认为，对于理解本民族的文化而言，充分的历史教养是不可或缺的前提。通过创造性地吸收外来文化的财富，歌德产出了自己的艺术财富。在他的组诗《中德四季晨昏杂咏》(*Chinesisch-deutsche Jahres- und Tageszeiten*)中，就有他得自中国文学的启发，而这种文学他只是借助法语和英语译本才有所了解。时值1827年，歌德年届80。

歌德毕生最后的巨著是《浮士德》第二部，虽然这部作品是在歌德生前完成的，但是并未在他生前发表。他亲手封存了手稿，让后世决定其命运。这部著作的地位在世界文学史上是绝无仅有的，是一部真正意义上的“毕生之作”，因为《浮士德》的写作过程伴随着歌德整个人生。其开篇的场景诞生于1770年至1772年。《浮士德》第一部出版于1808年，直到临终前不久，歌德仍在写作第二部。《浮士德》第二部反映的是被历史学家称作现代开端的那个时期。一般而言，德国的资本主义也是在1800年前后开始发展的。这种生产关系很早就在英法两国出现并且至今仍左右着欧洲的发展。歌德不仅注意到了出现在德国的经济迅猛发展现象，而且他也记录了这种发展趋势的负面效果：社会差别不断扩大，一切生活进程日益加速，一切生活进程在文化上的同质化，此外还有社会的不确定性——一个人可能一夜之间暴富或赤贫。歌德将所有这一切发展进程，都通过他那已经成熟的艺术语言，写入了共分五幕的《浮士德》第二部。例如：歌德让其主人公披着历史的外衣探讨了纸币的产生问题以及随之而来的风险和危机——这个问题恰好在今天显得尤其具有现实意义。

同时，古典艺术总在寻求现实的替代品。在《浮士德》第二部第三幕中，歌德以优美而又夸张的画面，呈现了欧洲古代艺术和神话世界：当歌德处于“古典文学”盛期时，那个世界为其描绘艺术中的一种对象世界提供了美学模式。此时，在资产阶级的现代时期，古代文化对于歌德来说，不再是直接的榜样了。他一方面在原则上坚持它，另一方面，在他的现实艺术中，它们却再也不能产生影响。老年歌德的艺术态度是反讽性质的。在《浮士德》结尾处，老迈的浮士德勾画了一幅愿景：自由土地上的自由人民。然而浮士德此时已经双目失明。他以为身边有许多人正在实现他那个愿景，但其实那些都只是半神半鬼的幽灵，是他自身的掘墓者。最后，正是爱的力量——但却并非基督教意义上的力量，而是古代神话中爱神的力量——为人类提供了一种视角。对歌德而言，爱本身就是创造原则，就是朝向一种更高人性的发展趋势。此处，我们不妨引用《浮士德》最后两行，“跟随永恒女性，我等向上向上”。

概而言之，我们可以提出如下问题：德国古典文学的本质何在？18 世纪是这样一个时代，当时，市民阶级在现代社会的胜利进军刚刚起步。英法两国欣欣向荣的资产阶级在经济和财政上的意识形态通过启蒙运动获得了表达。于是启蒙运动渗透到社会的方方面面。它将个体的角色置于中心位置，对人的思维和感受能力赋予重要意义。这意味着精神独立的思维能力，从宗教和政治威权的束缚中解放了自己，从此只听命于它自己的法则。启蒙运动的宗旨，就是要改善社会关系，人的思维和人的行动都应以此改善为指归。在此过程中，产生了革命或者进化这两种模式。在经济、科学、法律和教育等领域的实际启蒙，促成了 18 世纪和 19 世纪早期的社会大发展。

就这些根本性的精神前提条件而言，德国古典文学的代表人物与启蒙运动精神是完全一致的。他们自视为自由的、仅对自身富有批判力的理性负责的思想者。他们艺术创作和生活实践行为的最终目标，都是要通过具有长期效应的变革去改变整个社会。区别只在于他们各自对目标的设想。例如维兰德始终用怀疑的态度看待历史进程，他认为积极的变化只可能在较长远的历史区间内才能出现；赫尔德却对于不远的将来满怀巨大的博爱主义者之信心。他的思想差不多具有乌托邦性质。跟赫尔德一样，大多数启蒙思想家都想在他们自己的时代就能看见积极的变化。歌德当初力主政治改革，就是希望很快就能看到现实生活发生预期的转变。然而他不得不面对的是，他推行的那些改革措施都未能迅速地产生成果。随着年事渐高，歌德与历史的关系日益疏远，而且对 1800 年前后的现代社会起步阶段表现出与日俱增的怀疑并与之拉开了距离。相应地，他对于人类之未来的态度也是不明朗的。歌德是一个太过伟大的现实主义者，所以他并不企盼通过极端变革达成巨大的改善。他不是乌托邦式的思想家。在这方面，他与席勒很相似。席勒对于历史发展持怀疑态度，这要归因于他自己对政治权力运作机制的洞见。在人类接受美学教育的过程中，席勒虽然给艺术赋予了伟大的使命，然而这种发展究竟会汇入何种政治现实，他同样没有答案。

艺术的功能和任务究竟是什么？对于这个问题，启蒙运动与德国古典文学的回答自然具有重要的差别。对于启蒙运动而言，艺术的任务首先在于，从道德层面去改善观众，并将观众引向其在生活中的实际角色本身——教育其理智与情感。市民应当受教育而成为更好的国民，成为一个道德高尚的主体。由此，艺术就有了教育功能，与此同时，它也必须令人愉快，能带来娱乐。为此，古罗马诗人贺拉斯(Horaz)有言曰：“艺术作品应当‘有用且愉悦人’。”

从原则上讲，德国古典文学也坚持艺术的教育功能。正如启蒙运动，德国古典文学认为艺术的任务在于，为生活状况的改善作出一份贡献。但是对于德国古典文学来说，艺术有一个自治的特征：艺术的创造和结构不听命于非艺术的目的，不听命于道德和宗教，它仅仅从艺术自身赢得其内在法则。借助这种自治原则，它与启蒙运动区别开来。歌德说过，艺术应当从事教育，但要“潜移默化”地进行，亦即，艺术应当这样来引导读者或观众：让他独立地进行思考并作出判断。席勒谈过人的审美教育问题。启蒙运动已经把现代个体推到了艺术的中心位置。德国古典文学在这一点上追随了启蒙运动。歌德解释说，艺术的功能无非就是一定要处理人的问题。所谓诗人就是一个有意识的人。古典艺术的核心，其实就是理解世界并且也理解自身。艺术因此要让人有能力更好地理解世界，同时也要致力于使人能更好地理解自身。

每一门艺术都根植于相应的传统，都维系于特定的典范。德国古典文学在内容和形式上以过去一切伟大的艺术成就为导向，比如以欧洲古代文化、以德国和意大利的文艺复兴、以莎士比亚和欧洲启蒙运动中的艺术杰作为导向，此外也以欧洲范围之外的各种伟大艺术成就为导向。不仅如此，德国古典文学还吸纳现代哲学和自然科学的一切成就，并且努力研究同时代的其他文化潮流，研究德国唯心主义哲学（康德、费希特、谢林、黑格尔），研究欧洲早期浪漫派。席勒在为其主办的刊物《季节女神》（*Die Horen*）撰写的前言中，给古典艺术的定义为，它是一门致力于“使那些纯人性的并且超越时代影响的事物重获自由”的艺术。

有人指责德国古典文学，说它规避了历史，企图逃到普遍的人性中去。古典文学家认为，自从有历史传承以来，人们在人类学特质上几乎就不再有什么区别，使他们彼此区别的，乃是他们各自的历史生活关系和由此生发的种种本质特征。从这种充满张力的人类主体与世界客体的关系中，产生出了艺术的一切重大的冲突，直至今日。人及其艺术的本质乃是，正如席勒所言，“超越时代的影响”，然而天生就具有人性的人类也必须在不同的、新的历史语境中，证明其自由和自治，证明其尊严和人性。他也必须在各种新的历史处境中，意识到责任与自由的关系。德国古典文学没有脱离其所处时代的种种历史矛盾，它恰好反映了这些矛盾。可它确实使用一种具有高度完美的形式之艺术语言勾画了一个自己的世界，一个与历史现实相反的世界。决定德国古典文学的那些艺术理念，可以向人们传达一份对未来的期望，一份在艺术中要么可以很快出现在人们视野中，要么很久以后才能企及的希望。对现实的诊断和对未来的预期，这两者之间具有一种充满张力的相互关系。那样一种艺术，向我们提出的任务就是，我们要不断地去研究它，因为它所呈现的问题，也就是我们自身存在的问题。如是观之，德国古典文学潜在的影响力和现实性便得到了解释。

论《感伤的凯旋》中的感伤主义反思

北京大学　张文畅

摘要：在魏玛的前十年，约翰·沃尔夫冈·冯·歌德的文学创作经历了从狂热的感伤主义到古典主义平衡精神的转变。此时的歌德，在文学创作、日常生活以及情感交往方面，都在尝试与感伤主义运动以及《少年维特之烦恼》所引发的过度感伤情感保持距离。1777年创作的戏剧《感伤的凯旋》是歌德对过度感伤的风潮进行的一次犀利的讽刺，其中蕴含着作家对自然与艺术的关系、现实生活素材与其艺术再创作之间的相互关系等问题的深刻探讨。

关键词：《感伤的凯旋》；感伤主义；自然与艺术；园林艺术

1. 绪　论

约翰·沃尔夫冈·冯·歌德(Johann Wolfgang von Goethe)于1775年11月7日抵达魏玛，并在1776年夏季正式定居于此。① 在魏玛的前十年，歌德已认识到："真理来自实际的生命，而非来自文学。"②因此，在哈尔茨山之行后，歌德宣告了生命之于文学而言所处的崇高地位，并致力于与感伤主义运动以及《少年维特之烦恼》所引发的过度感伤情感保持距离，其文学创作也经历了从狂热的感伤主义到古典主义平衡精神的转变。

"感伤主义"作为18世纪欧洲新兴文学流派，在英国兴起并迅速传播到法、德等国。这一术语的起源可追溯至1768年英国作家劳伦斯·斯特恩(Lawrence Sterne)发表的长篇小说《感伤之旅》(*Sentimental Journey*)的书名。在德国作家J. J. C. 波德(J. J. C. Bode)对该小说进行翻译时，戈特霍尔德·埃夫莱姆·莱辛(Gotthold Ephraim Lessing)建议将英文的"感伤的"(sentimental)一词译为德文"empfindsam"。因此，"Empfindsamkeit /

---

① [德]吕迪格尔·萨弗兰斯基：《歌德——生命的杰作》，卫茂平译，北京：生活·读书·新知三联书店，2019年，第224页。

② [德]吕迪格尔·萨弗兰斯基：《歌德——生命的杰作》，卫茂平译，北京：生活·读书·新知三联书店，2019年，第228页。

empfindsam”作为“感伤主义”的德文译法被广泛接受并传播。①

巴洛克时期和早期启蒙运动时期以“冷淡”(Apathie)和“静止”(Ataraxie)为特点，奉行压抑情感的寡欲态度。② 与之不同，感伤主义崇尚个人情感，提倡回归自然，对抗工具理性对人性的伤害。早期的“感伤主义”受英国“道德感理论”(Moral-Sense Theorie)的影响，将友谊、爱情、同情等视为具有较高道德品质的情感③，通过文学作品与受众建立情感共同体，以宣传公众对美德与人性的认知④，培养公众感知情感的能力。1778年，作家约阿希姆·海因里希·坎普(Joachim Heinrich Campe)(1746—1818)将消极、过度的“感伤主义”称为“故作多情”(Empfindelei)，作为“感伤主义”的贬义词编入杂志《德意志图书馆总汇》(*Allgemeinen Deutschen Bibliothek*)中，并将以夸张、狂热、激情为特征的过度“感伤主义”与忧郁症、疑病症和歇斯底里症联系在一起。⑤ 通过对过度“感伤主义”的批判，如何平衡理性与情感成为众多作家在其作品中探讨的重点。

在1777年创作的戏剧《感伤的凯旋》(*Der Triumph der Empfindsamkeit*)中，歌德对过度感伤的风潮进行了直接而犀利的讽刺。作为一部从感伤主义向古典主义过渡的作品，《感伤的凯旋》作为歌德关于“戏剧的怪念头”的体现，为我们提供了考察他这一时期精神历程的有力佐证。然而，与《伊菲格妮在陶里斯》(*Iphigenie auf Tauris*)和《托尔夸托·塔索》(*Torquato Tasso*)几乎同时期的作品相比，《感伤的凯旋》在研究程度上存在一定的欠缺。

在对《感伤的凯旋》进行事实信息研究的层面上，加布里埃尔·布希-萨尔门(Gabriele Busch-Salmen)负责出版的《歌德手册》补遗册(2008)⑥和德国经典作家出版社推出的《歌德全集》第五卷(1988)⑦中的评注部分发挥着关键作用。这些评注详细补充了《感伤的凯旋》的文本生成史、素材来源、作家相关论述以及接受史等方面的事实信息，为对该文本的深入解读提供了全面的背景信息。

作为戏剧标题所包含的关键词，“感伤主义”一直是学者研究的重点。在感伤者行

---

① 参阅 Weimar, Klaus (Hg.), *Reallexikon der deutschen Literaturwissenschaft. Neubearbeitung des Reallexikons der deutschen Literaturgeschicht*, *Bd.* 1, *A-G*, Berlin u. New York: Walter de Gruyter, 2007: 440.

② Weimar, Klaus (Hg.), *Reallexikon der deutschen Literaturwissenschaft. Neubearbeitung des Reallexikons der deutschen Literaturgeschicht*, *Bd.* 1, *A-G*, Berlin u. New York: Walter de Gruyter, 2007: 439.

③ 同上。

④ 同上，S. 440.

⑤ Thoma, Heinz (Hg.), *Handbuch Europäische Aufklärung. Begriffe*, *Konzepte*, *Wirkung*, Stuttgart u. Weimar: Verlag J. B. Metzler, 2015: 132.

⑥ Busch-Salmen, Gabriele (Hg.), *Goethe Handbuch. Supplemente*, *Bd.* 1, *Musik und Tanz in den Bühnenwerken*, Stuttgart u. Weimar: Verlag J. B. Metzler, 2008.

⑦ Goethe, Johann Wolfgang von; Borchmeyer, Dieter (Hg.), *Sämtliche Werke*, *Bd.* 5, *Dramen. 1776-1790*, Frankfurt a. M.: Deutscher Klassiker Verlag, 1988.

为方式的内在逻辑研究方面，约翰·P. 海因斯(John. P. Heins)在其论文《感伤的困惑：歌德〈感伤的凯旋〉中的艺术、自然和审美自主性》(2006)中，深入分析了戏剧中园林艺术的特点，并从精神分析的角度对戏剧主人公进行阐释。作者认为，歌德在这部剧中批判了将艺术的任务简化为模仿自然的信念，而未理解艺术创作所涉及的复杂中介过程。同时，他将戏剧主人公奥洛纳罗王子的感伤主义病症视为一种无法实现的“阉割”，具有自慰倾向的心理特征。① 维尔纳·沃特里德(Werner Vordtriede)在《歌德〈感伤的凯旋〉中的诗人问题》(1948)中，将感伤主义与诗人身份建立联系，认为奥洛纳罗王子与普索塞庇娜本质上是对诗人身份的感伤主义模仿，展示了诗人不再歌唱现象世界而日益内心化的趋势。诗人问题与社会现实的矛盾也逐渐成为后来文学作品的核心议题。②

在感伤主义园林研究领域，伊娃·博尔施·苏潘(Eva Börsch-Supan)在《19 世纪和 20 世纪初文学作品中的花园空间主题》(1965)中深入探讨了奥洛纳罗王子的“人工自然”所产生的自然幻象效果。③ 此外，约翰·P. 海因斯在前文提及的《感伤的困惑：歌德〈感伤的凯旋〉中的艺术、自然和审美自主性》(2006)一文中也对戏剧中人造园林的虚幻性与表象性进行了研究。然而，这两位学者均未对感伤主义园林的理论基础及该园林对自然性信仰的深层动因进行深入挖掘，这为我们提供了进一步研究的空间。这一方向的深入探讨将有助于我们更全面、深刻地理解感伤主义园林在文学作品中的表现与意义。

在戏剧的自传性特征方面，王静在其论文《论歌德从感伤主义到古典主义的精神转变——以歌德魏玛前十年间的戏剧创作为例》(2013)中通过对歌德的魏玛从政生涯、个人情感经历以及他对古代文学艺术的学习与借鉴三个层面的深入分析，剖析了歌德从感伤主义向古典主义转变的原因。通过对歌德在魏玛前十年中创作的《普洛塞庇娜》《感伤的凯旋》《伊菲格妮在陶里斯》三部戏剧的详尽论述，阐明了歌德向古典主义转变的具体过程。然而，尽管该文章深入挖掘了歌德的个人经历和学术影响等方面，但由于涉及作品较多，每部戏剧的论证仅停留于主要内容和核心思想的简要介绍。这使得对单部文本的研究深度有所欠缺。④

在文本的素材来源与互文性问题层面，阿恩·克拉维特(Arne Klawitter)和维尔纳·沃特里德等学者为我们提供了有益的研究视角。在《罗斯瓦尔德的奇迹：歌德〈感

---

① Heins, John P., Sentimental Confusion: Art, Nature, and Aesthetic Autonomy in Goethe's *Der Triumph der Empfindsamkeit*, in: *Goethe Yearbook*, 2006, Vol. 14: 83-101.

② Vordtriede, Werner, Das Problem des Dichters in Goethes *Triumph der Empfindsamkeit*, in: *Monatshefte*, Mar, 1948, Vol. 40, No. 3: 149-156.

③ Borsch-Supan, Eva, Das Motiv Des Gartenraumes in Dichtungen Des Neunzehnten Und Fruhen Zwanzigsten Jahrhunderts, in: *Deutsche Vierteljahrsschrift für Literaturwissenschaft und Geistesgeschichte*, 1965, Vol. 39: 87-124.

④ 王静:《论歌德从感伤主义到古典主义的精神转变——以歌德魏玛前十年间的戏剧创作为例》,《中国矿业大学学报(社会科学版)》, 2013 年第 2 期, 第 127-133 页。

伤的凯旋〉中对普鲁托"地狱花园"的讽刺性原型》(2019)一文中，阿恩·克拉维特斯深入探讨了戏剧中普鲁托的地狱园林的原型，并指出歌德在构建这一地狱园林时可能参考了阿尔贝特·约瑟夫·冯·霍迪茨伯爵(Graf Albert Joseph von Hoditz)的罗斯瓦尔德庄园的布景。克拉维特斯还提到了歌德在戏剧中对中国建筑元素的批判，然而，作者的例证并未清晰地展示出歌德的具体批判方向，因此这一问题值得进一步深入探讨。① 在维尔纳·沃特里德的另一篇论文《歌德和塞万提斯笔下的书籍审判》(1947)中，作者通过实证方法深入研究了《感伤的凯旋》与米格尔·德·塞万提斯(Miguel de Cervantes)的作品《堂·吉诃德》(*Don Quijote de la Mancha*)之间的互文性。这一研究视角为我们提供了对戏剧文本在广泛文学背景下的相互关联性的更深刻理解。这种实证方法的应用为进一步探讨文学作品之间的相互影响提供了方法上的启示。②

最后，在《感伤的凯旋》中的中国元素层面，国内外学者对该问题的关注程度较低。英格丽德·舒斯特(Ingrid Schuster)在《歌德与"中国味"——作为世界写照的风景园林》(1985)中指出歌德对中国建筑的讽刺实际上是对感伤主义园林以及追随风尚的感伤主义者的嘲讽。然而，在文中列举感伤主义园林中的中国元素时，所举事例与中国元素的指向性不强，且未提供歌德对此的言论作为支撑，因此部分事例略显牵强。③ 此外，夏瑞春的《德国思想家论中国》④和丁建弘的《德国通史》⑤中也提及戏剧中的中国建筑元素，两位学者在歌德对中国元素的态度问题上存在分歧：夏瑞春认为歌德讽刺了作品中的中式建筑，而丁建弘则将文中的中式元素提及视为歌德对中国元素的看法由消极向积极转变的转折点。

针对国外研究文献中需要深入探讨和补充的内容，以及国内研究不足的总体情况，笔者将从感伤主义园林的造园美学逻辑和园林功能两方面，深入探讨歌德戏剧中的自然与艺术的关系、现实生活素材与其艺术再创作之间的相互关系等问题，以更全面、深入的方式理解歌德在这一戏剧中的思想表达。

2. 戏剧《感伤的凯旋》成文史、主要内容及素材来源

戏剧《感伤的凯旋》现存两个版本，初版创作于1777年9月至12月，与非韵文体单

---

① Klawitter, Arne, Das Wunderwerk Zu Roswalde: Eine Mögliche Vorlage Für Die Satirische Darstellung von Plutos › Höllengarten ‹ in Goethes » Triumph der Empfindsamkeit « (1777/78), in: *Goethe-Jahrbuch*, 2019, Vol. 136: 273-279.

② Vordtriede, Werner, The Trial of the Books in Goethe and Cervantes, in: *Modern Language Notes*, May, 1947, Vol. 62, No. 5: 339-340.

③ Schuster, Ingrid, Goethe und der „Chinesische Geschmack": Zum Landschaftsgarten Als Abbild Der Welt, in: *Internationale Zeitschrift für Literaturwissenschaft*, 1985, Vol. 20, No. 2: 164-178.

④ 夏瑞春：《德国思想家论中国》，陈爱政等译，南京：江苏人民出版社，1995年。

⑤ 丁建弘：《德国通史》，上海：上海社会科学院出版社，2002年。

人剧《普洛塞庇娜》(*Proserpina*)的创作几乎同时。在初版中，歌德在亲笔题书《感伤的凯旋》这一题名之外，还另外注明副标题"一场歌舞节庆剧"(ein Festspiel mit Gesängen und Tänzen)。为庆祝露易丝公爵夫人的生日，该剧于1778年1月30日在魏玛首演，其中插入了单人剧《普洛塞庇娜》，歌德在剧中饰演国王安德拉松。1786年，歌德对该剧进行修改。在此次修改中，非韵文体单人剧《普洛塞庇娜》被修改为自由诗体，现在的副标题"一个戏剧的怪念头"(eine dramatische Grille)也是在此次修改中于歌德与赫尔德亲自校对的排印稿中首次出现。第二稿收录于1787年由戈申出版商(G. J. Göschen)出版的《歌德文集》(*Goethe's Schriften*)第四卷中。①

戏剧共分六幕，讲述了一位感伤主义者因沉迷于自己的想象力创造的幻想而最终爱上了他所创作的人偶的故事。国王安德拉松(Andrason)因其妻曼丹达妮(Mandandane)与王子奥洛纳罗(Oronaro)陷入爱情而感到烦恼，于是求问神谕，并在他的妹妹菲莉亚(Feria)处停留。与此同时，奥洛纳罗王子也因与曼丹达妮的爱情而启程询问神谕，途中经过菲莉亚处并留宿。王子侍从在与菲莉亚的侍女对话时，透露出奥洛纳罗王子是一位感伤者，拥有多个室内"人造自然"(künstliche Natur)，以表达个人的感伤情绪。值得注意的是，在对王子的调查中，国王安德拉松发现在王子的凉亭中存在一座人偶，其原型是妻子曼丹达妮，而且人偶体内填充了多本感伤主义书籍。曼丹达妮看到王子沉溺于这样一件以她为原型制作的人偶作品时，发觉王子爱是以她的形象而建构出的幻想。为了确定王子真正的爱人是谁，曼丹达妮听从安德拉松的建议，代替了凉亭中的人偶，以作试探。剧终时，当王子被要求在曼丹达妮和人偶之间作出选择时，他毫不犹豫地选择了人偶作为其真正的爱人。

歌德在这部戏剧中通过对情景剧、歌曲、芭蕾以及哑剧等艺术形式的巧妙组合，穿插《普洛塞庇娜》单人剧，并运用使剧中人物跳出情节讨论戏剧结构等手法，打破了戏剧为观众营造的幻觉，创造出奇异的舞台效果。在主题创作方面，歌德既追随早期文学传统，又对自己或他人近期创作的作品不作回避。通过对主题的戏仿，他展示了"高度成功且易被理解的文学自省"②。除了剧中提及的让·雅克·卢梭(Jean Jacques Rousseau)的《新爱洛伊斯》(*Julie, ou la Nouvelle Héloïs*)和歌德本人的《少年维特之烦恼》之外，雅各布·迈克尔·莱因霍尔德·伦茨(Jakob Michael Reinhold Lenz)的《森林兄弟》(*Der Waldbruder*)，神话《皮革马利翁》(*Pygmalion Mythos*)以及塞万提斯的《堂·吉诃德》都是歌德塑造感性狂热者形象的灵感来源。③ 此外，狂欢节的临近和狂欢剧的

---

① 参阅 Goethe, Johann Wolfgang von; Borchmeyer, Dieter (Hg.), *Sämtliche Werke, Bd.* 5, *Dramen.* 1776-1790, Frankfurt a. M.: Deutscher Klassiker Verlag, 1988: 963-964.

② Busch-Salmen, Gabriele (Hg.), *Goethe Handbuch. Supplemente*, *Bd.* 1, *Musik und Tanz in den Bühnenwerken*, Stuttgart u. Weimar: Verlag J. B. Metzler, 2008: 235.

③ Goethe, Johann Wolfgang von; Borchmeyer, Dieter (Hg.), *Sämtliche Werke*, *Bd.* 5, *Dramen.* 1776-1790, Frankfurt a. M.: Deutscher Klassiker Verlag, 1988: 968-969.

文学传统为该作品的疯狂和“戏仿的尖锐性提供了许可”①。歌德曾在1777年9月12日写给夏洛特·冯·斯坦因(Charlotte von Stein)的信中提及这种“疯狂”：“我发明了一种疯狂，一部关于感伤之人的喜剧，尽可能疯狂和粗俗。”②在作品中，歌德借鉴了汉斯·萨克森(Hans Sachsen)早期狂欢剧(Fastnachtsspiel)中的“愚人切除术”(Narrenschneiden)主题，将感伤主义风潮视为愚蠢的产物。

3. “人造自然”——感伤主义园林之反思

“人造自然”一词在《感伤的凯旋》中作为对奥洛纳罗王子的室内园林的称呼，反映出园林设计中蕴含的自然与艺术的紧密联系。作为精巧设计的自然表征，园林艺术蕴含了设计者对文明与自然关系的深刻理解。

感伤主义园林理论主张，园林“应通过其要素的力量，给人的感官和想象力留下真实可感的印象，从而唤起一系列生动、愉悦的感觉”③。然而，感伤主义园林不仅限于此，它还通过园内的“隐蔽、忧郁、阴郁、浪漫、庄严等区域”④激发人们其他感官。总体而言，感伤主义园林的使命在于通过不同自然景观区域的设定，创造出“不同情感的和谐序列”⑤，唤起游客各种情感体验，使其在心灵深处感到愉快或忧愁、惊奇或敬畏，平和安宁或动荡不安。

受到德国感伤主义园林的推崇者——著名的德国造园理论家赫希菲尔德和沃尔利兹园的启发，歌德对风景式造园表现出了浓厚的兴趣。自1772年起，歌德至少八次参观沃尔利兹园和德绍，并以其为蓝本亲力亲为，建造了魏玛林苑。⑥ 从1778年开始，林苑内兴建了寺庙、哥特式教堂以及“罗马式”小建筑和“花园房”，逐渐点缀起遗址、寺庙、铭文碑刻等。在魏玛林苑中，“点缀性建筑物形成园内各个景点的核心，乔灌木围合的树林、架设着小桥的河流、通向远处的园路以及远处教堂的尖顶等，构成了一个统一的檐体”⑦。从魏玛林苑的点缀性建筑物设计中，可以看出歌德的造园思想深受感伤主义造园理论的影响，对同一时期魏玛风景式造园的发展产生了深远的影响。

---

① Busch-Salmen, Gabriele (Hg.), *Goethe Handbuch. Supplemente*, *Bd.* 1, *Musik und Tanz in den Bühnenwerken*, Stuttgart u. Weimar: Verlag J. B. Metzler, 2008: 236.

② Goethe, Johann Wolfgang von; Borchmeyer, Dieter (Hg.), *Sämtliche Werke*, *Bd.* 5, *Dramen*. 1776-1790, Frankfurt a. M.: Deutscher Klassiker Verlag, 1988: 965.

③ Hirschfeld, C. C. L.; Parschall, B. Linda (Hg.), *Theory of Garden Art*. Übersetzt von Linda B. Parshall. Philadelphia: University of Pennsylvania Press, 2001: 147.

④ 同上。

⑤ 同上。

⑥ Busch-Salmen, Gabriele, Salmen, Walter, Michel, Christoph, *Der Weimarer Musenhof*: *Dichtung-Musik und Tanz-Gartenkunst-Geselligkeit-Malerei*, Stuttgart: Metzler, 1998: 33.

⑦ 朱建宁(编):《西方园林史》，北京：中国林业出版社，2008年，第227页。

歌德在《感伤的凯旋》中勾勒了两个感伤主义园林，一个是奥洛纳罗王子的室内人造园林，另一个则是冥神普鲁托的地狱花园。歌德对两个园林着墨颇多，通过探讨其基本布局、装饰性建筑以及园林功能等方面，深入研究感伤主义园林中“自然性”与“艺术性”之间复杂而微妙的关系。

在戏剧中，奥洛纳罗王子因过度沉湎于当时流行的感伤主义文学作品，成了愚蠢而极端的感伤情感的受害者。与《少年维特之烦恼》中维特对自然和情感的真实追求不同，奥洛纳罗王子所追求的园林并非体现自然的真实性，而是根据感伤主义者的需求而塑造的人工化园林。王子的仆从梅尔库洛(Merkulo)虽然声称王子“对大自然的美有着一颗敏感的心，他不看重等级和威严，而更看重与大自然的温情接触”①。然而，当他必须辜负女士们与他一同在户外漫步的期望时，王子对自然的热爱立刻变成了一种虚荣的伪装：

> 我的王子神经稚嫩，极其敏感，他必须对空气和一天中时间的急剧变化保持高度警惕。当然，在露天不可能总是如人所愿。晨露和晚露的湿气被私人医生认为是非常有害的，而炎炎夏日的苔藓和泉水的气味也同样危险！山谷中的蒸气，多么容易让人感冒！在最美丽、最温暖的月夜，蚊子也是最让人难以忍受的。如果你在草坪上胡思乱想，你的衣服上马上就会爬满蚂蚁；在凉亭里，最温柔的感觉也常常会被下落的蜘蛛扰乱。②

因此，为了满足主体的情感表达需求，园林必须与被视为“有害”和“危险”的自然进行彻底的分离。作为主体进行感伤表演的舞台，园林不能再仅仅是对自然的模仿，而是对理想化自然的模仿，以便为这位“所有男人中最敏感的人”③提供一个完全人工化的环境。因此，《感伤的凯旋》中的自然被重新建构为一个人工化的艺术花园，转移到了室内，成为激发感性体验的要素。为了为这位敏感的主体提供理想的创作环境，高超的园艺师在“在屋里创造一个世界”，确保乐趣“既不推迟也不中断”④。为了让其感性得以释放，大自然被艺术建构后，成为其城堡的一部分：“……他的房间像凉亭，他的大厅像树林，他的小房间像洞穴，比自然界更美。”⑤

为了满足对自然的多样需求，奥洛纳罗王子的每座宫殿内都打造了独特的自然布

---

① Goethe, Johann Wolfgang von; Borchmeyer, Dieter (Hg.), *Sämtliche Werke*, *Bd.* 5, *Dramen.* 1776-1790, Frankfurt a. M.: Deutscher Klassiker Verlag, 1988: 82.(出自该作品的引文均由笔者翻译。)

② 同上。

③ Goethe, Johann Wolfgang von; Borchmeyer, Dieter (Hg.), *Sämtliche Werke*, *Bd.* 5, *Dramen.* 1776-1790, Frankfurt a. M.: Deutscher Klassiker Verlag, 1988: 82.

④ 同上，S. 83.

⑤ 同上。

景，并且还创造了一种可随身携带的“旅行自然”（eine Reisenatur）①，以适应旅途中王子排练和表演感伤情感的需求。这一“人造自然”由宫廷特别指定的“自然大师”（Naturmeister，Directeur de la nature）②负责，其任务是构建感伤场景所需的基本元素，如“汩汩泉水”③“最美妙的鸟儿歌声”④“月光”⑤等。在仆从梅尔库洛的示范下，房间内的人瞬间仿佛沐浴在真实的自然之中，“他打了个手势，场景瞬间变成了森林，箱子变成了草滩、岩石、灌木丛，等等。搭在亭子上的箱子变成了云朵”⑥。然而，美中不足的是，“凉爽的微风”尚未被构建出来。所有这些变换并非旨在模仿自然，而是为了满足王子表演的需求。因此，王子对风景园林“自然性”的信仰并非为建立一个真实“自然”的环境，而是创造一个注入感伤主义情感的艺术品。

此外，感伤主义建筑的一个显著特征在于，象征性建筑的设置使每个景观类型都具备独特的情感功能。通过引入装饰性人造建筑，花园在增强多样性的同时强化其寓意，能够更有效地激发游客的特定情感，为他们进行感伤性沉思提供场所。当侍女索拉对“旅行自然”的展示作出“迷人！”（Scharmant！）和“可爱！”（allerliebst）的评价时，梅尔库洛纠正了她：

> 我得教你一个人造的词，很好用的。“迷人！”“可爱！”这些词你们可以用来形容围裙、小帽之类的。不，当你们看到任何东西，不管是什么，就直直地盯着它，喊道：“啊，这对我产生了多么大的效果！”当然，没人知道你们实际上想说什么；因为太阳、月亮、岩石和水、形状和面孔、天空和大地，以及一片亮光的布料，每一样都产生了自己的效果；是什么效果，这有点难以表达。但是你们只需坚持说：啊！这对我产生了特殊的效果！站在一旁的每个人都会看看，然后会对这种特殊的效果产生共鸣；然后就完成了——这个事情产生了特殊的效果。⑦

这段文字揭示了感伤主义园林美学对情感效果的强调可能仅仅是一种形式。如果对园林的赞叹变成了一种过于仪式化的用语，这就可能抹杀了园林美学对情感激发的作用。每个人都可能同意对象具有特殊的效果，但这并不能证明反应的真实有效性，而只

---

① Goethe，Johann Wolfgang von；Borchmeyer，Dieter （Hg.），*Sämtliche Werke*，*Bd.* 5，*Dramen.* 1776-1790，Frankfurt a. M.：Deutscher Klassiker Verlag，1988：82.

② 同上。

③ 同上，第 84 页。

④ 同上。

⑤ 同上。

⑥ Goethe，Johann Wolfgang von；Borchmeyer，Dieter （Hg.），*Sämtliche Werke*，*Bd.* 5，*Dramen.* 1776-1790，Frankfurt a. M.：Deutscher Klassiker Verlag，1988：84.

⑦ Goethe，Johann Wolfgang von；Borchmeyer，Dieter （Hg.），*Sämtliche Werke*，*Bd.* 5，*Dramen.* 1776-1790，Frankfurt a. M.：Deutscher Klassiker Verlag，1988：85.

能表明声明的空泛性。

在园林中摆放装饰性建筑以加强观赏者的情感共鸣的尝试，在冥神普鲁托的地狱花园中也有伏笔。在第四幕中，曼丹达妮的侍从扮演阿斯卡拉弗斯(Askalaphus)登场对园林的布景进行罗列式介绍：

来到这座完美齐全的园林，
我们什么也不再缺少。
那里有深谷和高丘，
各种名目的灌木丛林，
迂回曲折的信道、瀑布、池塘，
宝塔、岩洞、草坪、山石和裂缝，
大量木犀草和其他香气，
威穆茨云杉、巴比伦柳树、废墟，
隐居洞穴的隐士，绿草地上的牧羊人，
清真寺和辟有隔间的塔楼，
由苔藓制成的不适的床具，
方尖碑、迷宫、凯旋门、拱廊、
渔舍、供人沐浴的水榭、
中国哥特式石窟与亭台、
摩尔人的寺庙和纪念碑，
坟墓，即使我们不埋葬任何人，
但所有这一切都必须完整齐全。①

阿斯卡拉弗斯在对园林的建筑物的描述中，将园林内的各种建筑进行了详细而生动的描绘。从将"刻耳伯斯的狗屋，/改建成一座小教堂"以及"把一个猪圈藏在一个神庙后面；/再说，一个牛棚，你懂的，/直接就成了一个万神殿"②。可以看出，地狱造园师在园林改造中参考的样本实际上是当时盛行的感伤主义园林的原型。在这个小空间中，当代园林艺术的各个元素被不加挑选地融合在一起。

在十一个诗节的叙述中，感伤主义园林的几类必要性建筑已被阿斯卡拉弗悉数列出。首先是以瀑布、池塘、岩石等为代表的自然元素，其次是人景复合型宗教景观，包括寺庙、牧羊人、隐士等，最后是异域风情景观，如中国哥特式石窟、园亭、摩尔人的寺庙和纪念碑。这显示了冥界造园师对园林的规划与提坦巨人的园林建造的共通之处，

---

① Goethe, Johann Wolfgang von; Borchmeyer, Dieter (Hg.), *Sämtliche Werke*, *Bd.* 5, *Dramen.* 1776-1790, Frankfurt a. M.: Deutscher Klassiker Verlag, 1988: 96.

② 同上，S. 95.

即采用简单而粗糙的手法，将多样的自然和建筑元素拼凑在一起："将许多美丽的山川平原/一一拖拉在一起。"①

普鲁托与当时的园林设计者一样，期望自己的园林不仅能够模拟自然的景观元素，还能够提供宗教性景观，激发人们的反思和感伤性沉思，同时还能够展现东方与非洲的异域风情，使人在园中即可领略世界的多样之美。这表明园林设计者的初衷是将园林打造成一种避世胜地，一个远离城市喧嚣的消磨时光之地。

在宗教景观领域，感伤主义园林理论强调象征性建筑物的设立旨在"从大量的神话思想中分离出一个与本世纪、与每一个敏感的观察者对话的形象；我们揭开寓言的外衣，看到隐藏在它下面的启蒙真理"②。值得注意的是，在地狱园林中，也存在"石窟""洞穴"诸如此类具有宗教隐喻的仿自然式建筑。这些模仿作品营造了安静而忧郁的氛围，通过遮挡光线唤起一种庄严肃穆或虔诚战栗的感觉，为游园者提供了一个可以短暂休息和独处的隐居之所。

造园师通过展示几个世纪以来基督教文化熏陶下具有强烈宗教含义的符号，打动游园者并鼓励其进行自我反思。"隐居不仅让我们更容易体验到忧郁环境的效果，而且还能让我们回忆起那些虔诚质朴的人逃离尘世，在荒野中寻找避难所的时光。诚然，这种记忆会因错误和过激的思想而变得迟钝，但什么时候有过一个从不狂欢或误入歧途的时代呢？……当我们被美德的纪念碑感动时，这已经是美德的一种表现；而当我们瞻仰一个虔诚的人专心祈祷的地方时，我们自己离虔诚又近了一步。"③同时，造园师还通过设置人物角色，如牧羊人、僧侣和隐士等，以园林景观的形式展示宗教信仰相关的生活方式，呈现出朴素、沉思和禁欲主义，被视为奢侈、消遣和放纵的适当替代品。园林中的这些角色为游园者提供了可模仿的榜样。

从阿斯卡拉弗的言辞中，我们得知即便是冥王普鲁托建造地狱园林，也需按照感伤主义园林构造进行建设。园林中原本用于激发情感、进行道德教化的建筑也演变为娱乐性和观赏性建筑物。地狱造园师在地狱园林中不加取舍地简单罗列建筑，证明"在一座公园里，一切都是富丽堂皇的"④。为了达到卓越的观赏效果，"每一点小事物/我们都用漂亮的披巾包裹起来"⑤。为了使感伤主义园林中流行的建筑在自己的园林中一应俱全，造园师将"刻耳伯斯的狗屋，/改建成一座小教堂""把一个猪圈藏在一个神庙后

---

① Goethe, Johann Wolfgang von; Borchmeyer, Dieter (Hg.), *Sämtliche Werke, Bd.* 5, *Dramen.* 1776-1790, Frankfurt a. M.: Deutscher Klassiker Verlag, 1988: 94.

② Hirschfeld, C. C. L.; Parschall, B. Linda (Hg.), *Theory of Garden Art.* Übersetzt von Linda B. Parshall. Philadelphia: University of Pennsylvania Press, 2001: 288.

③ Hirschfeld, C. C. L.; Parschall, B. Linda (Hg.), *Theory of Garden Art.* Übersetzt von Linda B. Parshall. Philadelphia: University of Pennsylvania Press, 2001: 298.

④ Goethe, Johann Wolfgang von; Borchmeyer, Dieter (Hg.), *Sämtliche Werke, Bd.* 5, *Dramen.* 1776-1790, Frankfurt a. M.: Deutscher Klassiker Verlag, 1988: 96.

⑤ 同上，S. 95.

面；/再说，一个牛棚，你懂的，/直接就成了一个万神殿”。这种建筑的简单罗列违背了原本英式园林将自然的生命力与感染力移植至园林的初衷。其目的仅为引起游人的惊讶，以获得园林声誉，然实际上只有园林主人明白这一园林的虚有其表，阴间的花园只是丑陋现实的美化面具：

> 事情就是这样，当一个陌生人在其中漫步时，
> 一切都呈现得井然有序；
> 如果他觉得夸张，
> 他就会夸张地宣扬出去。
> 当然，房子的主人
> 通常知道哪里有臭味。①

与此同时，伴随园林中象征性元素的增加，异域建筑与宗教建筑混为一谈，导致象征性元素与周围环境相矛盾，这无异于削弱了园林原本期望的道德教化的效果。在《感伤的凯旋》中，感伤主义园林中的装饰性建筑不再局限于禁欲主义和宗教性，而是倾向于展示一种新的傲慢和奢华。自然景观中的建筑逐渐增加，不仅是为了激发情感和道德教化，更着眼于引起游园者的惊奇和乐趣。虽然在花园中建造隐士居所的构想本身蕴含了感伤的宗教性和忧郁反思的舞台性质，但通过装饰性地引入一个只是表现退缩和悔恨的人物，游园的精神层面体验逐渐为娱乐性所取代。游园的娱乐性使感伤的主体渴望通过忏悔和悔恨来寻求救赎的行为变成一种戏剧演绎，使得原本虔诚感伤的态度成为模仿的对象，并在这一过程中失去了最初的内在意义。歌德在戏剧中不仅呈现了虔诚感伤姿态的局限性，还批判了日益浮华肤浅的贵族阶层及其带动的社会习俗。

最后，歌德对普鲁托地狱园林违背自然规律的设计进行了辛辣的讽刺。阿斯卡拉弗斯在介绍园林时一再宣称园林的完美，声称在这个地狱园林中，“艺术也能赶超自然”②。为了将地狱塑造为仙境，“无数的泰坦巨人，/包括古老的西西弗斯，/被无休无止地折磨和烦扰，/将许多美丽的山川平原/——拖拉在一起”③，甚至不惜对自然造成破坏，“我们破坏的土地上有着最柔软的草地，/最可爱的花朵盛开，为什么？/全部都是为了多样性的缘故”④。为了实现多样性，自然美遭到了破坏。这一段暗示着，感伤主义园林往往通过重新布置环境来达到某种效果，从而破坏了自然的本质，最终导致了

---

① Goethe, Johann Wolfgang von; Borchmeyer, Dieter (Hg.), *Sämtliche Werke*, *Bd.* 5, *Dramen.* 1776-1790, Frankfurt a. M.: Deutscher Klassiker Verlag, 1988: 96.

② Goethe, Johann Wolfgang von; Borchmeyer, Dieter (Hg.), *Sämtliche Werke*, *Bd.* 5, *Dramen.* 1776-1790, Frankfurt a. M.: Deutscher Klassiker Verlag, 1988: 96.

③ 同上，S. 94.

④ 同上，S. 95.

自然与人工、美丽与丑陋的混淆，“仙境和地狱/将互相包容”①。

然而，即便如此，地狱所建造的人工园林却无法孕育出普索塞庇娜所渴望的新鲜蔬果，移植的仙境之树也无法在冥界生存。“我们的仙境之树木/像仙境的梦想一样消失，/当我们试图移植它们时。”②因此，阿斯卡拉弗斯只得在温室中培养了一棵石榴树，并巧妙地用苔藓和青草将其包围，使其看起来仿佛是自然生长的，以欺骗一直渴望新鲜水果的普索塞庇娜。虽然地狱的造园师本意在于“在极乐世界的林地里挖掘最美丽的树木”，设计“弯曲的小径，瀑布，池塘”等自然景观，力求在地狱中用艺术再现或超越一个真实的自然——“如果没有美丽的自然之景，人们就用艺术来庇护。……人们必须竭尽全力……制造假象”③，然而，那些无法在阴间生存的树木却象征着审美冲动与实际环境之间致命的不协调。这样的艺术表现形式，即不顾客观自然规律而对自然仅机械模仿，只是创造了一个虚幻的世界，给游园者带来了欺骗性的幻想。

4.“何时才能平息这种汹涌的激动”——感伤主义者精神之反思

在这一作品中，歌德通过对感伤主义园林设计中自然性的论述，对感伤主义在理解自然、艺术及其关系方面的错误观念提出了批判。除此之外，通过对奥洛纳罗王子感伤心理的描写，歌德从另一角度深入反思了自然与艺术的问题，由文学艺术生发出的精神狂热与真实自然的矛盾。

在这部作品中，歌德将奥洛纳罗王子塑造成一个柔弱而缺乏男子气质，同时具有极度丰富想象力的角色。正如前文所阐述，尽管他自诩热爱自然，崇尚与自然亲密接触，却因为无法忍受自然中“有害”的湿气和蚊虫，而长期将自己封闭在他设计的“人造自然”中。实际上，在这位充满感伤主义气质的王子登场之前，歌德就通过安德拉松国王的口吻将他描绘为一个软弱、带有女性气质的人物。当侍女们向安德拉松展示她们准备用来引诱奥洛纳罗王子的舞蹈时，国王对她们热情奔放的农民之舞进行了纠正：

> 安德拉松：不行，孩子们，不行！你们以为所有的野兽都会跟随同一种气味吗？你想用这种农民的舞蹈来吸引我们高尚的英雄吗？不！看我的！这必须以不同的精神来完成。
>
> ……
>
> 安德拉松：你们有没有注意到，孩子们？首先，始终将身体向前倾斜，并弯曲

---

① Goethe，Johann Wolfgang von；Borchmeyer，Dieter（Hg.），*Sämtliche Werke*，*Bd.* 5，*Dramen. 1776-1790*，Frankfurt a. M.：Deutscher Klassiker Verlag，1988：97.

② 同上，S. 96.

③ Huth，Gottfried（Hg.），*Allgemeines Magazin für die bürgerliche Baukunst*，*Bd.* 1. 1，Weimar：Hoffmann，1789：166.

膝盖，就好像你们的骨头里没有骨髓一样！然后，一只手始终放在额头上，另一只手放在心脏处，就好像它想要跳出来一样；有时候深吸一口气，依此类推。别忘了手绢！①

安德拉松指导侍女们将舞蹈柔和化，削弱身体的活力以致几乎到了瓦解的地步（“就像你们的骨头里没有骨髓一样”）。通过将手放置在额头和心脏处，有时深呼吸，这种仪态表明了一种不健康的贵族气质。宫廷的侍女们难以实现这种人为的柔和，这表明这种“高尚的英雄”所偏爱的仪态对于任何性别和阶层都是不自然的。此外，侍女玛娜(Mana)对王子携带过多行李的嘲讽也是尖刻的：“男人旅行时，就像是做产妇一样，真是太可恶了。他们总是携带着无尽的箱子、盒子、纸板和油布，好像我们要去四处疗养一样；而且他们还允许这样做！”②由此可见，奥洛纳罗王子所展现的气质实际上是当时宫廷贵族气质的代表。当最终这段舞蹈未能达成引诱王子的目的时，王子的侍从梅尔库洛的话语却表明，王子对女性的拒绝是司空见惯的：“我常常为她们感到惋惜！我常常同情她们！我曾经以一种如此令人信服的方式向她们表达我的同情，所以我可以说：我曾经有幸挽救了一些生命，她们因你的残忍而濒临被赶进极乐世界。”③歌德通过这一情节将梅尔库洛的尘世情欲与王子的精神性爱情追求形成鲜明对比。

在奥洛纳罗王子这里，感伤主义者的爱情是精神化而被动的。他的爱情从始至终只投射给了那位“被缝补的新娘”，一位以安德拉松的妻子曼丹达妮为原型的人偶。当午夜时分，奥洛纳罗王子与人偶独处之时，歌德多次强调人偶与曼丹达妮的相似性。因此当王子高呼：

天啊，就是她！天啊，就是她！
幸福洒落下来。——
你的手放在这颗心上，
心爱的，甜美的女友！
你完全是为我而创造的，
完全是通过共鸣找到的，
天选之人！
在我们心灵的这美好时刻，

---

① Goethe, Johann Wolfgang von; Borchmeyer, Dieter (Hg.), *Sämtliche Werke*, *Bd.5*, *Dramen. 1776-1790*, Frankfurt a. M.: Deutscher Klassiker Verlag, 1988: 78.

② Goethe, Johann Wolfgang von; Borchmeyer, Dieter (Hg.), *Sämtliche Werke*, *Bd.5*, *Dramen. 1776-1790*, Frankfurt a. M.: Deutscher Klassiker Verlag, 1988: 80.

③ 同上, S. 89.

我感受到一种只有众神知道的幸福。①

观众很容易自然地联想到王子、国王以及曼丹达妮的三角恋关系。王子爱而不得，不得不将人偶视为真实人物的替代品，以期望能在某种程度上满足他对她的渴望。然而，当真实的曼丹达妮出现在王子面前时，他对人偶的强烈渴求却表明，人偶对王子的吸引不仅在于其与曼丹达妮的相似性，更在于其缺席和遥不可及性。人偶不仅仅是想象中的物体，奥洛纳罗王子对它的想象赋予了它一种生命，使其成为一种荒诞而真实的存在，正如侍女梅拉(Mela)所言："它确实是活的！"②因此，王子的爱并非只是投射给缺席的曼丹达妮，更是投射给自己的想象。这个由自己创造的产物如此完美，以至于王子在它的身上找到了幸福的感觉。因此，更确切地说，王子深深地爱的并不是自己想象的产物，而是创造这一产物的自己。这份爱如此深厚，以至于当真实的曼丹达妮与想象中的产物同时存在时，王子毫不犹豫地选择了自己的幻想。

此外，奥洛纳罗王子对人偶的依恋不仅仅是其形象的原因，还涉及其内部的填充物。在第五幕中，侍女们在凉亭中发现了以曼丹达妮为原型的人偶，并将其拆开，发现其中的麻袋填充了干草和感伤主义文学作品，包括约翰·马丁·米勒(Johann Martin Miller)的《齐格沃特——一个修道院的故事》(*Siegwart, eine Klostergeschichte*)、卢梭的《新爱洛伊斯》、歌德的《少年维特之烦恼》以及一本名为《感伤主义》的书籍。德国经典作家出版社的《歌德全集》中的注释指出，由于至今未找到名为《感伤主义》的作品，可以理解为歌德将其作为各种感伤主义著作的统称。③ 面对这些书籍，安德拉松国王表现出强烈的排斥："诸位，愿上帝保佑你们，千万不要看这些东西！给我！……这是为了你们好，孩子们！你们可能不相信，但这确实是为了你们好。都扔进火里吧！"④海因斯(John P. Heins)认为，"感伤主义话语包含了一种阅读概念，这种阅读概念基于叙事材料与生活经验的接近性，以及读者与主人公的密切认同。这种认同体现在对文本的情感反应中"⑤。

因此，感伤主义文学在建立读者的情感认同的同时，干扰了读者对虚构与真实界限的理性判断，从而进一步模糊了因情感共鸣而产生的想象与真实客体世界的边界。歌德在此处将王子的爱恋对象设置为一个人偶，表明感伤主义者虽然参与并表达人类情感，

---

① Goethe, Johann Wolfgang von; Borchmeyer, Dieter (Hg.), *Sämtliche Werke*, *Bd.* 5, *Dramen*. 1776-1790, Frankfurt a. M.: Deutscher Klassiker Verlag, 1988: 91.

② Goethe, Johann Wolfgang von; Borchmeyer, Dieter (Hg.), *Sämtliche Werke*, *Bd.* 5, *Dramen*. 1776-1790, Frankfurt a. M.: Deutscher Klassiker Verlag, 1988: 109.

③ 参见 Goethe, Johann Wolfgang von; Borchmeyer, Dieter (Hg.), *Sämtliche Werke*, *Bd.* 5, *Dramen*. 1776-1790, Frankfurt a. M.: Deutscher Klassiker Verlag, 1988: 986.

④ 同上, S. 111.

⑤ Heins, John P., Sentimental Confusion: Art, Nature, and Aesthetic Autonomy in Goethe's *Der Triumph der Empfindsamkeit*, in: *Goethe Yearbook*, 2006, Vol. 14: 83-101, 87.

但归根结底只是其艺术幻想的投射。因此，当安德拉松国王认识到这些感伤主义书籍导致了王子的狂热，并计划焚毁这些书籍时，他又希望王子一直保持狂热状态直到他的妻子了解真相，于是放弃了焚书的行动。这一情节进一步印证了感伤主义书籍产生的特殊心理作用。

关于王子对人偶的感情，神谕曾警告他："这难道不是从严肃游戏中驱赶出来的幼稚游戏吗？/难道你不热爱和珍视你不曾拥有的东西吗？/毅然决然地为它付出；你所不拥有的；/可怜的人，你的生命在永恒的梦中飘荡。"①神谕的言辞可以理解为建议奥洛纳罗王子用真实的爱情来替代对人偶的幻想，否则他注定只能永远沉湎于梦境之中。王子对神谕的警告感到不安，并在准备放弃他最珍贵的东西时，他发现，面对真正的曼丹达妮却再也没有激动的感觉："我第一次感觉到，吸引我走向这位天神的力量在减弱！这个身影不再像以前那样以无穷的魔力将我笼罩在天堂的迷雾之中，这是可能的吗？我心中产生了一种感觉：你可以，你想把她送给别人！……我的心不在这里！我的心在异国他乡漂泊，寻找昔日的幸福——我觉得你已不复存在，就像一个陌生人向我扑来。"②这表明，在奥洛纳罗王子的眼中，"你"从一开始就指的是人偶，而不是人偶所象征的真正的曼丹达妮。陌生感的涌现使奥洛纳罗王子激动的情感得到了平静，他决定遵循神谕的建议，正式将曼丹达妮还给安德拉松。由此可见，感伤主义者对外部事物的判断更依赖于内在感觉，而非感官或理性。

然而，当安德拉松重新将人偶献给奥洛纳罗王子时，王子对人偶的渴望与标题中"感伤主义"的讽刺性凯旋相呼应。在这一情境下，感伤主义者最终未能有效区分幻想对象与现实经验。约翰·P. 海因斯认为："感伤主义往往创造出自然界中不存在的欲望对象，将其从真实经验中抽象出来，使想象力在欲望的循环中过度活跃，并向欲望本身注入了强烈的性能量。"③神谕曾对奥洛纳罗王子无法满足的欲望提出警告，但这种欲望通过其旺盛的想象力最终产生了一种替代品，成功地实现了对现实的替代，使感伤主义者最终更主动地回到了感伤主义的阵营。

5. 结　论

本文深入探讨了戏剧中两个感伤主义园林在造园美学逻辑、园林功能以及园林中的中国元素等问题。此外，通过对感伤主体的心理和生理特点的分析，本文对感伤主体的精神狂热进行了探究。通过详细论证，得出以下结论：

---

① Goethe, Johann Wolfgang von; Borchmeyer, Dieter (Hg.), *Sämtliche Werke*, *Bd.* 5, *Dramen.* 1776-1790, Frankfurt a. M.: Deutscher Klassiker Verlag, 1988: 118.

② 同上, S. 120.

③ Heins, John P., Sentimental Confusion: Art, Nature, and Aesthetic Autonomy in Goethe's *Der Triumph der Empfindsamkeit*, in: *Goethe Yearbook*, 2006, Vol. 14: 83-101, 94.

一方面，歌德在戏剧中首先从造园底层逻辑开始，对感伤主义园林的美学观念进行了批判。在《感伤的凯旋》中，歌德明确表示感伤主义的自然观是非自然的，是一种过于矫揉造作的表现。所呈现的感伤主义园林通过重新构建自然，将其引入室内，使其成为激发感性体验的要素。这说明感伤主义园林虽然将模仿自然视为其造园美学的目标，但其所创造的艺术作品实质上与对自然性的追求相悖。普鲁托地狱花园的粗暴施工揭示了感伤主义园林在建造过程中对自然的伤害，揭示了该造园理论的艺术性在于对自然的机械模仿，从而只能导致审美冲动与实际环境的不匹配。其次，在感伤主义园林的衰落阶段，其所崇尚的情感激发功能变成了感伤主义者对情感自我表演的陷阱。在这个时期，他们仅仅是在模仿真正的感伤主义者，比如维特对自然表达感情的姿态，这导致他们对自然的情感表达变得空洞而虚幻。

另一方面，感伤主义者的精神狂热既源于其生理上的虚弱，又滋生于精神上的极度活跃。然而，这种精神上的狂热并非来自真实的自然，而是根植于感伤主义文学的滋养。文学的艺术性使感伤主义者的精神力量失去了真实的基础，只能任由其想象力创造出非自然的欲望对象，并将自我在现实世界中无法满足的欲望倾注其中，最终导致其对幻想与现实世界的判断力丧失。

综上所述，歌德在戏剧中并非简单地否定《少年维特之烦恼》中呈现的感伤主义性格，而是明确指出将艺术(如人偶、风景园林以及文学作品)与自然(真正的伴侣、自然环境、实际客观生活)混淆的感伤主义错误。唯有跳脱“艺术即对自然之模仿”的思维定式，才能正确理解从自然中汲取灵感并将其转化为艺术的动态过程。

参考文献

[1] Borsch-Supan, Eva. Das Motiv Des Gartenraumes in Dichtungen Des Neunzehnten Und Fruhen Zwanzigsten Jahrhunderts [J]. *Deutsche Vierteljahrsschrift für Literaturwissenschaft und Geistesgeschichte*, Nr. 39/1965.

[2] Busch-Salmen, Gabriele, Salmen, Walter, Michel, Christoph. *Der Weimarer Musenhof: Dichtung-Musik und Tanz-Gartenkunst-Geselligkeit-Malerei* [M]. Stuttgart: Metzler, 1998.

[3] Busch-Salmen, Gabriele (Hg.). *Goethe Handbuch. Supplemente*, *Bd.* 1, *Musik und Tanz in den Bühnenwerken* [M]. Stuttgart u. Weimar: Verlag J. B. Metzler, 2008.

[4] Goethe, Johann Wolfgang von, Borchmeyer, Dieter (Hg.). *Sämtliche Werke*, *Bd.* 5, *Dramen.* 1776-1790 [M]. Frankfurt a. M.: Deutscher Klassiker Verlag, 1988.

[5] Heins, John P. Sentimental Confusion: Art, Nature, and Aesthetic Autonomy in Goethe's *Der Triumph der Empfindsamkeit* [J]. *Goethe Yearbook*, Nr. 14/2006.

[6] Hirschfeld, C. C. L., Parschall, B. Linda (Hg.). *Theory of Garden Art* [M]. Übersetzt von Linda B. Parshall. Philadelphia: University of Pennsylvania Press, 2001.

[7] Huth, Gottfried (Hg.). *Allgemeines Magazin für die bürgerliche Baukunst*, *Bd.* 1.1 [M]. Weimar: Hoffmann, 1789.
[8] Klawitter, Arne. Das Wunderwerk Zu Roswalde: Eine Mögliche Vorlage Für Die Satirische Darstellung von Plutos „Höllengarten" in Goethes „Triumph der Empfindsamkeit". *Goethe-Jahrbuch*, Nr. 136/2019.
[9] Schuster, Ingrid. Goethe und der „Chinesische Geschmack": Zum Landschaftsgarten Als Abbild Der Welt[J]. *Internationale Zeitschrift für Literaturwissenschaft*, Nr. 20/1985.
[10] Thoma, Heinz (Hg.). *Handbuch Europäische Aufklärung. Begriffe*, *Konzepte*, *Wirkung* [M]. Stuttgart u. Weimar: Verlag J. B. Metzler, 2015.
[11] Vordtriede, Werner. The Trial of the Books in Goethe and Cervantes [J]. *Modern Language Notes*, May, Nr. 62/1947.
[12] Vordtriede, Werner. Das Problem des Dichters in Goethes Triumph der Empfindsamkeit [J]. *Monatshefte*, Mar, Nr. 40/1948.
[13] Weimar, Klaus (Hr.). *Reallexikon der deutschen Literaturwissenschaft. Neubearbeitung des Reallexikons der deutschen Literaturgeschicht*, *Bd.* 1, *A-G* [M]. Berlin u. New York: Walter de Gruyter, 2007.
[14] 丁建弘. 德国通史[M]. 上海: 上海社会科学院出版社, 2002.
[15] [德]吕迪格尔·萨弗兰斯基. 歌德——生命的杰作[M]. 卫茂平, 译. 北京: 生活·读书·新知三联书店, 2019.
[16] 王静. 论歌德从感伤主义到古典主义的精神转变——以歌德魏玛前十年间的戏剧创作为例[J]. 中国矿业大学学报(社会科学版), 2013(2).
[17] 夏瑞春. 德国思想家论中国[M]. 陈爱政, 等译. 南京: 江苏人民出版社, 1995.
[18] 朱建宁. 西方园林史[M]. 北京: 中国林业出版社, 2008.

论德国浪漫派诗人阿尔尼姆的诗学观[①]

山东青年政治学院　刘　萌

摘要：阿尔尼姆的《皇冠守护者》不仅是德国浪漫主义文学最有影响力的历史小说，其中蕴含的美学价值、诗学观念也在浪漫主义文学理论中占有重要地位。通过小说序言“诗与史”，阿尔尼姆详细论述了其诗学观，对诗人的职责、诗与史的本质与联系发表了自己独到的见解，并对启蒙运动理性的偏激与浪漫主义情感的泛滥进行了反思与纠偏。

关键词：阿希姆·冯·阿尔尼姆；《皇冠守护者》；诗学观；诗与史

阿希姆·冯·阿尔尼姆(Achim von Arnim，1781—1831)是德国19世纪海德堡浪漫派的领军人物。浪漫派后期诗人艾兴多尔夫(Joseph von Eichendorff)曾高度评价他为“浪漫派最完美、最允恰的代表”，并将他的诗学创作誉为“通往天堂的阶梯”[②]。阿尔尼姆与布伦塔诺(Clemens Brentano)合作编辑的民歌集《男童的神奇号角》(*Des Knaben Wunderhorn*，1805/1808)不仅为德国民间文学的梳理与研究作出了重要贡献，也极大地促进了德意志民族意识的觉醒和复苏，被视为德国浪漫主义文学繁荣时期的最高成就。[③] 然而，阿尔尼姆对民间诗歌的编辑手法却在当时颇受争议，甚至引发了一场与雅各布·格林(Jacob Grimm)关于历史真实与文学创作的论战。

格林认为，历史真实与文学创作之间存在不可逾越的鸿沟。在一封与阿尔尼姆论战的信中，他表达了自己的观点：

> “真实和确凿的事实绝不应被添加和改变，对我而言，改动事实就如同在远古时代放置一枚硬币，或在森林中遇到一棵刻有‘此树为橡树’字样的榉树。这让我感到不协调，也在一定程度上减弱了我对其他事物的兴趣。”[④]

---

① 基金项目：本文系山东青年政治学院校级课题“19世纪德语历史小说的政治想象——以阿尔尼姆、德罗斯特和冯塔纳为例”(项目编号2018WY007)的阶段性成果。

② Joseph von Eichendorff, *Sämtliche Werke des Freiherrn Joseph von Eichendorff*, *Historisch-kritische Ausgabe*, *Band* 9, hrsg. von Wolfram Mauser, Regensburg: Habbel, 1970: 332.

③ 参见范大灿主编：《德国文学史(第三卷)》，南京：译林出版社，2007年，第120页。

④ Reinhold Steig (Hrsg.), *Achim von Arnim und die ihm nahe standen*, *Band* 3, Stuttgart: J. G. Cotta, 1904: 193.

与格林的看法截然相反，阿尔尼姆在回信中表明，他将通过“一部更为伟大的作品”①来表明自己的观点。这部作品即是《皇冠守护者》(*Die Kronenwächter*，1817)，阿尔尼姆的首部长篇小说，也是德国浪漫派最杰出的历史小说之一，其地位举足轻重。小说讲述了中世纪与近代之交，霍亨斯陶芬家族昔日的皇冠守护者为推翻哈布斯堡王朝统治而培植后人——贝尔托德与安东，以期重现斯陶芬盛世辉煌，但最终以失败告终的故事。在创作过程中，阿尔尼姆将历史真实、民间传说与文学想象熔于一炉，并通过小说序言“诗与史”(Dichtung und Geschichte)巧妙地回应了格林的批评，展现了他对文学与社会、历史关系的深刻思考。这一理论宣言不仅在德国浪漫主义文学中占据了重要地位，而且为德语诗学理论的发展提供了新的视角。因此，对阿尔尼姆的创作和诗学理论的研究仍是文学研究领域中待深耕的领域。本文以《皇冠守护者》的序言“诗与史”为起点，在细读文本的基础上，对阿尔尼姆的诗学观进行探讨，旨在揭示其对诗人职责、文学与历史的关系及情感与理性在文学中的作用的独到见解。

1. 犁人、诗人与“不可见”的精神果实

小说开篇，阿尔尼姆就巧妙地通过隐喻将“犁人”(Pflüger)与“诗人”(Dichter)这对看似无关的身份联系在一起②，揭示了他们工作的本质相似性。首先，尽管他们的工作领域截然不同，然而他们都必须在各自的领域中“承受孤独”③，展现出无比的耐心和细致：犁人在广阔的土地上，辛苦耕作，寻找种子生根发芽的最佳土壤；诗人则在广袤的思想海洋中，反复琢磨，寻找最合适的言辞来表达深邃的思想和情感。无论是丰收的田野还是充满洞见的诗篇，二者追求的都是一种创造性的结果。其次，犁人和诗人的工作都需要对自然规律的敬畏和理解。犁人顺应季节的变化，了解土壤的性质；诗人则顺应人性的深层规律，洞察社会的脉动。他们的成功都不是偶然的，而是对自己领域规律深刻理解的结果。此外，无论是耕种大地还是铸造诗篇，两者在创作过程中都展现了同样的勤奋与执着。正如犁地需要反复劳作，作品的创作亦非一朝一夕之功，它需要诗人不

---

① Reinhold Steig (Hrsg.), *Achim von Arnim und die ihm nahe standen*, *Band* 3, Stuttgart: J. G. Cotta, 1904: 203.

② 德国学者德布雷(Joseph Kiermeier-Debre)发现，在阿尔尼姆所描绘的犁人耕田的画面中，无论是“农民”(Bauer)，“耕田”(Acker)还是动词“耕种”(ackern)词源均为拉丁文“versus”(意为犁痕翻转)，与德文中的“Vers”(诗行)同源。由此，阿尔尼姆将犁人耕田与诗人写作相类比。参见 Kiermeier-Debre, Joseph: „, … was bloß erzählt und nicht geschenen… ‘. Dichtung und Geschichte: Achim von Arnims Poetik im Einleitungstext zu seinem Roman *Die Kronenwächter*“, in: *Grenzgänge*: *Studien zu L. Achim von Arnim*, hrsg. von Michael Andermatt, Bonn: Bouvier, 1994: 117-146, hier S. 131.

③ Achim von Arnim, *Die Kronenwächter*, hrsg. von Paul M. Lützeler, Frankfurt a. M.: Deutscher Klassiker Verlag, 1989: 11. 后面引用均出自同一版本，只在引文后的括号中注明页码，不再一一说明。

断地打磨和修正，方能铸就动人心魄的杰作。只有"坚定不移地奋力前行"(11)，才能使他们最终收获累累硕果——无论是实实在在的庄稼，还是灵魂深处的文学创作。

然而，与犁人在田间劳作收获的可见的成果不同，精神领域的耕耘往往是不可见的。精神产品不具备明显的外在标志，也缺乏明确的规则来指导人们正确地理解和处理(vgl. 11)。因此，在接受和流传过程中，精神产品常常遭遇误解、质疑、批判，甚至否定。它们"或被视为无足轻重或不可理解之物而被忽略，或被无意义地过度吹捧"(11)。即使是那些在"爱与洞见的丰盈中"(11)孕育出的杰作，也可能被错误地视为"恶"而被摒弃。这样，它们不仅未能发挥其应有的作用，其真正的价值也因此被埋没。面对诗人创作的种种挑战，阿尔尼姆感喟：

> "谁能衡量精神在其看不见的领域中的劳作？谁来守护精神劳动的安宁？谁来尊重精神划定的疆域？谁能辨识精神观点的根源？谁能区别伊甸园的露水与毒蛇喷出的毒液？"(12)

正是由于精神产品的不可见性，不同时代对精神遗产的态度也迥然相异。诚然，有些时代珍视精神的馈赠，善于整理和总结前人留下的精神财富，不仅使得精神遗产得以传承和发展，也使之成为滋养后人，指引人类前行的灯塔。正如阿尔尼姆与布伦塔诺游历各方、历时四年编纂的《男童的神奇号角》，让许多被历史遗忘的佳作得以流传，为德意志民族文学的繁荣和发展注入了新的活力。他们的工作不仅为当下的社会带来启发，也为未来的世代提供了宝贵的精神资源。但遗憾的是，有些时代并不理解精神产品的价值和意义，自以为已拥有足够的精神财富，却对周围的精神宝藏视而不见，甚至允许"西比利焚毁她的圣书"(12)①，任其消亡瓦解，毁于一旦。正如启蒙运动者蔑视中世纪神话，将其视为迷信和愚昧，轻易弃之不顾。殊不知，他们眼中的愚昧其实是人类文化的源泉，他们的肤浅和偏见几乎成为精神宝藏的灾难。尼采在《悲剧的诞生》(*Die Geburt der Tragödie*, 1872)中指出："一想到这种急促前行的科学精神所带来的直接后果，就能看到神话是如何被摧毁的，以及诗人是如何被逐出理想故土，从此无家可归的。"②显然，阿尔尼姆已深刻认识到精神遗产的价值，并敏锐地察觉到启蒙运动给诗人带来的危机。然而，期望每个时代都能正确理解精神产品的价值并非易事。随着时间的流逝和时代的变迁，精神产品被误解固然可叹，但也在所难免。因此，精神领域中的劳

---

① 根据索维《罗马史》的记载，西比利(Sibylle)是一位具有预言能力的女先知，她所书写的预言被称为"西比林书"。这些书被视为神圣的预言文本，对古罗马的宗教和政治决策具有重要影响。西比利曾向罗马国王塔克因(Tarquinius Superbus)出售她的九卷预言书。国王因为书籍过于昂贵而拒绝购买。西比利焚烧了其中三卷书籍，然后以原价出售剩下的六卷。国王再次拒绝，她又焚烧了三卷，最后国王只得以原价购买了剩下的三卷书籍。

② Friedrich Nietzsche, *Sämtliche Werke*, *Kritische Studienausgabe*, *Band* 1, hrsg. von Giorgio Colli und Mazzino Montinari, Berlin[u. a.]: De Gruyter, 1988: 111.

作者常在一天工作结束后感到一种"有限性与忧虑"：一方面，他们的思考和感悟无法完全表达，"只能用言语表达一半"；另一方面，他们担心自己的作品被人忽视，不被理解，就像他们的同时代人一样"了无生息"(12)，最终被时代的洪流所淹没。然而，阿尔尼姆却认为，这种担忧既多余又愚蠢：

> "当他把精神世界与周遭有限的世界相提并论，抛弃了它时，他才会发现自己无法跨越精神世界的界限。他的整个本质不仅被精神世界所环绕，而且在这个世界之外根本不存在。没有任何意志能够毁灭精神的创作。"(12)

因此，尽管在阿尔尼姆看来，精神产品可能面临外界的质疑，被认为是恶的灵魂在开放的心灵中播撒的种子，或者因不被理解而遭到排斥，在漫长的历史长河中逐渐从沉默步入消亡，但它们的价值并非因此而湮灭。就像拓荒者在一片经历了几世纪的破坏和摧残的荒地上，仍然能够发现那些未被岁月侵蚀的犁痕和沉没村庄的遗迹一样(vgl. 11)，那些有限的作品所蕴含的精神实质是永恒的。一时的沉寂并不代表着永久的消失。诗人们应该放下忧虑和顾虑，忠实于自己的使命，坚定不移地前行。当他们坚持住这最为艰难的考验，他们就为自己敞开了通向"新世界之门"(12)的大道。

另外值得注意的是，与19世纪早期浪漫主义推崇"无用"与"纯粹"，提倡"为艺术而艺术"的思想不同，阿尔尼姆赋予了文学以政治维度。他强调，"毁灭往往来自疏离大地的劳作"(11)：对于犁人，这种疏离意味着生存基础的丧失；对于诗人，则意味着与社会现实相割裂。阿尔尼姆认为，文学创作应该反映政治维度和现实关切。在1806年神圣罗马帝国崩塌，拿破仑入侵，德意志民族面临分崩离析的背景下，他提出诗人应将尘世中异化的世界带往永恒的共同体，"使因语言、政权偏见和宗教误解而精神涣散的民众团结起来，步入新时代"①。这不仅展现了诗人的政治责任，也凸显了他们在唤醒民族精神、构建新的民族认同中的重要作用。

这一观点在《皇冠守护者》的中心章节"家庭童话"(Hausmärchen)中得到了具体体现。"家庭童话"讲述了诗人大卫及其十二个儿子如何救助了因沉溺于狩猎而荒废国政、在森林中迷路的施瓦本国王的故事。在大卫的小屋中，国王不经意间听到了大卫和他的孩子们激烈地控诉统治者的不作为，并以此为由讨论弑君的正当性和合法性。这段对话深深触动了国王，促使他反思自己的行为。国王后来意识到，他所听到的其实是大卫和孩子们正在排演的一出历史剧。他感激大卫的教诲，重拾"早已被他忘却的百姓与皇冠"(209)，进而使国家重新恢复了往日的秩序。这则故事展示了诗人大卫如何通过艺术的形式，即排演一出历史剧，影响了一个国家的统治者，从而间接影响了整个国家的命运。阿尔尼姆在这里描绘了诗人作为一个引导者的形象，他们的作品不仅仅是文学创

---

① Achim von Arnim, „Von Volksliedern", *Sämtliche Werke und Briefe. Historisch-kritische Ausgabe*, *Teil* 1, *Band* 6, hrsg. von Heinz Rölleke, Stuttgart: Kohlhammer, 1975: 431.

作，还是社会反思和自我觉醒的媒介。正如国王所言："诗人是子民的灵魂，不知不觉地引领着(国王的)命运"(216)，"诗人的语言是更为崇高的呼唤，正如语言用一束光同时击中我们的内心最深处、精神与心灵，更高层次的精神也由语言而生"(210)。由此，阿尔尼姆挑战了当时流行的纯粹艺术论，强调了文学在塑造社会和政治观念中的重要作用，揭示了艺术家不只是创作者，更具有"改造世界的力量"(596)，是社会变革和思想启蒙的重要推动力。

通过将犁人与诗人相联系，阿尔尼姆将文学与社会、政治现实紧密联系起来，呈现出他对文学社会功能的深刻认识。他认为，文学不应仅仅沉浸在自我表达和艺术探索之中，而应关注社会现实，反映时代问题。"犁人"与"诗人"的比喻不仅揭示了他们工作的本质相似性，更是一种对社会责任的隐喻。他强调文学创作应当根植于对大地——即现实生活的关注和热爱之中，诗人应当像犁人一样，深耕于社会的土壤，从中汲取灵感，生发思考，以文学的力量促进社会的和谐与进步。因此，阿尔尼姆的这种立场实际上为文学指明了一条更为广阔的道路——不仅是表达艺术的领域，也是参与和影响社会变革的舞台。他的这些思想，无疑为后来的文学发展提供了新的视角和启示，强调了文学与时代脉搏同行的重要性，以及作为文学工作者应承担的社会责任和使命。

2. 诗与史的交融

何为诗？何为史？如何看待文学创作与历史事实的联系始终是学界最为关注的理论问题之一。在浪漫主义时代，这一问题尤为突出。当时的社会背景下，对中世纪的回归呼声高涨，激发了对民间故事、传说、歌谣的广泛搜集和热情。因此，浪漫派作家们面临的一个重要议题便是如何在文学中呈现历史，以及如何处理"诗与史"的关系。除了阿尔尼姆与布伦塔诺之外，蒂克(Ludwig Tieck)、奥·施莱格尔(August W. Schlegel)等众多浪漫主义诗人都曾对古诗进行过改编或艺术加工。然而，这种做法受到了雅各布·格林的坚决反对，并因此与阿尔尼姆展开了激烈的论争。在1809年5月17日雅各布·格林致其兄威廉·格林(Wilhelm Grimm)的信中，他直言不讳地批评了阿尔尼姆与布伦塔诺的做法：

> "他们对于精确的历史研究毫无兴趣，他们不愿意让过去的事物留在过去，反而将其完全转移至我们的时代，一个根本不属于它的地方，结果只获得了少数爱好者短暂的接受。正如自然生长的外来动物很难在异乡繁衍生息且无需经历痛苦或死亡，古老诗作的精髓，即所谓的诗意，也难以通过移植来再现。只有在历史中，我们才能对其进行原汁原味的品读和理解。"①

① Jacob Grimm, *Briefwechsel zwischen Jacob und Wilhelm Grimm aus der Jugendzeit*, hrsg. von Herman Grimm und Gustav Hinrichs, Weimar: Böhlau, 1963: 101.

格林认为，“自然诗”(Naturpoesie)与“艺术诗”(Kunstpoesie)之间存在一条永远不可逾越的鸿沟。他深信，古代诗人的“伟大、纯洁与神圣”远超于当代人，因此历史传承下来的古诗作为“黄金原始时代”的见证，相较于现代诗人那些机趣的，即“富有学识、华美、繁缛”①的诗歌，更为纯洁和卓越。他在致阿尔尼姆的信中明确表示，他坚决反对阿尔尼姆加工和改编历史材料的创作手法②。然而，阿尔尼姆对格林的批评持不同见解，借助《皇冠守护者》的序言“诗与史”，阿尔尼姆清晰地表明了自己的立场：

> “诗并非我们在历史或是与同时代人的交往中所寻求的那种客观真实。如果诗变成了这个星球上实实在在的事实，那么它就不再是我们所追寻的，或是寻觅我们的存在了。(……)神圣的诗的本质从来都不是大地上的历史，而是那些通过梦幻回溯过去，又在精神中通过梦幻苏醒的事物的内化。”(14)

在他看来，诗和艺术不仅仅是历史的再现，更是对历史深层真实的探寻和表达。通过艺术创造，诗人能够超越历史事实的表面，触及更深刻的历史和人性的本质。正如他在《皇冠守护者》中所描述的，主人公贝尔托德亲手打造的玫瑰园尽管是“人工制造”的，却“胜过自然本身”(123)。同样，皇帝马克西米利安一世所赞叹的花朵，虽是“由精油赋予了自然香气，由丝线与丝绸编织而成的人造花朵”(158)，但它所体现的美、情感和艺术价值，却是自然无法直接提供的。这些人造之物在艺术家的巧手下，不仅复制了自然的形态，更被赋予了新的意义和价值，展示了人类创造力的无限可能。

阿尔尼姆认为，这种超越自然的艺术创造力同样适用于对历史的诠释。一方面，诗人通过艺术的手段，不仅能够将历史事件和人物重新塑造，赋予它们新的生命和深度，也能“填补历史的空白”(14)，从而揭示一种超越常规历史记载的“最高层次的真实”(15)。他将诗人比作“观者”(Seher)，将历史比作“清澈、纯净、无色”的“眼珠”(Kristallkugel)，虽然“其本身不具备观看的能力，却可以收集、汇聚光线”(14)，为诗人提供通达更高视野的途径。换言之，历史不仅仅是被动地接受和记录事实，而是能够反射和折射出更深层次的真理和意义。正是通过历史这一媒介，诗人得以透过表面的事件真实，洞察到历史的本质真实并通过其独特的视角和想象力，将历史碎片重新组合，创造出一种新的历史叙事。这种叙事虽然带有主观色彩，却能触及人心深处，激发人们对历史、人性乃至自我认知的深刻反思。因此，在阿尔尼姆看来，诗和艺术的价值并不在于其对现实的模仿能力，而在于它们揭示和传达的真理。这种真理超越了具体的历史事件和人物，触及了更为普遍和永恒的历史本质。正是通过这种对更高层次真实的探求

---

① Reinhold Steig (Hrsg.), *Achim von Arnim und die ihm nahe standen*, *Band* 3, Stuttgart: J. G. Cotta, 1904: 117.

② Vgl. Reinhold Steig (Hrsg.), *Achim von Arnim und die ihm nahe standen*, *Band* 3, Stuttgart: J. G. Cotta, 1904: 193.

和表达，诗和艺术成为了连接过去、现在和未来的桥梁，使人们能够在不断变化的历史洪流中找到方向和意义。

另一方面，文学以形象化的审美方式介入历史，为人们提供了一种更加直观和感性的历史体验，这种方式相较于抽象的历史叙述和理论化的历史规律阐释，更能够唤起共鸣并激发情感。基于此，阿尔尼姆指出，当人们将“最亲切的情感、境况及言论寄托于那些虽然历史显赫却在枯燥的历史记载中留下甚少的人物和时代之上”①时，这种做法是完全可以理解的。这不仅是对历史的一种情感回应，也是文学赋予历史以新生命的一种表现。也正因如此，阿尔尼姆戏称“说谎是诗人美丽的义务”(14)。此处，阿尔尼姆言下的“说谎”显然并非毫无根据的虚构，而是基于对历史深刻理解和尊重的前提下进行的创造性重构。在他看来，对历史真实的尊重是文学创作的前提，“谁破坏了历史的本质，谁便败坏了诗”(14)。脱离对历史真实的敬畏而任由想象横行，不管创作多么华美，其实质仍然是空洞的，不仅无法增进读者对历史的理解，反而可能误导他们进入认知的迷宫。只有保持对历史的尊重，以理性的视角审视历史，公正地评述历史，通过文学手法呈现历史的丰富多彩，并在此过程中尽可能洞察历史规律，才是处理文学与历史关系时应持有的根本态度。

事实上，阿尔尼姆本人也正是在尊重历史本质真实的基础上，凭借其深厚的历史知识完成了《皇冠守护者》这部巨著。为了生动地再现中世纪的生活场景，他查阅了大量史料，对当时的社会风情和民间习俗进行了细致的考究。小说中对中世纪的婚俗、骑士比武，以及城市风貌的描述都栩栩如生，使读者宛如亲历其境。然而，阿尔尼姆也意识到文学作品不可能全面展现历史。因此，他指出文学所呈现的并非历史的全貌，而是挑选“具有启示性的个别视角”，通过“内心的观察”(14)，使那些在浩瀚历史中被遗忘的灵魂在当代读者眼前重获新生。

3. 对启蒙运动与浪漫主义的辩证思考

区别于浪漫主义的历史观，自17世纪唯理主义哲学兴起以来，启蒙主义者一直高扬理性主义和普遍主义的旗帜，关注所谓的“历史理性”。他们强调从历史中提取经验和教训，以期作为前车之鉴，指导未来行动。例如，康德(Immanuel E. Kant)就将历史称为“实用的”，认为历史应“教导世界如何能够提供更多的利益”②。同样，维兰德(Christoph M. Wieland)也将历史研究的价值归结于“改善人的境况，弥补人的缺陷”③。

---

① Reinhold Steig (Hrsg.), *Achim von Arnim und die ihm nahe standen*, *Band* 3, Stuttgart: J. G. Cotta, 1904: 203.

② Immanuel E. Kant, *Kant's gesammelte Schriften*, *Band* 4, *hrsg. von Königlich Preußischen Akademie der Wissenschaften*, Berlin: De Gruyter, 1911: 417.

③ Christoph M. Wieland, *Sämtliche Werke*, *Band* 30, Leipzig: Göschen, 1857: 141.

在启蒙主义者看来，研究历史的目的在于寻找历史的普遍规律，并发掘历史对人类的实用价值和功效。他们通常将中世纪视为野蛮与黑暗的象征，对民间流传的传统不屑一顾，视其为农民的愚昧。浪漫主义者则坚决反对这种普遍主义和理性主义的历史观。他们注重“单个历史事件和文学中历史题材的时代个性”①，认为历史本身是充满生命和灵魂的。在《皇冠守护者》中，通过建筑师埃尔文关于木匠与石匠区别的论述，阿尔尼姆对理性主义唯实用至上的价值观进行了隐晦的批评。

埃尔文通过对比石匠和木匠的工作，形象地展现了两种不同的艺术观。他指出，石匠倾向于思考那些不确定而“广阔无垠”的事物，他们的工作艰难且历时久远，如同建造巴比伦塔一般面临重重阻碍，但他们的作品能够历尽沧桑，成为永恒的艺术品(vgl. 62)。正如埃尔文所言：“我们的石匠致力于克服易逝性”“我们的工作需历经数百年，(……)我们的作品可延续数千年”(62)。相比之下，木匠则专注于“必要而紧迫”(61)的工作。他们的作品虽然能够快速完成，通常“一年时间即可从开工到收尾”(61)，但同样迅速地衰落，无法经受时间的考验。因为尽管木材易于雕刻加工，木质建筑在造型上更为丰富，但其易燃性和不耐久性是其致命弱点。因此，埃尔文断言：“他们有的是形式，而我们有的是本质”，并呼吁人们“不要被时代的表象迷惑”(62)。在这里，阿尔尼姆显然是在借木匠来隐喻启蒙主义者，指出其实用至上的价值观以及对理性的极端和片面追求，最终会损害到“美”与艺术的“无限性”。仅为实用价值而创造的艺术作品，无法成为经久不衰的精神宝藏。

通过这种对比，阿尔尼姆不仅揭示了两种截然不同的艺术创作方式和理念，也反映了对于艺术品质和价值的深刻理解。石匠的工作象征着对恒久价值的追求，他们在每一次敲击和雕琢中，都体现了对于永恒美的探寻和对易逝性的克服。他们的作品，如同历史的见证，承载了时间的痕迹和文化的记忆，成为一种穿越时代的艺术对话。与之形成鲜明对比的是，木匠的工作则更加贴近日常生活，他们的创作速度快，满足了即时的需求和实用性。然而，这种快速完成的作品往往难以经受时间的考验，其生命力相对短暂。这不仅是因为材质的限制，也是因为这种艺术创作更多地追求形式和即时的效果，而非深远的内涵和持久的价值。

值得注意的是，阿尔尼姆对理性主义的看法是辩证和扬弃的，而非单纯的一面否定。作为浪漫主义的代表人物，他通过埃尔文这一角色表现了对于追求无限性和蔑视理性主义实用价值的反思。一心追求艺术无限性、藐视实用价值的埃尔文，最终在他的作品完成之后陷入了绝望和死亡。埃尔文在圣母像前的忏悔揭示了这种极端态度的后果：

> “作为工匠，我深感羞愧，
> 我已将这塔楼玷污，
> 因为计划已经完成；

---

① Detlef Kremer, *Romantik*, Stuttgart: J. B. Metzler, 2007: 150.

圆满即意味着死亡，
渴望再也无法得到满足。”(106)

埃尔文对无限性和浪漫主义精神的极端追求，对有限性和理性主义精神的彻底抛弃，导致他“对自己已完成的作品产生厌弃”(106)，最终走向悲剧性结局。在阿尔尼姆看来，艺术家追求无限与永恒并不意味着完全脱离现实，“艺术首先尤其要在世俗生活中进行尝试并在其中经受住谬误的考验”(96)。他强调，正如世俗与宗教应塑成一体，有限与无限、有用与无用，也不应是绝对对立的。艺术不仅仅是个人表达，也是与社会对话的一种方式。艺术家的作品一旦完成并呈现于世，就不再只属于创作者，而是成了文化遗产的一部分，对社会和历史产生影响。“天与地”不应“分离”，“新的艺术”应是无限与有限的结合，“它的光芒将把我们从朦胧中点亮”(97)。只有这样，艺术才能真正触及人心，成为启迪思想、滋养灵魂的力量。

与此同时，阿尔尼姆对理性主义对情感的压抑和浪漫主义对情感的推崇也进行了辩证性的思考。一方面，他深刻认识到，冷冰冰的理性不能作为解释一切的标准和主宰，时代的根本问题恰恰在于对“爱与洞见”(12)的忽视。他批判启蒙时代理性至上的潮流对情感的压制，强调情感是人类天性的必要部分，认为文学应该“用神圣忠诚的爱为处于不安之中的人类提供指引”(14)。诗人应该忘记那个不懂得爱的时代，因为在这个冷漠的时代，人们只学会了“对一切事物的恐惧”，只能基于恐惧来界定“可言之物和不可言之物”(12)。在阿尔尼姆的小说《拉托诺堡垒发疯的伤兵》(*Der tolle Invalide auf dem Fort Ratonneau*，1818)中，这种对爱与情感的重视在启蒙时代理性独尊、压抑情感的背景下也尤为突出。故事中的女主角罗萨莉在危急关头登上堡垒，冒着生命危险用爱唤醒了失去理智的丈夫，用爱化解了危机。这一故事强调了爱与情感在解决时代问题中的重要性。在浪漫主义者看来，理性有其局限性，无法解决所有问题和矛盾。而相比之下，爱与情感则被视为无限的，具有超越理性限制的力量。由此，阿尔尼姆不仅提出了对启蒙时代理性主义的批判，也强调了情感在人类生活中不可或缺的作用，展现了其作为浪漫主义作家的深刻洞察力和人文关怀。

另一方面，阿尔尼姆对于“情感”的认识也是辩证的。他虽然批评理性主义对于情感和激情的排斥，但他也并未完全接纳浪漫主义对激情的无节制宣泄和情感的泛滥。他认为，在创作过程中，若诗人过度投入感情，其作用“与其说是一种促进，不如说是一种抑制”(14)。诗人应该在情感的激荡中保持一定的理性和自控，以便能够深入探索情感的本质和复杂性，而非仅仅沉浸在情感的表面波动中。而对情感的表达也需适度，应合乎时代的要求，不能僭越尺度，肆意宣泄，以致破坏作品的和谐与平衡。阿尔尼姆强调，虽然激情可以赋予诗人原初的真实和深刻的人性洞察，使他们能够“倾听到人们狂野的歌唱”(14)，但这并不意味着诗人的整个创作过程应该被激情完全主导。他指出，“激情并不能构成诗人”(15)，暗示激情仅是诗人创作的一部分，而非全部。他认为，没有任何诗人能在激情澎湃之时创作出恒久的作品，只有在激情平息、心态平和时，诗人才能够反思自己的情感，创作出经得起时间考验的杰作。

可见，阿尔尼姆的诗学观在情感表达上寻求一种平衡，既不完全拒绝情感和激情的作用，也不盲目追求情感的极端释放。他鼓励诗人在情感和理性之间找到一个和谐的点，使作品既能够展现人性的真实和深度，又能够维持艺术的精致和克制。这种平衡的追求不仅使作品更具艺术性和审美价值，也使其能够更好地与读者产生共鸣，传递更加深刻和持久的信息。

4. 结　语

浪漫派的历史小说常在历史事件的叙述中包含美学主题以表达作者的诗学思想。作为“德国浪漫主义最有影响力的历史题材小说”①，阿尔尼姆通过《皇冠守护者》，尤其是序言“诗与史”表达了自己对诗学的思考。《皇冠守护者》并非“艺术家小说”(Künstlerroman)，但其中蕴含的诗学思考、艺术理念却在德国浪漫派的美学理论中大放异彩。他的作品不仅是对德国浪漫主义文学的重要贡献，更是对文学作为一种人类精神追求和文化表达方式的深刻思考。他对诗人职责的玄心洞见，对诗与史关系的独到见解以及对启蒙运动、浪漫主义的辩证性反思直到今天仍具有重要的启示意义。因此，进一步研究和探讨阿尔尼姆的文学创作和诗学理论，将为探索文学的多重价值和内涵，以及在现代社会中寻找文学创作和文化传承的新方向提供重要的启示和灵感。

参考文献

[1] E. Kant, Immanuel. *Kant's gesammelte Schriften*, *Band* 4 [M]. Hrsg. von Königlich Preußischen Akademie der Wissenschaften. Berlin: De Gruyter, 1911.

[2] Grimm, Jacob. *Briefwechsel zwischen Jacob und Wilhelm Grimm aus der Jugendzeit* [M]. Hrsg. von Herman Grimm und Gustav Hinrichs. Weimar: Böhlau, 1963.

[3] Kiermeier-Debre, Joseph., … was bloß erzählt und nicht geschenen… ". Dichtung und Geschichte: Achim von Arnims Poetik im Einleitungstext zu seinem Roman *Die Kronenwächter* [A]. *Grenzgänge: Studien zu L. Achim von Arnim* [C]. Hrsg. von Wolfram Mauser. Bonn: Bouvier, 1994: 117-146.

[4] Kremer, Detlef. *Romantik* [M]. Stuttgart: J. B. Metzler, 2007.

[5] M. Wieland, Christoph. *Sämtliche Werke*, *Band* 30[M]. Leipzig: Göschen, 1857.

[6] Nietzsche, Friedrich. *Sämtliche Werke. Kritische Studienausgabe*, *Band* 1[M]. Hrsg. von Giorgio Colli und Mazzino Montinari. Berlin u. a.: De Gruyter, 1988.

[7] Steig, Reinhold (Hg.). *Achim von Arnim und die ihm nahe standen*, *Band* 3 [M].

① Detlef Kremer, *Romantik*, Stuttgart: J. B. Metzler, 2007: 150.

Stuttgart：J. G. Cotta，1904.

[8] Von Arnim，Achim. *Sämtliche Werke und Briefe. Historisch-kritische Ausgabe*，*Teil* 1，*Band* 6 [M]. Hrsg. von Heinz Rölleke. Stuttgart：Kohlhammer，1975.

[9] Von Arnim，Achim. *Die Kronenwächter* [M]. Hrsg. von Paul M. Lützeler. Frankfurt a. M.：Deutscher Klassiker Verlag，1989.

[10] Von Eichendorff，Joseph. *Sämtliche Werke des Freiherrn Joseph von Eichendorff. Historisch-kritische Ausgabe*，*Band* 9 [M]. Hrsg. von Wolfram Mauser. Regensburg：Habbel，1970.

[11] 范大灿. 德国文学史(第三卷)[M]. 南京：译林出版社，2007.

论诺瓦利斯作品中的宗教思想及其形成过程

首都师范大学　彭偲涵

摘要：诺瓦利斯一直以“诗人哲学家”的身份而为国人所知，乃至其作品中浓郁的宗教色彩长期受到忽视。作为基督教和浪漫主义理想的合题，诺瓦利斯用其独特的方式探讨信仰问题，吸纳并发展了基督教、神秘主义与哲学思辨等思想元素。本文通过考察诺瓦利斯的出身经历、所处时代与知识体系的构建，梳理诺瓦利斯宗教思想的形成过程，展示诺瓦利斯丰富的精神世界及其作品中独特的宗教思想，从而更为完整地认识这位早期浪漫派作家的思想图景。

关键词：诺瓦利斯；宗教观；浪漫主义；哲学思想

1. 诺瓦利斯作品中宗教思想的形成过程

诺瓦利斯(Novalis)本名弗里德里希·冯·哈登贝格(Friedrich von Hardenberg)，是18世纪末19世纪初德国早期浪漫派最为重要的作家。他出生于一个新教虔诚教徒家庭，父亲是亨胡特兄弟会成员，因此他的成长深受虔敬派影响。虔敬主义是17世纪在德国兴起的一种宗教运动，其特点是注重个人信仰和精神生活，而不是仅仅遵循传统的宗教习俗和教条。它“把感情视为教徒与上帝之间关系的基础，力图通过虔敬与博爱去克服正统观念”①。可以说，虔敬主义是对新教教会正统观念的反叛。因为在正统观念的框架内，对能否得到拯救起决定作用的不是信众内心的信仰，而是对教义内容的认识，换言之，正统新教未能重视对上帝的信仰的个人体验感，虔敬主义则强调信仰的主观方面。诺瓦利斯虽然年轻时也曾接受过传统的宗教教育，然而，他并没有一直保持对基督教的信仰，而是通过哲学和文学作品表达自己对超出宗教传统之外的思考和探索。他一生虽从未公开表示过归属于哪个教派，但作品中常常能看到虔敬派的思想痕迹。例如，在断片集《花粉》中的第19号断片里，他毫不掩饰对内向性和灵魂之重要性的肯定：“灵魂的位置是在内部世界与外部世界的交接处。在它们交界的地方，灵魂的位置在交

① 陈恕林：《论德国浪漫派》，上海：上海社会科学院出版社，2016年，第3页。

界的每一个点上。”①

随着诺瓦利斯年龄的增长和对新知识的吸收与接纳，他的观点逐渐与传统的虔敬主义产生分歧，他开始对神秘主义产生兴趣，神秘主义也逐渐影响了他的宗教思想。其中尤为重要的是他对波墨(Böhme)作品的研读与观念的吸收，其信仰体系的转变可以在他后来作品中找到痕迹。波墨是一位德国神秘主义者和哲学家，鞋匠出身的他因自己所看到的异象而获得玄思。波墨“把灵性世界纳入人们固有的心灵，在人们的自我意识里直观、认识、感觉过去被放在彼岸的一切”②。诺瓦利斯的许多作品，如《海因里希·冯·奥夫特丁根》和《夜颂》中都有对波墨思想中关于灵性、现实的本质以及人类灵魂与神的关系的相关观点的运用。此外，诺瓦利斯在继承波墨思想的基础上，也体现了对有组织宗教所设限制的批判，以及对灵性更多依赖于个体而非宗教机构的观点。③ 例如，在《基督世界或欧洲》中，诺瓦利斯探讨了精神超越的概念，强调这种超越不必然与任何特定的宗教机构紧密相连。他提出了一种更为广泛的、超越具体教派和制度的基督教精神共同体观念，强调与基督结合的信徒构成了一种“无形教会”。这体现了他对宗教的理解更偏向于一种个体化的精神体验，而非仅限于传统宗教机构的框架。

诺瓦利斯生活在一个政治和社会动荡的时代，法国大革命是一个塑造他对宗教和灵性看法的重要事件。在法国大革命的早期阶段，诺瓦利斯受到启蒙运动所强调的理性、科学和自由思想的启发，将革命视为摆脱传统束缚并创造一个新的、更理性社会的一种方式。然而，随着革命变得更加激进和暴力，诺瓦利斯开始将其视为现代世界精神和道德堕落的表现。他对革命的暴力和混乱感到震惊，并且认为这是人们与上帝失去联系并需要精神觉醒的标志。“革命对文化和传统的破坏促使知识分子重新寻找历史的支持，而对于诺瓦利斯来说，欧洲千年的中世纪文化就是基督教的文化”④，《基督世界或欧洲》代表了诺瓦利斯对基督教在一个被法国大革命的革命理想所改变的世界中的未来的愿景。在这篇写于1799年秋天的文章中，诺瓦利斯把历史诠释为一个类似三段论的、经历多个阶段或“渐变”发展的过程。他认为历史是一系列循环，每个时期都有其独特的时代精神，每个历史时期之后都会有一个超越和改造前一时期的新阶段，其中，一个

---

① 刘小枫：《夜颂中的革命和宗教：诺瓦利斯选集 卷1》，北京：华夏出版社，2007年，第80页。

② 黑格尔：《哲学史讲演录 第4卷》，贺麟、王太庆译，北京：商务印书馆，2017年，第38页。

③ Minnigerode, I. von, *Die Christusanschauung des Novalis*, Berlin: Junker u. Duennhaupt, 1941: 61. 原文表述是："Böhme hatte Christus als den Wiederhersteller des gotteben-bildlichen Menschenwesens in den Anfangspunkt seiner Geschichtsmetaphysik gestellt. Aus der Wurzel Christus ist, wie er es beschreibt, der Baum der Geschichte aufgeschossen; das Rückgrat aller Geschichte ist die Geschichte der Kirche Christi. Novalis nannte diese Kirche die „Christenheit“ und verstand ebenso wie Böhme nicht eine bestimmte Institution darunter, sondern die unsichtbare Kirche, die alle mit Christus Vereinten umfaßt, wie er sie in seinem Aufsatz „Die Christenheit oder Europa“ beschreibt."

④ 谷裕：《隐匿的神学：启蒙前后的德语文学》，上海：华东师范大学出版社，2010年，第276页。

重要的概念是“黄金时代”。他将黄金时代视为过去的一个神话时代，当时人类生活在与上帝、自然完美统一的状态中，是一种“简单的和谐”①。对诺瓦利斯来说，黄金时代的理念在本质上具有浓厚的宗教色彩，因为它代表了一个可以通过个人精神发展实现的精神乌托邦。他相信个体灵魂可以达到与神性结合的状态，而这种结合是体验黄金时代欢乐与和平的关键。

在诺瓦利斯看来，黄金时代不是一个已经过去的历史时期，而是一种永恒的状态，可以通过精神发展和加深与神的联系在当下实现。笃信精神超越的潜力和黄金时代的实现，是诺瓦利斯宗教思想的重要层面。此外，诺瓦利斯将法国大革命视为改革和振兴基督教的机会。他认为必须重新诠释和改革教会，以满足社会不断变化的需要。他认为自由、平等和博爱的革命理想与基督教的核心价值观是相容的，他认为有必要开展一场新的精神运动来弥合这些理想与基督教信仰之间的差距。② 在《基督世界或欧洲》中，诺瓦利斯提出，有必要开展一场新的精神运动来重振基督教精神，并将法国大革命的理想注入其中。

诺瓦利斯在大学主修法律和哲学，这使他接触了许多德国哲学思想的先驱者，这些大师的思想对诺瓦利斯的宗教思想产生了重要影响，尤其是他后来对个人内在灵性体验的观念的强调。因此，除了生活环境和时代背景，诺瓦利斯还在研习前辈或同时代思想家著作的过程中不断丰富自己的宗教思想体系。康德是启蒙时期的关键人物，他对宗教和形而上学提出了一种批判的方法，强调人类理性的局限性和道德在塑造个人信仰中的重要性。诺瓦利斯经常在作品中使用神秘和象征性的语言来表达他的宗教和哲学思想，借鉴康德对内心体验和个人道德信念重要性的强调。例如，在一则短篇中，诺瓦利斯表述道，“道德是人本来的生命元素，这是对道德的合理理解。道德和敬畏上帝是紧密合一的”③，即一个人的宗教信仰应该由个人的道德信念来塑造，而不是由外部权威来塑造。

费希特的“唯我论”对包括诺瓦利斯在内的“浪漫派世界观的形成所起的作用是难以估量的”④。在费希特看来，自我不是一个可以在外部世界中找到的经验实体，而是一个自我设定的主体。自我的本质是自我意识，是我们所有体验的源泉。非我指的是一切不是我的东西，它包括外部世界，以及其他人、物体和事件。非我是客观世界为自我的创造物，它不是自我简单地被动接受，而是自我通过感知和认知行为主动建构的。在费希特看来，自我与非我是一种辩证关系，自我通过感知和认知行为不断塑造和重塑对非我的体验。在《夜颂》中，诺瓦利斯描绘了一种与神合一的神秘体验，在这种体验中，

---

① 曹霞：《论诺瓦利斯作品中的“黄金时代”》，《武陵学刊》，2015 年第 5 期，第 91 页。
② 弗雷德里克·拜泽尔：《浪漫的律令》，黄江译，北京：华夏出版社，2019 年，第 75-76 页。
③ 诺瓦利斯：《诺瓦利斯作品选集》，林克译，重庆：重庆大学出版社，2012 年，第 317 页。
④ 陈恕林：《论德国浪漫派》，上海：上海社会科学院出版社，2016 年，第 10 页。

超越了自我与世界之间的界限。虽然诺瓦利斯没有像费希特那样使用“自我”和“非自我”等具体术语，但从他对自我与世界关系的探索中可以窥探到费希特的思想痕迹。

此外，莱辛的思想也对诺瓦利斯在作品中表达的宗教观产生了重要影响。莱辛是启蒙时期的哲学家和剧作家，他是传统基督教的批评者，主张对宗教采取更加自由、理性的态度。他强调个人思想自由和宗教宽容的重要性，并通过对宗教文本的“批判”方法来调和理性与信仰。[①] 诺瓦利斯在莱辛的思想中看到了一种调和自己的宗教信仰与启蒙运动世俗化趋势的方法，他借鉴莱辛的思想来探索宗教与灵性之间的关系，如在《夜颂》中，诺瓦利斯表达了死亡是一种变革性的体验，可以带来更高的意识状态的观点。诺瓦利斯的作品也反映了莱辛对个人思想自由的重视，在《海因里希·冯·奥夫特丁根》里，他鼓励读者去寻求自己的精神体验，找到属于自己的通往上帝的道路，而不是盲目地接受传统的宗教教条。

施莱尔马赫的《论宗教》直接影响了诺瓦利斯同期的创作。施莱尔马赫试图通过《论宗教》向其目标听众阐明，“他们拒斥的实际上不是宗教，而是关于宗教的错误概念”[②]。在这篇演讲中，施莱尔马赫提出了一种对宗教的新理解，他将其视为人类经验的一个基本方面，而不仅仅是一套信仰或教义。他认为，宗教根植于对神的绝对依赖的感觉，而这种感觉是通过一种普遍的、与生俱来的崇敬感来表达的。施莱尔马赫还强调了个人经历在宗教生活中的重要性，并将宗教视为个人寻求意义和目的的安慰和支持的源泉。诺瓦利斯在读完《论宗教》后大受震撼，力图将施莱尔马赫的思想融入自己的宗教哲学体系。在《基督世界或欧洲》中，诺瓦利斯提出观点：基督教不仅仅是一套教义，还是一种为个人提供意义、安慰和支持的生活方式，是统一欧洲和世界的手段。诺瓦利斯还采纳了施莱尔马赫强调宗教生活中个人经验重要性的观点，认为基督教的本质不在于其教义，而在于个人与神的个人关系。他相信这种关系适用于所有人，可以为来自不同民族、地域的人们提供一种团结感和共同目标。

诺瓦利斯宗教观中重要的组成部分——对生与死的思考，是他在经历与其挚爱索菲·冯·库恩(Sophie von Kühn)的生死永别后找到的。年仅15岁的索菲死于肺结核后，诺瓦利斯深受打击。索菲重病时，诺瓦利斯就试图通过刻苦研读哲学著作等方式来丰盈精神世界，从而减轻现实带给他的痛苦。索菲离世后，出于悲痛，他常常徘徊在爱人墓前，竟意外参悟了爱情和死亡的奥秘：身体的死亡不是他与索菲爱情的结束，而是开始，他们的精神将在更高一级的世界相遇，索菲升入一种更高级的生命状态，自己则获得了超验的自身。这种思想反映在他作品的多个段落中，最著名的是他的小说《海因里希·冯·奥夫特丁根》和他的诗歌《夜颂》。在《海因里希·冯·奥夫特丁根》中，主人公

---

① T. Yasukata, *Lessing's philosophy of religion and the German enlightenment*, New York: Oxford University Press, 2003: 143-145.

② 单纯：《启蒙时代的宗教哲学》，北京：中国社会出版社，2010年，第288页。

海因里希可以说是诺瓦利斯本人的替身，他的自我发现之旅与失去爱人的悲痛交织在一起。但在《海因里希·冯·奥夫特丁根》第一部结尾，在寓言放声高唱的“永恒之国终于建成，纷争止于爱情与和平，漫长的痛苦之梦已经过去，索菲永远是心灵的祭司”①里，索菲已然从一个被人所爱的已逝少女变成了具有宗教神力的“祭司”。在此，诺瓦利斯刷新了对世界与自身的认识，结合他在日记里记下的“基督与索菲”，可以看出他的宗教观已经进入了一个新的阶段。在诺瓦利斯看来，死亡是一种超越物质世界局限并与神建立更紧密关系的手段。他相信，灵魂是不朽的，死亡只是与肉体的暂时分离。② 这种观点深受他的神秘主义和泛神论信仰的影响，认为所有事物都是一个更大的神圣统一体的一部分。

此后，诺瓦利斯就读于矿业学校，开始从事与自然科学相关的研究。诺瓦利斯对自然与灵性的关系着迷，他在研究中看到了自然世界与神圣之间的深刻联系。他相信自然是神性的体现，具有精神意义。例如，他的作品《塞斯的学徒》是“一部关于诗人和真正洞察自然的小说”③，在其中，他使用了大篇幅叙述自然与人类的关系问题。他相信，对自然的研究是深入了解神圣思想的一种方式。他对植物学、矿物学和地质学等自然科学感兴趣，将其视为探索宇宙奥秘的一种手段，将自然世界视为万物相互关联的和谐整体。

诺瓦利斯在短暂的生命中从事过多种职业，包括律师、矿业工程师和政府官员，这些职业经历和社会背景也影响了他宗教思想的形成。作为矿业工程师，诺瓦利斯需要处理各种现实问题，这使他更加珍视精神世界和内在灵性体验。他也在这个时期开始创作自己的文学作品，其中很多作品都包含了对宗教和神秘主义的探索。诺瓦利斯在他的作品中表达了对世俗事物的怀疑和对精神事物的热爱，这也反映了他对宗教思想的探索和思考。他在后期的作品中，经常探讨自然与灵性之间的关系，以及万物中存在的神性观念，将对超验的关注与现代职业生活结合起来，矿业与宗教的关系就是他写作中反复出现的主题。在他的小说《海因里希·冯·奥夫特丁根》中，矿工象征着追寻者，地下矿井代表着人类灵魂的深处。在诺瓦利斯的作品中，采矿的主题与对精神超越的追求紧密相连，都被视为通向知识和理解神性的途径。小说中，矿工把自己的工作看作对“上帝的服役”④，他相信在地球上寻找矿物与寻找精神真理是并行的，并且两者最终都被万物中神圣存在的基本原则联系在一起。

---

① 刘小枫：《大革命与诗化小说：诺瓦利斯选集 卷2》，北京：华夏出版社，2008年，第142页。

② I. von Minnigerode, *Die Christusanschauung des Novalis*, Berlin: Junker u. Duennhaupt, 1941: 22.

③ 曹霞：《〈塞斯的学徒〉中的和谐自然观》，《湘潭大学学报：哲学社会科学版》，2012年第2期，第125页。

④ 曹霞：《论诺瓦利斯的浪漫主义人生哲理观》，《湖南科技大学学报：社会科学版》，2017年第20卷第2期，第77页。

2. 诺瓦利斯作品中的宗教思想特征

诺瓦利斯的宗教思想深受其所处社会背景、成长经历以及学习内容的影响。作为一个虔诚的虔敬教派家庭的成员，他从小就沉浸在新教的传统和教义中。然而，他对其他宗教传统的接触以及对哲学和文学的研究拓宽了他对信仰和灵性的理解。历史境遇也塑造了他的世界观，并影响了他对同时代的文化和政治趋势的态度。诺瓦利斯是德国早期浪漫派的重要代表，德国浪漫主义对个人经验和直觉的强调也塑造了他自己对宗教和灵性的态度。此外，他与其他浪漫主义作家的亲密友谊以及他对索菲深切的爱，激发了他创作关于爱、死亡和来世的本质的许多诗歌和哲学著作。这些因素共同塑造了诺瓦利斯独具特色的宗教思想。

诺瓦利斯对基督教的态度是复杂的，而且常常是矛盾的。一方面，诺瓦利斯深受基督教的影响，基督教中丰富的符号、图像和思想都是他创作中用来表达自己哲学和精神愿景的重要源泉。他相信，基督教教义中对爱和精神统一的强调，能够促进世界的统一并将所有人聚集在一起。另一方面，他也对历史上的基督教教条和制度化的形式持批判态度。他认为制度化的教会过于关注外在形式和仪制，而不是宗教的内在精神层面，教会因此变得过于官僚和墨守成规，并且与《圣经》的本质脱节。诺瓦利斯的宗教思想深受基督教虔敬主义影响，相信精神重生的必要性，重视与上帝的深层情感联系，以及个人宗教体验的重要性。他试图通过强调基督教的神秘和情感方面，提倡对宗教采取更加个人化、直觉化和情感化的方法来重振基督教。他关注心灵而非理性在宗教体验中的作用，并相信基督教中的情感和精神层面可以用来促进个人的成长和发展。总体而言，诺瓦利斯欣赏基督教的精神内核，但对其制度和教条持批判性态度，其作品反映了基督教对其思想和创作的深刻影响。

诺瓦利斯宗教思想中的神秘元素也是他哲学和文学作品的重要组成部分。诺瓦利斯深受神秘主义思想的影响，从中窥见探索宇宙和人类灵魂更深层奥秘的方法。首先，诺瓦利斯相信万物一体，并将宇宙视为一个相互关联的、和谐的整体。他将包括自然界和人类在内的万物视为更大精神统一体的一部分。他相信人类精神探求的目标是发现这种统一并体验与万物一体的感觉。其次，诺瓦利斯强调“心”在精神体验中的重要性。他相信“心”是灵性意识的内核，通过“心”，人可以与神相连。他认为智力的作用是次要的，仅用于澄清和阐明内心的见解和经验。再次，诺瓦利斯将意象视为表达精神真理的有力工具。他使用充满符号和图像的富有想象力的语言来传达他神秘的愿景。他相信通过这些符号，可以向读者传达精神领域更深层次的真理。

在诺瓦利斯看来，传统基督教的思想内容，即使能通过增添神秘主义因素加以调和补充，仍需要改革和复兴，因此，他试图创造一种更符合现代世界精神需求的、综合他所吸纳的宗教哲学观念的“新宗教”。首先，这种“新宗教”应该基于对神的直观、个人情感和神秘体验，而不是基于抽象的神学概念或具体制度。其次，诺瓦利斯将心灵视为精神意识的中心，并认为新宗教应该关注宗教的情感和直观方面。他认为心灵而非智力是精神体验的关键，由于传统宗教形式过于注重教条形式和仪式，他认为新宗教应该拒绝这些形式，转而采用更加个人化、直觉化和情感化的宗教方法。再次，在诺瓦利斯的“新宗教”中，常常出现“中介”的概念，“所有的宗教都需要一个中介，它起到消除上帝与人之间的隔阂的作用”①。“中介”经常用于阐释物质和精神领域之间关系的上下文中，代表两者之间的统一状态。对诺瓦利斯来说，“中介”被视为和谐生活的关键。他相信物质领域和精神领域不是分开的，而是相互联系和相互依存的。他在作品中经常使用“中介”概念来探讨物质与精神、个体与神性的关系。总结而言，诺瓦利斯想通过“新宗教”创建超越种族、阶级和文化界限的精神统一体，并且，“新宗教”还应该强调帮助个人体验自身和周围世界的神圣感。在诺瓦利斯的诸多作品中都能看到他的“新宗教”思想，呼吁人们在启蒙理性泛滥之际重视精神生活。

3. 结　语

诺瓦利斯作品中的宗教思想的主要元素来自基督教与神秘主义，另外还包含他在成长学习过程中不断积累的宗教哲学观念，最终目的是构建一种个人精神与神性结合起来的“新宗教”。

他的宗教思想是复杂和多面的，除基督教外，还包含了神秘主义和哲学的元素，他试图创造的是一种更灵活、更开放、更能响应个人不断变化的需求和精神渴望的“新宗教”，体现了诺瓦利斯对基督教和浪漫主义的独特融合。他在作品中重点反思了神圣感受的本质、宗教在社会中的作用以及宗教信仰的重要性，他的诗文作品和哲学思考为探求人类精神领域提供了独特而富有洞察力的视角。

通过回溯《基督世界或欧洲》中诺瓦利斯的宗教思想可以发现，作品里浓缩了早期浪漫主义宗教观的许多关键特质。诺瓦利斯关于统一的基督教欧洲的想法、对个人经验和情感的重要性的强调、对自然在宗教表达中的作用的重视，以及对传统宗教形式的拒斥，是在浪漫主义宗教这一更广泛的文化和思想运动中形成的，这突出了诺瓦利斯的宗教思想与浪漫主义时代更广泛的文化和思想潮流之间的密切关系。

参考文献

[1] Minnigerode, I. von. *Die Christusanschauung des Novalis* [M]. Berlin: Junker u. Duennhaupt, 1941.

① 曹霞：《诺瓦利斯浪漫主义文学中的和谐整体观》，湘潭：湘潭大学出版社，2018 年，第 213 页。

[2]Yasukata, T. *Lessing's philosophy of religion and the German enlightenment*[M]. New York: Oxford University Press, 2003.
[3]陈恕林. 论德国浪漫派[M]. 上海: 上海社会科学院出版社, 2016.
[4]曹霞. 论诺瓦利斯的浪漫主义人生哲理观[J]. 湖南科技大学学报, 2017, 20(02).
[5]曹霞. 论诺瓦利斯作品中的"黄金时代"[J]. 武陵学刊, 2015, 40(05).
[6]曹霞. 诺瓦利斯浪漫主义文学中的和谐整体观[J]. 湘潭: 湘潭大学出版社, 2018 (11).
[7]曹霞.《塞斯的学徒》中的和谐自然观[J]. 湘潭大学学报(哲学社会科学版), 2012, 36(2).
[8]谷裕. 隐匿的神学 启蒙前后的德语文学[M]. 上海: 华东师范大学出版社, 2008.
[9]刘小枫. 夜颂中的革命和宗教 诺瓦利斯选集第一卷[M]. 林克, 等译. 北京: 华夏出版社, 2007.
[10]刘小枫. 大革命与诗化小说 诺瓦利斯选集第二卷[M]. 林克, 等译. 北京: 华夏出版社, 2008.
[11]黑格尔. 哲学史讲演录 第4卷[M]. 贺麟, 王太庆, 译. 北京: 商务印书馆, 2017.
[12]单纯. 启蒙时代的宗教哲学[M]. 北京: 中国社会出版社, 2010.
[13]弗雷德里克·拜泽尔. 浪漫的律令[M]. 黄江, 译. 北京: 华夏出版社, 2019.

《燕妮·特赖贝尔夫人》新释
——论冯塔纳的潜文本构建艺术与隐性道德批判

安徽大学　王秋月

摘要：本文以冯塔纳的写作风格为切入点，通过对小说《燕妮·特赖贝尔夫人》的细读，揭示了其中的潜在文本信息。尽管故事表面上讲述了利奥波德和科琳娜因利奥波德的母亲燕妮的阻挠而未能在一起，但故事背后隐藏着更深层次的内涵。作者巧妙地运用隐喻和一语双关等手法，多次向读者透露燕妮与施密特藕断丝连，而奥托和利奥波德则是他们非婚生子女的事实。冯塔纳甚至在文本中暗示了更多非婚生子女的存在，以揭示 19 世纪下半叶普鲁士社会道德失序的混乱现象，并对其展开含蓄而有力的批判。

关键词：冯塔纳；《燕妮·特赖贝尔夫人》；潜文本构建；道德批判

1. 引　言

特奥多尔·冯塔纳(Theodor Fontane)是德国 19 世纪著名的现实主义作家，虽然大器晚成，却在德语文学史上留下浓墨重彩的篇章。然而，在其他德语现实主义作家，如施托姆、施尼茨勒、凯勒等很早被译入中国的情况下，[①] 冯塔纳在国内并未得到应有的重视，只有极少数作品被翻译和出版，如韩世钟翻译的《艾菲·布里斯特》[②]《莱娜与博托》[③]，张荣昌翻译的《燕妮·特赖贝尔夫人》(下文简称《燕妮》)，赵蕾莲翻译的《混乱与迷惘》和《施蒂娜》等。对于他的作品进行的批评和研究也是屈指可数，大多集中在小说《艾菲·布里斯特》中的人物形象和价值观等方面的分析。

本文的研究对象是尚未受到太多关注的《燕妮》。该小说情节并不复杂，女主人公科琳娜·施密特为了过上丰裕的物质生活，选择和商务顾问特赖贝尔家的小儿子利奥波德在一起，二人在一次野外郊游中私订终身。但利奥波德回到家里，向母亲燕妮坦白后，却遭到她的强烈反对。为了阻止这段婚姻，燕妮在次日清晨便立刻写信给大儿媳妇

---

① 卫茂平主编：《阐释与补阙——德语现代文学与中德文学关系研究》，上海：上海外语教育出版社，2011 年，第 366 页。

② 卫茂平等：《中外文学交流史：中国—德国卷》，济南：山东教育出版社，2014 年，第 325 页。

③ 《莱娜与博托》与后文的《混乱与迷惘》是同一部作品，只是书名不同。

海伦妮的妹妹希尔德加德，邀请她来家里做客，其实是为了促成希尔德加德和利奥波德的姻缘。尽管利奥波德每天坚定地向科琳娜写信，表明自己的决心，但是屈服于母亲威严的他无法与科琳娜相见。一段时间过去，科琳娜对利奥波德彻底失望。最终，她选择了自己的表哥马塞尔，小说在他俩的婚礼中结束。

读者初印象会认为，燕妮之所以反对利奥波德和科琳娜的婚事，是因为后者只是一位中学教授的女儿，没有雄厚的家世和受人景仰的社会地位，难以配得上自己的儿子。但是，这种解读显然过于肤浅，未能深刻揭示出《燕妮》的内涵。事实上，“冯塔纳小说的现代性就体现在作者在精密的社会现实刻画下以幽默的基调设置了一个隐藏文本，小说的现实文本下暗流涌动”①。他巧妙地使用一语双关、隐喻、互文等方式向读者透露出隐藏在故事背后的重要信息。读者利用这些“蛛丝马迹”可以发现小说的深层意义和作者真正的批判意图。

2. 施密特教授——宙斯的化身

小说伊始，燕妮亲自前往施密特教授家，邀请其女儿科琳娜参加翌日的晚宴。一踏入门厅，燕妮便发现正对面的门上有一窥视孔，旁边是一块凹凸不平的绿色铁皮门牌，上面刻着的“维利巴尔德·施密特教授”字样已经模糊不清，难以辨认。这里是冯塔纳向读者传达的文本信号，暗示施密特身份的模糊性，提醒读者注意他在文本中，尤其是潜层文本中的真实身份。同时，冯塔纳还指明了发现施密特教授隐藏身份的方法：读者需要推敲叙述的细节，将其视为窥探潜层文本的“窥视孔”，才能对小说的主旨有切中肯綮的理解和把握。

施密特是圣灵文理中学的教授兼一级教师，但又是“一个古怪的人，充满奇怪的念头”②。他吃梨时从不削皮，连皮带核一起咀嚼，这让施密特家的女佣施莫尔克太太想到了自己的丈夫。她的丈夫是一名风纪警察，致力于维护社会的道德秩序。如果施莫尔克太太将未削皮的梨直接递给丈夫，他定会立刻转变神情，像抓捕罪犯一样严肃起来。凭着专业直觉和职业本能，他会认为妻子这样做一定有其背后的深意和秘密。施莫尔克太太的联想和其丈夫本职工作的特殊性暗示施密特教授既然有如此不同寻常的吃梨方法，内心也必定隐藏着伦理道德层面的秘密。

施密特教授对于希腊考古研究和迈锡尼神话始终高涨的热情揭示了他在潜层文本中的身份。他对施莫尔克太太说，如果他的侄子马塞尔去迈锡尼或伯罗奔尼撒半岛的城堡遗址，他希望其可以为他带回一尊宙斯塑像，正好可以放在炉台那唯一还空着的地方。

---

① 吴晓樵：《柏林：帝国时代的“沼泽”——论冯塔纳〈卜根普尔一家〉的潜结构》，《外国文学评论》，2011 年第 1 期，第 36 页。

② Theodor Fontane, *Frau Jenny Treibel oder „Wo sich Herz zum Herzen find't“*, hg. von Tobias Witt. Berlin：Aufbau，2005：199. 下文出自同部作品的引文将在括号内标注页码，不再另注。

这表明施密特教授和宙斯之间存在着隐秘关联。此外，施密特会和朋友定期举办聚会，科琳娜将父亲的学者朋友形容为“奥林匹斯高山上的来客”(56)，这里再次印证了施密特在潜层文本中的宙斯身份。因为在古希腊神话中，奥林匹斯山是众神之地，而在这些“奥林匹斯高山上的来客”中施密特无疑扮演着核心和领导者的角色，他是众神仰望的主神之首——宙斯。

在小说中，当燕妮试图说服科琳娜主动放弃利奥波德时却遭到拒绝。施密特认为一切已经太迟，事情发展到这一地步应该归因于时代：“人人都想往上爬，努力追求违反天意的更高等级。”燕妮则回应道：“愿神让一切变好。”(189)此处看似在客观形容一个时代的社会潮流，其实暗含着施密特对昔日恋人燕妮年轻时所作抉择的隐隐抱怨。“天意”是指宙斯化身的他的意愿，他不希望燕妮只是一味地追名逐利，嫁入一个原本跟她不相匹配的家族。然而一切都已发生，燕妮口头上祈求上帝和神灵，其实是希望施密特在双方子女的婚姻问题上施予帮助，两人合作解决问题。

3. 社会道德的荒野——婚外情和非婚生子女问题

在冯塔纳的小说中，爱情悲喜只是表象，其背后隐藏着对社会道德腐败的深刻嘲讽和批判。他巧妙地运用文字游戏和隐喻手法，在字里行间埋下真相的种子。虽然人性的丑恶被隐藏得很深，但读者不应被表层的太平粉饰而迷惑，而是应该识别并利用冯塔纳留下的线索，如小说人物话中有话的表达，或者叙述本身就是隐含的注脚。透过这些提示，读者可以发现文本之下别有洞天，表面的爱情婚姻纠葛不过是为反映那个年代社会道德败坏成风的现实所披上的朦胧面纱，以缓和批判的犀利度。本文的意图在于揭开这层面纱，展露冯塔纳作品中深刻的思想和现实性。

3.1 燕妮和施密特的越界

燕妮在小说开端恳请科琳娜出席晚宴，其间施密特出现，他向燕妮谈及他们昔日青涩的岁月和充满诗意的年代。敏锐的燕妮随之附和：“那种美好的岁月，如今已成往事。”施密特一如既往地“扮演着他的角色”，两人之间出现“几乎令人尴尬的冷场”(14)。之所以如此，是因为对话从头到尾都是一场面向科琳娜的精心表演。他们二人背地里维系着私密关系，却故意装腔作势，假装只是彼此单纯的老朋友。施密特对于这场表演乐在其中，娴熟地装出一本正经的模样，但最后燕妮由于一时未能及时配合而导致场面陷入僵局。

燕妮和施密特被迫在科琳娜面前表演，内心波澜不能显露于言表，一切都源于燕妮年轻时所作的抉择。在一次集体郊游之后，燕妮开始反思自己的人生，她突然意识到外在的物质条件和社会地位并没有那么重要。“桦树木和胡桃木的床没什么区别，但睡觉和失眠则是两码事。有时我辗转反侧，难以入眠，而睡眠是人生中最美好的事情，因为它可以让我们忘却生活。”(165)后来，利奥波德告知母亲他与科琳娜订婚的事实，燕妮明确表示不同意："现在你知道我的意愿了，我可以说，这也是你父亲的意愿。尽管他总干蠢事，但在事关家族荣誉的问题上，他还是信得过的。现在你走吧，利奥波德，能睡着就睡吧。问心无愧才能睡得安稳。"(169)燕妮之所以这样说，是因为她坚信，利奥波德会意识到与科琳娜的婚姻对家族声誉的威胁，因而心神不宁、无法入眠。然而燕妮自己也因为担心给家族蒙羞而陷入内疚之中。她在年轻时主动选择追求物质生活，同特赖贝尔走到一起。即使现在拥有别人艳羡的一切也没有让她感到真正的快乐。她渴望心灵的宁静，想要忘却现实的纷扰，却不能如愿以偿。对诗意的缅怀促使她一直私下和施密特维持关系，以满足自己的精神需求。

从施密特身上也可以发现他和燕妮复杂关系的蛛丝马迹。当弗里德贝格带着他的黑毛狮子狗参加施密特教授家的聚会时，施密特由狗的忠诚谈及人的忠诚问题，他感叹如今虽然人人大谈忠诚，忠诚却日益成为一种稀缺品质。这句话既是对当时社会普遍现象的精炼概括，也是对身为教授的自己的谴责，间接揭示他和燕妮的藕断丝连。其实，特赖贝尔早已察觉到妻子的背叛。小说在描述特赖贝尔家地理位置的时候形容道："工厂(Fabrik)近在咫尺，一旦风向不利(ungünstig)，就会伴生一些棘手问题(Mißliches)。不过，会将烟雾(Qualm)吹来的北风很少(notorisch selten)出现，……另外，特赖贝尔让人逐年加高工厂的烟囱，使早期的弊病(den anfänglichen Übelstand)慢慢得以消除(beseitigen)。"(17)此处作者的用词耐人寻味，在完全可以用其他同义或近义词语表达相同意思的前提下，作者倾向于使用贬义或消极的词汇。这不仅是单纯叙述特赖贝尔家因为离工厂近而遭遇的困扰，更是影射出燕妮与施密特之间的婚外情对这个家族造成的不利影响。早期遗留的弊病暗指燕妮年轻时与施密特是情侣关系，如今依然纠缠不清。工厂(Fabrik)近在咫尺，它是一切烦恼的根源。"工厂"一词是冯塔纳巧用一语双关的有力证明，因为德语"Fabrik"的动词形式是"fabrizieren"，既有"生产，制造"的意思，同时也有"做(坏事或蠢事)"之义。离工厂太近是指燕妮和施密特住处相距不远，关于二人的丑闻虽然时有时无，但已尽人皆知、臭名昭著。对此，特赖贝尔在表层文本通过努力加高烟囱解决问题，实际是为了维护自身和家族的荣誉，将带来的损害降到最低。

3.2 窥探利奥波德和奥托的私生子身份

燕妮踏入婚姻的围城，内心并没有因此受到束缚，导致出现另一个棘手的局面——非婚生子女的问题。燕妮竭力反对科琳娜和利奥波德的婚姻，表面是因为科琳娜出身市民家庭且无丰厚资产，但这只是她用来掩盖更深层次动机的幌子。通过对特赖贝尔分别与施密特和燕妮谈话中言外之意的揭示，可以看出燕妮反对利奥波德与科琳娜婚姻的理由只是"挂羊头，卖狗肉"而已。

在小说记叙的集体出游中，只有施密特教授和利奥波德姗姗来迟。当利奥波德赶来时，特赖贝尔对施密特发表了一番颇有深意的言论：

"奇怪，人们总说，有其父必有其子，但却并不尽然。如今，一切自然法则都在动摇。如果我是利奥波德·特赖贝尔，我今天一定会骑着高头大马赶来，然后潇洒自如地……跳下马鞍，用马鞭拍打靴子和裤子上的尘土……现在您瞧这孩子，他这副模样难道不像赴刑受死的人吗？……天知道，粗瓷茶碗雕不出细花来。”(133)

这里特赖贝尔明确表达了他的疑惑，不明白为什么利奥波德和他性格差异如此之大，其实是想当众让施密特难堪。特赖贝尔对燕妮和施密特的婚外情早已知晓，也对利奥波德并非自己的亲生儿子心知肚明。他最后说“天知道”，深层含义是表明施密特作为宙斯的化身，无疑也知道利奥波德的真实身份。而且，特赖贝尔借机嘲讽了施密特一番。他设想如果自己是利奥波德会怎样做，按照“有其父必有其子”的逻辑，特赖贝尔是在凸显自身的优雅从容。然而，利奥波德与假想的形象形成鲜明对比，他的实际形象体现的是亲生父亲施密特的形象，沮丧、怯懦的模样被特赖贝尔形容为“赴刑受死”，还添油加醋道“粗瓷茶碗雕不出细花”，其实是在暗地挖苦施密特各方面条件不够优越，才会生出利奥波德这样的儿子。

燕妮在知晓利奥波德和科琳娜订婚之后颇为激动，特赖贝尔得知此事时“失望之中掠过一丝快意”。失望在于特赖贝尔原以为利奥波德会和“不知名的高音歌手”或“民间女郎”(172)在一起，结果却是科琳娜，这一订婚对象完全在他的心理承受范围之内。之所以掠过一丝快意，是因为特赖贝尔对于燕妮的出轨行为心照不宣，也很清楚出轨对象为好友施密特，甚至了解利奥波德是他们的私生子。因此，他十分清楚利奥波德与施密特的女儿科琳娜订婚意味着什么，带有报复意味的酣畅快意跃然纸上。燕妮认为特赖贝尔在如此严肃的问题上表现出的淡漠是对她人格和感情的一种嘲弄，问他是否将这桩订婚视为荒唐行为，特赖贝尔果断否决，并转而严肃地告诉燕妮，她对科琳娜的不屑和蔑视是“盲目、健忘、骄傲自大”(173)。燕妮明白，“盲目和健忘”是指什么，科琳娜的现在就是燕妮的过去，科琳娜为了追求舒适的生活和优越的物质条件选择利奥波德，这与燕妮出于同样的目的选择特赖贝尔是一个道理。现在燕妮如此践踏科琳娜的尊严，全然忘记自己的过去，着实引起特赖贝尔的愤怒。更让他气愤的是，燕妮企图继续隐瞒自己的私情，低估了丈夫的洞察力。于是，特赖贝尔借着酒劲，直截了当地质问燕妮是否想让科琳娜归还她曾经从“那只画有维纳斯和丘比特的马略尔卡陶碗中拿走的海枣和橙子”(174)。维纳斯和丘比特在罗马神话中是母子关系，① 特赖贝尔认为自家陶碗上的维纳斯和丘比特画像十分可笑，其实是在影射燕妮和利奥波德招人非议和耻笑的母子关系。对特赖贝尔及其家族来说，这才是所谓的“丑闻和耻辱”(173)。此外，这里也隐藏着冯塔纳独具匠心的文字游戏。橙子的德语表达是由“Apfel”和“Sine”(类似于英语中的“sin”，即“罪恶”)组合而成。联系之前特赖贝尔“有其父必有其子”(der Apfel fällt nicht weit vom Stamm)的比喻，此处的橙子(Apfelsine)影射燕妮的罪过——生下私生子利奥波德。科琳娜吃掉橙子，意味着和利奥波德订婚，如此发展下去势必会让燕妮的秘密公

---

① 刘连青编译:《希腊罗马神话故事》，成都：四川文艺出版社，2002年，第97页。

布于众，让她当众出丑。因此燕妮讨要橙子，试图从科琳娜手里夺回利奥波德以阻止这场联姻。特赖贝尔则劝她放弃抵抗，接受现实，以免"搬起石头砸自己的脚"，让他和燕妮"都陷入极其可笑的境地"(174)。这番话是特赖贝尔在暗示燕妮自己已经知晓一切。他希望燕妮独自承担以往过错带来的后果，而不是让事情变得更加复杂。

国外已有论文分析并证明利奥波德是私生子这一结论，① 但相关研究没有将该结论继续向前推进。如果进一步深挖文本线索，可以发现不仅利奥波德是私生子，利奥波德的哥哥奥托也是非婚生子。

第一次晚宴后的翌日清晨，特赖贝尔在和燕妮共进早餐时提到，大儿子奥托和海伦妮"婚后生活幸福美满"(98)，让利奥波德再娶海伦妮的妹妹未尝不是一件喜上加喜的好事，因为"世界上没有比利奥波德更好的人，只是似乎是个懦弱的人……"(99)燕妮对此表示赞同，接着提出疑问，为何自己的两个孩子都是懦弱而懵懂的品性。这是圆滑的燕妮表演的一出"贼喊捉贼"。她内心明白奥托和利奥波德的真实身份，却故意提出自己的不解。丈夫特赖贝尔虽然知道妻子出轨的事实，但当燕妮率先提出疑问并质问原因时，特赖贝尔也不好再说什么，只能应声附和。

在众人前去哈伦湖边郊游并坐在岸边欣赏风景时，费尔根特罗伊家族的大小姐爱尔弗丽德爬到椅子上眺望远处的湖面，感叹为什么只看到天鹅巢穴却不见天鹅。特赖贝尔回应道："事情总是如此：哪里有天鹅，就没有天鹅巢穴；哪里有天鹅巢穴，就没有天鹅。一个人拿着钱袋，另一个人拿着钱。我年轻的朋友，这种情形您在今后的生活中还会不时遇到。"(135)爱尔弗丽德暗自思忖特赖贝尔的话是指向利奥波德，还是指向从前的家庭教师，那位工兵少尉。最终，她内心认定利奥波德属于"拿着钱"的一方。从爱尔弗丽德的内心反应来看，特赖贝尔的言外之意呼之欲出。他借天鹅巢穴与天鹅以及钱袋和钱的关系暗喻当时情侣之间的不忠：一方面和自己真心喜爱之人保持联系，另一方面没有放弃和家境富裕的异性维持暧昧关系。爱尔弗丽德小姐既希望赢得富家子弟利奥波德的好感，与此同时又和工兵少尉关系密切，这是原文的第一层隐喻。如果再作更深层次的思考就会发现，这句话也在形容燕妮、施密特以及特赖贝尔三者之间的关系。燕妮年轻时先和施密特私订终身，但关键时刻却选择了身份地位更加优越的特赖贝尔。对照天鹅和天鹅巢穴的比喻，施密特在潜层文本中是宙斯的化身，宙斯在希腊神话中曾经化作一只天鹅，看见正在湖中沐浴的美丽的斯巴达王后丽达，便诱使她与其欢好。丽达怀孕并生下了她与宙斯的私生子卡斯托尔与海伦。② 当燕妮和特赖贝尔结婚以后，依然和天鹅化身的施密特难舍难分并生下儿子，这些私生子不在天鹅身边，而在温暖的天鹅巢穴，即奥托和利奥波德生活在优渥的特赖贝尔家。

作者更为明显的一处提示是在小说开篇燕妮过来邀请科琳娜的时候，她提及上次和

① Vgl. Johannes Thiele, Frau Jenny Treibel als verhinderte Tragödie — Zu Möglichkeiten einer intertextuellen Neulektüre. *Fontane-Blätter*, 2015(1): 35.

② 林硕：《丽达家族谱系与特洛伊的覆灭》，《中国美术报》，2018-11-19，第26版。

施密特教授见面是在长子奥托2月14日的生日会上，那次他离开得很早，因为在场的宾客一直纵声歌唱。科琳娜回应道，她的父亲不喜欢这样，这是他的一个弱点。此处间接点明施密特教授和奥托之间的特殊关联。众人高歌的不是普通歌曲，而是影射燕妮和施密特私密关系的流言蜚语，这些歌曲揭露了施密特的“弱点”——与旧情人保持不伦关系，并生下儿子奥托。表面光鲜的他无法忍受众人的戏谑，所以提前离开。

3.3 非婚生子女问题的普遍性及其社会根源

小说潜层文本中的私生子不仅指奥托和利奥波德，奥托和海伦妮的孩子莉齐也身份成疑。文本中特赖贝尔一天早晨向家庭教师霍妮希小姐请教关于孙女莉齐的教育问题：

> “……我完全理解，一位母亲总想让孩子成为名副其实的天使……但是，亲爱的小姐，天使和天使之间也有区别。如果这个天使只是一个洗涤天使，人们以肥皂消耗量来衡量其灵魂是否洁白无瑕，以长筒袜的洁白度评判正在成长之人的整体纯洁性，我的心里就会感到不安。更何况这还是自己的孙女。想必你也注意到了，她的淡黄色头发因为过度护理已经开始变白，这会吓坏我这个老人家的。您可以设法将乌尔斯滕小姐争取过来吗？乌尔斯滕小姐是个明白事理的人，我相信，她内心是反对这种汉堡式教育风格的。”(127-128)

这一场景中，冯塔纳通过天使与天使之间的区别，暗示莉齐血统的纯正性值得怀疑。和在其他小说中一样，冯塔纳擅长利用巧妙且易被忽视的词汇或复合词语掩藏自己的诗学游戏和对主旨的含蓄指涉。如在《卜根普尔一家》(*Die Poggenpuhls*)中，小说名将低地德语中的“青蛙”(Pogge)以及与英语“池塘”(pool)谐音的“puhl”组合在一起，暗藏着整部作品核心思想的关键线索。小说名字背后的深层含义“青蛙池沼”形象地描绘出德意志帝国建立之后，传统贵族在新秩序冲击下不断没落的窘境与挣扎状态。① 此处作者使用不起眼的副词“zweifelsohne”，原本表示“毋庸置疑”。该副词也可看作由“Zweifel”(怀疑)和“Sohne”(子女)构成，进一步透露了莉齐身份的秘密。相比于其他婚生小孩，莉齐的非婚生身份因为母亲海伦妮的过度教育而欲盖弥彰。此外，特赖贝尔提到乌尔斯滕小姐明白事理，会反对这样的教育方式，表明一位耿直正派的家庭教师不会容忍这种“洗白”私生子的行径。

冯塔纳不仅希望读者发现潜层文本中隐藏的多个私生子，更想通过非婚生子女问题展开对社会具体现象的批判。这一问题并非孤立存在，而是和那个时代的其他问题密不可分。例如，燕妮质问科琳娜是否昨晚在格鲁内森林“以施密特家族特有的贵族傲慢夺去安分守己、赤手空拳路过的市民儿子利奥波德·特赖贝尔最珍贵的纯洁”(185)，并

---

① 吴晓樵：《柏林：帝国时代的“沼泽”——论冯塔纳〈卜根普尔一家〉的潜结构》，《外国文学评论》，2011年第1期，第35-37页。

称其行为是拦路抢劫。老施密特对于燕妮给科琳娜扣上的“抢劫”罪名没有直接反击，而是联系当地的实际情况说明问题的本质：“一次拦路抢劫，尊贵的夫人，您这样说不是完全没有道理。说来够奇怪的，这样的事情总是带有鲜明的地方色彩，通过天鹅巢穴和九柱戏球道悄悄进行改革，和平解决这件事的种种努力最后都是徒劳无功。这些地区，尤其是我们那声名狼藉的老格鲁内森林，一再显现出其原有的本性来。……请您允许我，尊贵的夫人，把那位女容克(Junker generis feminini)叫来，让其供认罪行(damit er seiner Schuld geständig werde)。”(184)总体而言，施密特的话中有颇多令人疑惑的词汇和表达，突然出现的天鹅巢穴和九柱戏球道竟是悄悄进行改革的途径，是“和平解决这件事”的尝试？“这件事”具体指什么？老格鲁内森林为何声名狼藉？一再显现出的本性有何深意？为什么施密特将科琳娜比作容克又特意强调她的性别？让其供认罪行为何又变为男性指称？

前文提到，有天鹅巢穴的地方没有天鹅，有天鹅的地方没有天鹅巢穴，二者不可兼得，暗示情侣以及夫妻之间的不忠，多是女子在享受优越物质条件的同时，与自己的真爱维持婚外情关系。而九柱戏球道一词由“Kegel”加“Bahn”(轨道)复合而成。“Kegel”除了九柱戏的意思之外，还有“私生子”之义。九柱戏球道在冯塔纳其他多部小说中也出现过，如在《施泰希林》中，向来轻浮的年轻贵族扎克在谈及对阿德尔海德的花园的看法时，如是评论道：

> “要是这样的花园设有一个九柱戏球道，我才会喜欢。这里又窄又长，恰好正适合。现在所有的九柱戏球道都太短了，就像之前所有的床都太短了一样。”①

与“天鹅巢穴”和“九柱戏球道”看似并不相关，其实都隐喻社会风气一样，此处的“九柱戏球道”与“床”两种意象原本没有交集，但共同指向社会私生子这一现象。之前的床太短，相比而言，现在更长的床为私生子的诞生提供了更为便利的条件，但容纳私生子的通道“Kegelbahn”没有相应地变长。《燕妮》中的“Kegelbahn”也具有相同的隐喻涵义。在当时，无论贵族还是市民，都喜欢到柏林郊区的格鲁内森林踏青，那里自然而然成了声名狼藉的情人私会之地。老格鲁内森林为婚内出轨和情欲放纵提供了绝佳的隐蔽场所和契机。由此可见，贵族和市民之间，尤其是贵族男子和市民女子之间的关系没有因为社会规范的束缚而收敛，跨越等级界限和违反道德的行为一再发生。施密特借此想表达：让婚外情悄然无声地进行，让私生子的存在成为社会默认的潜规则，这些努力都未能顺利地让社会真正接受越界(跨越等级界线)的男女关系，最终问题还是会暴露出来。但是，科琳娜和利奥波德的关系在燕妮眼里不属于社会的常见案例。她坚持认为，科琳娜是主动的一方，两人之间是利奥波德被科琳娜订了婚。和通常情况相反，科琳娜扮演的是贵族，是承担主要责任的一方，而利奥波德扮演的是市民角色。所以，冯塔纳

① Theodor Fontane, *Der Stechlin*: *Roman*, hg. von Klaus-Peter Möller. Berlin: Aufbau, 2001: 99.

在这里强调了科琳娜的女性强盗身份和该种情况的罕见，由此揭示普鲁士社会贵族男子以自身的资产、名望、社会地位等来诱骗下层市民女子的普遍现象。

之所以出现非婚生子女问题，跨越等级的关系之所以要掩人耳目，根源在于社会传统强调婚姻的门当户对。科琳娜曾同时收到利奥波德和马塞尔的信，前者信封小巧玲珑，左下角点缀着一幅池塘和垂柳的风景画，内容同往日一样，上面写道："毫不动摇的决心"。而马塞尔的信封上没有图饰，只有恳切的话语："恰当的理性(rechte Vernunft)发自内心"(211)。这里冯塔纳再次运用了其小说中的常见手法——一语双关①，德语词"recht"既可指"恰当、适当"，也表示方位"右边"。马塞尔强调该句话意在表达，只有选择右边的婚姻才是符合等级的恰当选择，这与利奥波德信封上风景图饰位于"左边"形成对比。按照当时的社会惯例，如果利奥波德与科琳娜结婚，在他人眼中是一场"门不当户不对的婚姻"(Mesalliance)。举行这样的婚礼仪式时，新娘需要站在新郎的左边，以突出跟正常婚姻的不同，因此又称"左手婚姻"②。固有阶级条件的不对等注定利奥波德和科琳娜的爱情要么被世人鄙弃，要么留下私生子的隐患，走向无果的悲剧。

4. 结　语

在小说最后，醉态十足的施密特说出了再清醒不过的话："天性即道德，是最重要的。金钱、科学，一切皆是虚幻。教授亦是如此。"(223)作者借此提醒读者，仅从表面的所谓金钱或利益分析，认为燕妮嫌贫爱富是无稽之谈。真正的关键是以文本为核心，从内在出发思考人性，才能理解小说的精髓。教授不过是施密特伪装的外衣，不能从他的职业盲目推断一个人的性格。读者需要练就火眼金睛，才能识别哪些是作者的障眼法，哪些又是作者以隐晦的方式真正想要传达的信息。《燕妮》并非单纯叙述科琳娜和利奥波德因为家庭条件差异而遭遇的爱情悲剧，冯塔纳只是借助这一题材，掩盖自己对当时普鲁士社会道德失序的批判。在日渐松散的道德体系下，各种关系"越界"、等级"越界"的行为随处可见。然而，这些现象都被隐藏在文本深处。施密特教授看似翩翩绅士，实则道貌岸然；燕妮和施密特看似循规蹈矩、安分守己，其实早已心猿意马、暗度陈仓；燕妮极力阻挠出身卑微的科琳娜嫁给利奥波德，看似出于拜金目的，实则为了遏制一场潜藏着乱伦之嫌的婚姻；当时的普鲁士看似祥和宁静，其实早已成为一望无垠

---

① 关于冯塔纳在其他小说中一语双关手法的运用参见吴晓樵：《"我们需要好的照明"——论冯塔纳小说〈覆水难收〉的文本隐匿游戏》，《同济大学学报(社会科学版)》，2020年第4期，第19-20页；Xiaoqiao Wu, „Alles war gut berechnet". Zum versteckten poetologischen Selbstkommentar in Theodor Fontanes Roman *Effi Briest*. *Neophilologus*, 2016(1): 111, 115。

② Xiaoqiao Wu, *Mesalliancen bei Theodor Fontane und Arthur Schnitzler — Eine Untersuchung zu Fontanes Irrungen, Wirrungen und Stine sowie Schnitzlers Liebelei und Der Weg ins Freie*. Trier: Wissenschaftlicher Verlag, 2005: 14.

的道德荒野。以上所述才是小说的批判宗旨，冯塔纳希望读者找到文本线索，跨越字里行间，在潜层文本发现的真实奥秘。

参考文献

[1]Fontane, Theodor. *Der Stechlin: Roman*[M]. Berlin: Aufbau, 2001.

[2]Fontane, Theodor. *Frau Jenny Treibel oder „Wo sich Herz zum Herzen find't"*[M]. Berlin: Aufbau, 2005.

[3]Thiele, Johannes. Frau Jenny Treibel als verhinderte Tragödie — Zu Möglichkeiten einer intertextuellen Neulektüre[J]. *Fontane-Blätter*, 2015(1).

[4]Wu, Xiaoqiao. *Mesalliancen bei Theodor Fontane und Arthur Schnitzler — Eine Untersuchung zu Fontanes Iruungen, Wirrungen und Stine sowie Schnitzlers Liebelei und Der Weg ins Freie*[M]. Trier: Wissenschaftlicher Verlag, 2005.

[5]Wu, Xiaoqiao. „Alles war gut berechnet". Zum versteckten poetologischen Selbstkommentar in Theodor Fontanes Roman Effi Briest[J]. *Neophilologus*, 2016(1).

[6]林硕．丽达家族谱系与特洛伊的覆灭[N]．中国美术报，2018-11-19 (26).

[7]刘连青编译．希腊罗马神话故事[M]．成都：四川文艺出版社，2002.

[8]卫茂平主编．阐释与补阙——德语现代文学与中德文学关系研究[M]．上海：上海外语教育出版社，2011.

[9]卫茂平等．中外文学交流史：中国—德国卷[M]．济南：山东教育出版社，2014.

[10]吴晓樵．柏林：帝国时代的"沼泽"——论冯塔纳《卜根普尔一家》的潜结构[J]．外国文学评论，2011(1).

[11]吴晓樵．"我们需要好的照明"——论冯塔纳小说《覆水难收》的文本隐匿游戏[J]．同济大学学报(社会科学版)，2020(4).

“太多的空气总比太少的空气要好”
——论冯塔纳小说《泽西利亚》中的空气诗学①

北京航空航天大学 李 雯

摘要：冯塔纳作为德国现实主义文学的伟大先驱，时常在书信及文学作品中关注空气和风对人的生活产生的实际影响。在其描写德意志第二帝国风貌的小说《泽西利亚》中，特定自然及社会条件下酝酿的空气和风左右着人们的命运。小说中既存在对身体康健有益的好空气，也有着损害身心的坏空气。空气的流动产生了风，人既会因通风而备感舒适，也会因通风而产生诸多不适症状。这股风裹挟着政治潮流之更迭，思想风气之改易，是致使女主人公泽西利亚久病不愈、最终自尽的重要因素，亦是引发两位男主人公阿尔瑙德和戈尔顿血腥决斗的导火索。本文意在借助空气和风这把关键的锁匙，探索并解密冯塔纳暗设全篇，融自然关照、人文关怀、政治隐喻内涵于一体的空气诗学。

关键词：特奥多尔·冯塔纳；《泽西利亚》；空气诗学

《泽西利亚》(*Cécile*)是德国现实主义大师特奥多尔·冯塔纳(Theodor Fontane)创作的一部长篇小说，该小说描绘了年龄差异悬殊的少女与普鲁士军官之间的悲剧婚姻。尽管《泽西利亚》(1886年预印本，1887年图书版)比姊妹篇《艾菲·布里斯特》(*Effi Briest*)(1895)早了近十年问世②，却远不如后者那般名声大噪。与冯塔纳小说一贯的特征相仿，《泽西利亚》的情节主线较为简单，这使得一些文学批评者至今仍未充分认识到冯塔纳掩藏于这部作品“轻描淡写”表面之下的“卓越的艺术和思想地位”。③ 冯塔纳在《泽西利亚》的前16章主要以“见证中世纪帝国辉煌的哈尔茨山脉”为背景，从17章到29章主要以“德意志新皇帝的现代柏林”为故事背景，④ 刻画了一场“引发致命决斗结果

① 基金项目：本文系2022年北京航空航天大学基本科研业务费项目(项目编号：KG16184001)以及国家留学基金管理委员会建设高水平大学公派研究生项目(项目编号：202306020160)的阶段性成果。

② Stefan Neuhaus, Effi und Cécile: Bezüge zu Figuren und Motiven in Fontanes Werk, in Stefan Neuhaus (Hg.): *Effi Briest Handbuch*. Stuttgart: Springer Verlag, 2019: 68.

③ Christian Grawe, Cécile: Fürstenmätresse in bürgerlicher Zeit, in „*Der Zauber steckt immer im Detail*“. *Studien zu Theodor Fontane und seinem Werk* 1976-2002, Dunedin: Department of German University of Otago, 2002: 269.

④ Christian Grawe, Cécile: Fürstenmätresse in bürgerlicher Zeit, S. 275.

的三角恋情"①：普鲁士军队前上校阿尔瑙德带着罹患精神疾病的妻子泽西利亚乘坐火车来到哈尔茨山区度假，泽西利亚在下榻的酒店与工程师戈尔顿相遇，两人日久生情。回到柏林后，阿尔瑙德因怒于戈尔顿对自己妻子无所顾忌的狂热追求，为维护自尊而发起了决斗，最终戈尔顿死于这场决斗，阿尔瑙德逃往意大利，泽西利亚选择了自尽。②

从柏林到哈尔茨，极富政治意味的场景更换与对比暗示着读者，冯塔纳在这部小说中重点探讨了"允许个人尽可能自由发展的政治秩序问题"③。为寻求个人的自由发展，冯塔纳的小说人物"经常从闷热的、令人厌倦的城市逃到他们的乡村庄园"④，泽西利亚及其丈夫也不例外，他们渴望呼吸使自己畅快的空气，所以一路舟车劳顿，从国际都市来到乡野村居。"在冯塔纳的世界观中，'空气'和'换气(Luftwechsel)'是一种'生命的灵丹妙药(Lebenselixier)'，无论是在他的书信中还是在叙事作品中，空气既是与生存和治疗相关的因素，也是一种隐喻的元素。"⑤受精神疾病折磨的泽西利亚觉得自己"缺少空气"，阿尔瑙德劝导他的妻子通过呼吸新鲜空气来疗愈身心，工程师戈尔顿则说"太多的空气总比太少的空气要好"(70)，他们均鼓励泽西利亚通过呼吸大量的优质空气来改善身体状况，后者采纳了这个建议，并一刻不停地在帝国各处寻求着新鲜的空气。空气作为人类生存的必要条件，亦是一种政治隐喻。尽管阿尔瑙德和戈尔顿都认可新鲜空气对身心健康带来的有益影响，但他们在火车车窗的开合问题上意见相左，并引申出"通风爱好者"以及"憎恨通风者"孰优孰劣的话题。开窗与否的背后隐藏着封建贵族面对席卷而来的资产阶级浪潮的矛盾态度：一方面，他们极力避免象征时代变革的"通风"给自己的社会地位带来负面的影响；另一方面，他们又希望借助"通风"寻求更多个人自由发展的机会。阿尔瑙德和戈尔顿常常以个人利益为出发点，在"开窗"及"关窗"的抉择之间摇摆不定，换言之，引发两者致命决斗的根本原因不在于情爱，而在于时代风向的变易，即不同政治立场的角逐。这说明，空气与风早已脱离平铺直叙的环境描写，变为冯塔纳精心设置的文本机关，暗示读者在探索泽希利亚久病不愈的深层原因的同时，将研究重心从贵族婚姻问题转移到德意志第二帝国时期的社会弊病上来。正如研

① Stefan Neuhaus, Effi und Cécile: Bezüge zu Figuren und Motiven in Fontanes Werk, S. 68.

② Theodor Fontane, *Cécile*, hg. von Hans Joachim Funke und Christine Hehle, Berlin: Aufbau-Verlag, 2000. 德文小说《泽西利亚》的中文内容为笔者自译，引文页码见文中夹注。

③ Stefan Neuhaus, *Grundriss der Neueren deutschsprachigen Literaturgeschichte*, Tübingen/Basel: Francke Verlag, 2017: 187.

④ Evi Zemanek, (Bad) Air and (Faulty) Inspiration: Elemental and Environmental Influences on Fontane, in Schaumann C., Sullivan H. (eds), *German Ecocriticism in the Anthropocene. Literatures, Cultures, and the Environment*, New York: Palgrave Macmillan, 2017, S. 136-137.

⑤ Bernhard Knick & Hildegard Korth & Holger Aulepp, Das grüne Cache-Nez — Psychophysische Empfindlichkeit und Krankheitsanfälligkeit: Beschreibungen und Selbstbeobachtungen im erzählerischen Werk und in den Briefen Theodor Fontanes, *Medizinhistorisches Journal*, 1986, Bd. 21, H. 1/2: 122.

究冯氏作品潜文本特征的代表学者吴晓樵教授所言，“这些暗示无论看起来多么微不足道，但都暴露在双重信息的怀疑中。它们汇聚在一起，形成了一个双重编码的潜台词，包含了文本以及冯塔纳的整体作品，并使冯塔纳构思精巧且具有多面性的游戏首先成为可能”①。本文将在细读文本的基础上，通过分析三位主人公对空气与风的渴求、追寻与争辩，探究他们为何一直未能接触到真正意义上的、对自身有益的空气，借助空气和风这把关键的锁匙开启冯塔纳隐藏在文本细节之下的隐匿游戏，一窥冯塔纳小说创作的审美现代性特征。

1. 空气：良方/毒药

冯塔纳在他的婚姻小说中塑造了一系列引人扼腕的女性形象，患有“歇斯底里症(Hysterie)”的泽西利亚亦位列其中。② 她希望通过空气来治疗自己的精神疾病，是冯氏小说“渴望干净、新鲜的空气的女性”中的一员。③ 然而，“坏空气”使其祛病延年的尝试变为徒劳，“不断生病”的她“受时间本身的折磨”，“只能在被迫生活的世界中消亡”。④ 本文将围绕“泽西利亚周遭的空气如何使其生病且无法成功自救”的问题，对使泽西利亚久病不愈、最终走向消亡的空气因素进行讨论。

“从一开始，诗人冯塔纳就作为一个诗意现实主义者，描述了社会状况及其规律和约束。他对日常生活中的好空气或坏空气感兴趣，关注这些空气如何围绕着每个人，使人‘健康或生病’。”⑤戈尔顿初见阿尔瑙德夫妇时曾有这样的疑惑：为何这对贵族夫妇不去巴登巴登、布赖顿或是比亚里茨这类更为时兴的旅行地，而到相对不那么知名的哈尔茨度假？(14)此次哈尔茨之行的原因是，阿尔瑙德相信，山上“最好的空气”(22)有助于妻子精神疾病的恢复。

游历世界的电缆工程师戈尔顿对空气治疗法推崇备至，他在信中写道：“空气治疗法(Luft-Heilmethode)的巨大作用在于它的永久性——人们日夜都不能脱离这种医疗手段。”(58)在科技进步态势及生产能力发展极为迅猛的工业革命时期，人们通过远离都市、亲近自然的清新空气来治愈身心，这已成为一种时代风潮。戈尔顿初见上校夫妇

① Xiaoqiao Wu, „Vielleicht haben wir den Kaiser visàvis“: Neue Beobachtungen zu Theodor Fontanes Nachlassroman Mathilde Möhring. In: *Neophilologus* 2018(102): S. 387-401, hier S. 394.

② Katharina Grätz, *Alles kommt auf die Beleuchtung an*. Theodor Fontane-Leben und Werk, Stuttgart: Philipp Reclam jun. GmbH & Co. KG, 2015: 144.

③ Evi Zemanek, (Bad) Air and (Faulty) Inspiration: Elemental and Environmental Influences on Fontane, S. 133.

④ Christian Grawe, Cécile: Fürstenmätresse in bürgerlicher Zeit, S. 272.

⑤ Bernhard Knick & Hildegard Korth & Holger Aulepp, Das grüne Cache-Nez — Psychophysische Empfindlichkeit und Krankheitsanfälligkeit: Beschreibungen und Selbstbeobachtungen im erzählerischen Werk und in den Briefen Theodor Fontanes, S. 145.

时，在阳台上观察到了看似柔弱的上校妻子沐浴在"好空气"之中的显著变化："在空气的影响下，这位美丽的女人似乎迅速增强了体质，直立而坚韧地行走，尽管不难看出，行走仍然使她费力和劳累。"(14)与戈尔顿首次正式见面时，阿尔瑙德提到了妻子的精神病症，他说："一旦我妻子的健康状况允许，我们便打算向山里越走越高……山上有着对精神病患者而言的最佳空气。"(22)在徒步旅行中，上校询问泽西利亚身体是否吃得消，泽西利亚回答："感谢上帝，我已经康复了，每过一个小时，我都会越来越感觉到这里空气的有益影响。"(36-37)去往阿尔滕布拉克(Altenbrak)的途中，戈尔顿和泽西利亚骑马路遇普鲁士军队，军队向这两位贵族致意，这令前军官戈尔顿感到"喜悦和自豪"，让泽西利亚赞叹"天堂般的空气"(96)。考虑到这两位贵族都因普鲁士的强盛而受益，因而泽西利亚所夸赞的空气更倾向于一种政治上对贵族友好的空气。

然而，空气并不仅仅与幸福、舒适、健康相联系。当泽西利亚一行人前去奎德林堡时，戈尔顿向众人讲述了一个与空气有关的骇人故事：奎德林堡人为惩罚一个"拦路抢劫"的雷根斯堡人而把他关在一个"闷热、狭小"的木箱里长达20个月，后者只能呼吸"从稀疏的缝隙中渗入"的空气。(42)这个雷根斯堡人的原型是一位与奎德林堡人进行政治斗争的贵族，他被囚禁在狭小空间数年、缺少空气的故事并未让泽西利亚感到惊惶，她反而还设想了一个滑稽的场面：奎德林堡的女性从缝隙中用阳伞戳雷根斯堡的犯人。(42)泽西利亚没有意识到，自己同样是被迫关在这个时代牢笼之中的囚徒。她不仅深感新鲜空气的缺乏，还不得不忍受伴随着各个社会阶层斗争而来的、威胁健康的坏空气。

"在冯塔纳看来，人类的福祉完全取决于空气质量。"①比起使泽西利亚身体康健、气色和悦的"好空气"，小说里更多地充斥着作为健康慢性杀手的"坏空气"。首先，不得不提的便是小说中空气流动所形成的穿堂风。戈尔顿带领阿尔瑙德夫妇散步时路遇一幢别墅。"屋子里没有任何动静，只有窗户开着，窗帘在穿堂风(Zugwind)中来回飘动。"(24)随后，戈尔顿便向上校夫妇讲述了曾经居于此处的人因找不到幸福而在窗边开枪自杀的故事(25)。在这之后，泽西利亚一行人前去拜访阿尔滕布拉克的老教师，因旅途劳累，泽西利亚在到达老教师的居所之后便"立即退到一个面向小花园的里屋，那里的窗户是开着的，黄色的小窗帘在穿堂风(Luftzuge)中吹动"。(106)在德国的文化语境里，穿堂风会使人生病，因此一般不会建议病人长时间地待在吹穿堂风的窗边。奇怪的是，当老教师的女儿询问泽西利亚是否需要关窗时，泽西利亚却回答："不，现在这样就很好。如此美丽的空气，却没有穿堂风。"(Eine so schöne Luft und doch kein Zug.)(106)置身穿堂风之中的泽西利亚却感受不到风的存在，这说明，泽西利亚所处

---

① Evi Zemanek, (Bad) Air and (Faulty) Inspiration: Elemental and Environmental Influences on Fontane, S. 136.

的位置恰恰是新旧时代交替、新旧势力对抗的风暴中心——台风眼①，因此她反而感到风平浪静、无风刮过。前文提及，曾有人因找不到幸福而在穿堂风吹拂的别墅窗边自杀，如今泽西利亚选择了相似的位置，她待在穿堂风吹拂的窗边，这似乎暗示着泽西利亚的命运将如别墅的自杀者那般，因幸福无处可寻只得自我了结。如此看来，泽西利亚为使自己早日恢复健康而走出柏林、四处寻求空气，这不仅不会使身体状况好转，反而成为病症加重的因素之一。

其次，除了威胁健康的穿堂风之外，变得寒冷、变得“有毒”的空气也属于“坏空气”。返回塔勒小镇的途中，天色已晚，“空气很冷，泽西利亚开始发抖”，戈尔顿便将自己准备好的方格花呢披巾递给了泽西利亚(120)。对泽西利亚这样的封建贵族来说，政治空气越寒冷，便意味着生存条件越严苛。戈尔顿也预料到了空气愈来愈冷的趋向，他将象征着自己苏格兰人身份的格子花呢递给泽西利亚，此举既是对泽西利亚心意的表露，也是他对时代空气敏感性的体现。当山谷下的末班列车(der letzte Zug)呼啸着向他们三人驶来，阿尔瑙德评论道：“疯狂的狩猎(Die wilde Jagd)。”(121-123)由于德语中的 Zug 一词兼有“穿堂风”及“火车”的含义，因此火车(Zug)的狩猎同样是穿堂风(Zug)的狩猎，上校的这句话既可理解为戈尔顿对泽西利亚的狂热追求，亦可解读为资本快速扩张的新时代对封建贵族生存空间的步步紧逼。在冯塔纳的另一部作品《马蒂尔德·墨琳》中，穿堂风同样对封建贵族构成了实质性的威胁：医生对照料病人胡戈的墨琳母女强调，不能让胡戈吹穿堂风(Zug)，不然一切就会回到原点。② 医生不让胡戈吹穿堂风的嘱咐也可理解为不能让胡戈乘坐回程的“火车”，否则胡戈就会暴露他的皇帝身份。③与贵族身份地位的存续息息相关的空气和火车是促使封建势力命不久矣的重要因素，阿尔瑙德夫妇在小说一开始便搭上了火车，不仅表明这对夫妇的真实身份在下文亟待揭露，还暗示着他们将时刻面临着火车与穿堂风带来的生存威胁。“冯塔纳十分重视小说文本的开篇。他认为一部小说的第一章，第一章中的第一页，甚或第一页中的前三行最为关键，将涵盖整部小说的核心。”④因而 Zug 的重要含义也可从小说《泽西利亚》的前三行内容中得到进一步的验证：

---

① 研究者格拉韦(Grawe)指出，“泽西利亚为无道德但有人性的小贵族专制主义世界所塑造，但又不得不生活在另一个矛盾的、以资产阶级道德非人性为特征的时代”，此为“新旧时代之交替”；退役上校阿尔瑙德和工程师戈尔顿围绕泽西利亚所进行的激烈斗争体现出“新旧势力之对抗”(详见本文第二节内容)。在气象学中，台风眼区往往风平浪静，而台风眼附近的云墙内则狂风呼啸，此处以“台风眼”比喻女主人公之社会处境，是为了揭示她对自身深陷风暴中心而不自知的情况。参见：Christian Grawe，Cécile：Fürstenmätresse in bürgerlicher Zeit，S. 275.

② 吴晓樵：《隐藏与袒露——论特奥多尔·冯塔纳的小说〈马蒂尔德·墨琳〉》，《外国文学评论》，2018 年第 4 期，第 199 页。

③ 吴晓樵：《隐藏与袒露——论特奥多尔·冯塔纳的小说〈马蒂尔德·墨琳〉》，《外国文学评论》，2018 年第 4 期，第 200 页。

④ 转引自吴晓樵：《“我们需要好的照明”——论冯塔纳小说〈覆水难收〉的文本隐匿游戏》，《同济大学学报(社会科学版)》，2020 年第 4 期，第 18 页。

“塔勒。第二辆……”

“最后一辆车，先生。”

这位五十多岁的、较年长的先生是个强壮的人，他收到了这个消息。他向他的夫人伸出手臂，以缓慢的步伐，就像人们带领着一个恢复期患者一样，走到火车的末尾(das Ende des Zuges)。是的，这里的一块张贴板上写有“驶往塔勒”的字样。(5)

作者在小说开篇，便描绘了普鲁士军队前上校阿尔瑙德携妻子泽西利亚乘坐去往哈尔茨山区塔勒小城的最后一班列车的画面。阿尔瑙德收到的“消息”不仅是表面上的、列车始发的交通信息，还有更为重要的、旧时代即将宣告终结的消息。他带领尚在康复期的妻子登上了火车(Zug)尾部的车厢，这里的末班列车暗藏玄机，它不仅指主人公为去往旅行地而登上的火车，也指泽西利亚苦寻幸福而不得、最后郁郁而终的人生旅程，更预示着普鲁士封建贵族在资本大肆扩张之时行将就木的命运。①

“寒冷的空气”在德意志第二帝国的山区哈尔茨和首都柏林均有出现，在象征着时过境迁的寒冷空气中，封建贵族们总是表现得僵化与木然。当戈尔顿来到心上人在柏林的居所时，他看到了尽管很冷却依旧躺在十月寒风中的泽西利亚。泽西利亚解释道：“至于我为何躺在十月的新鲜空气中，是因为我别无选择。如果我去前面的房间，我就没有空气，因为前面的房间太高了，所以我更喜欢寒冷，最坏的情况下，我甚至会发冷烧。两害相权取其轻。”(181)泽西利亚之所以甘愿盖着一条披肩，在阳台上忍受寒风侵肌之苦，是因为这样能够呼吸到空气。在寒冷却能呼吸到空气、温暖却窒息难耐的两难抉择之中，泽西利亚倾向于前者，这让空气对延续生命的必要性昭然若揭。但考虑到柏林与哈尔茨的空气有着“寒冷”的相似特征，它们对健康显然都有着不容乐观的负面影响。

空气既成为泽西利亚永久性的治疗手段，也给她造成了永久性的伤害。呼吸空气是贯穿人类一生的生理必需活动，但当空气变成毒气，人该如何在这样的环境中存活？格拉韦观察到，在泽西利亚因空气好而去的地方——塔勒，有一家工厂污染了空气，这一事实表明，治愈这位患病妇女的希望十分渺茫，她的病本身与时代的变化有很大关系。② 小说中不止一次地出现了塔勒地区工厂的烟囱头。十几个人在泽恩普分酒店的大

① 在日耳曼学者格雷茨(Grätz)看来，“泽西利亚是封建世界衰落的标志”。曾给予泽西利亚些许人性关爱和稳定经济来源的封建贵族的旧时代已病入膏肓，而泯灭人性、道德严苛、资本大肆扩张的新时代同样是病恹恹的。小说结局以这位渴求新鲜空气而不得的女主人公的死亡而告终，说明挟来社会变革浪潮的“穿堂风”或者说“列车”(Zug)会对泽西利亚这样的封建贵族带来致命的威胁。参见：Katharina Grätz, *Alles kommt auf die Beleuchtung an. Theodor Fontane-Leben und Werk*, S. 141.

② Christian Grawe, Cécile: Fürstenmätresse in bürgerlicher Zeit, S. 271.

阳台上眺望着眼前展开的风景，“这些风景并没有因为邻近工厂的烟囱和烟柱而失去太多的魅力”(10)。一个柏林人对着工厂烟囱发出了戏谑的评价：“报纸上每周都会出现一则广告：‘塔勒，气候疗养胜地’。现在是这些烟囱！好吧，我不介意；烟雾缭绕，如果我们在浓烟里待上两星期，我们就会像烟熏火腿一样出来。”(17)泽西利亚在哈尔茨呼吸的空气受到了附近工厂废气的污染，这种坏空气无疑不利于她的健康。

除了象征资本主义迅速发展、使自然界的空气质量变得不容乐观的工厂废气之外，对有道德缺陷的女性的指摘也会持续不断地给社会氛围带来“有毒”的空气。例如，泽西利亚在订婚之前，曾因经济条件所迫，当过王公贵族的情妇。当她在参观画廊时听到戈尔顿对王侯情妇的猛烈批判，“沉默了，瘫坐在了窗户深处的一张扶手椅上”，她的丈夫阿尔瑙德“知道她内心的想法，他打开两扇窗子中的一扇，让新鲜空气流进来时说：‘你被攻击了，泽西利亚，休息’”。(54)戈尔顿批判王侯情妇的话语给泽西利亚造成了不小的精神冲击，泽西利亚瘫坐在椅子上的动作表明，此刻的环境充斥着对她而言“有毒”的空气。意识到这一点的阿尔瑙德立马打开一扇窗，让新鲜的空气流入，使泽西利亚身体情况有所好转。戈尔顿凭借先入为主的刻板印象对泽西利亚这类有道德瑕疵的妇女的暴力解读，无疑是在给后者带来“有毒的空气”。无论在自然环境中，还是在社会氛围内，泽西利亚实际上一直生活在有“毒气”的环境中，这一点并不会因为她所处的地域远离柏林而有所改变，因此她的身体状态每况愈下。如此一来，泽西利亚便不可能借助空气治疗法来斩除病根，这个时代的独特空气反而使其久病难愈。尽管阿尔瑙德夫妇搭乘火车，足迹遍及高山与海岸，为寻求最好的空气做出了不懈的努力，但遗憾的是，“山上与海边的空气未让泽西利亚病情好转”(142)。封建贵族无法在资本扩张、风起云涌的新时代重返往昔辉煌。泽西利亚回到柏林之后被诊断出了心脏病，其病情的不幸加重正是时代的风向使然。

当泽西利亚告诉戈尔顿自己刚被确诊了心脏病，需要服用定量的强心药水时，她说：“您最好给我一些我的药水。瓶子在那儿。已经过了(服药的)时间。但您要正确地计算(剂量)，考虑到这是一个多么宝贵的生命。药水是毛地黄制成的。……从昨天开始，心脏病以各种方式折磨着我，仿佛我的痛苦还不够多。请滴五滴；不要再滴了……它的味道并不比死亡好多少。”(182)

最后这句话仿佛预示着死神就在药水之中。戈尔顿在一口气阅读完他的姐妹介绍泽西利亚过往的信件时说：“一次性服用整个剂量比一滴一滴地服用更好。谁知道呢，也许这里面也有一些安慰和解脱。”(174)在小说的结尾，宫廷传教士给阿尔瑙德写信报告泽西利亚的逝去，却未提及泽西利亚的具体死因，他只写道：“我并不怀疑她是以何种方式献身的。”(214)结合泽西利亚对五滴药水用量的强调以及戈尔顿读信时的评论，作者很可能在暗示，泽西利亚结束自己生命的方式恰恰是服用了过量的毛地黄药水，它或许能给泽西利亚带去些许安慰和解脱。

泽西利亚之死主要有以下三方面原因：首先，空气总是伴随着威胁人类生命健康的穿堂风(Zug)而来，泽西利亚呼吸空气时往往无法避免穿堂风对她的伤害；其次，无论在哈尔茨还是柏林，泽西利亚都会不时地感受到空气中的寒意，穿堂风和寒冷的空气俨然成了社会环境对封建贵族"严相逼"的"风刀霜剑"，是泽西利亚恢复健康之路上的绊脚石；最后，德国工业革命时期四处林立的烟囱昼夜不停地排放着毒气，毒气不仅在自然环境中氤氲，还在社会氛围中缭绕，当男性角色从刻板印象出发对女性进行暴力解读，泽西利亚感到十分不适，却无法使自己免受这种令人不快的空气与风的侵扰。

"空气和风构成了无形的元素，我们只能通过其影响的迹象来捕捉它们。"①病症不仅是泽西利亚时代敏感性的体现，也是她无声地反抗现有社会秩序的方式。格雷茨提出，"一方面，疾病的归因是男性将偏离常规的女性病理化、用以控制女性的手段，另一方面，歇斯底里的症状可以被理解为一种语言，它为在社会上无法发声的妇女提供了表达以及抵抗文化角色规范的可能性"②。从这个角度来说，泽西利亚之病是特殊环境造就的、灵敏的"空气监测器"和"时代风向标"。比起各个人物对自然界中空气质量优劣和风力强弱的评述，读者更倾向于通过泽西利亚的直观反映来对小说中不易阐发的、19 世纪下半叶德意志帝国的"空气质量和风向转变"进行具体"勘测"。泽西利亚的直接死因或许是过量服用了毛地黄制成的强心药水，根本因素则是夹在新旧时代之间的坏空气蚕食了她的生命力。药水和空气，这两样本该治愈她的良方反而成了置其于死地的毒药。

2. 时代之风——持久的争斗

《泽西利亚》中不仅有通过建筑物或交通工具的窗户席卷而来的穿堂之风(Zug)，还有在自然界中更为常见、规模更大的气体流动之风(Wind)。这股呼啸而过的时代之风引起了德意志第二帝国不同社会阶级之间旷日持久的明争暗斗，它在宏观层面上表现为"通风爱好者"与"憎恨通风者"之争，即由资本主义势力和保守封建主义者主导的争斗，在微观层面上表现为三位普鲁士军官，即阿尔瑙德与德恰林斯基(Dizialinski)和戈尔顿的两次致命决斗。

2.1 "通风爱好者"与"憎恨通风者"之争

时刻关注泽西利亚健康状况的戈尔顿向众人抱怨，在与阿尔瑙德夫妇搭乘回程火车时遇到一个"通风爱好者"(der Ventilations-Enthusiast)。尽管戈尔顿关上了自己身旁的窗户，但邻近包厢的矮胖男人把其余六扇窗户都打开了，他"傲慢和挑衅地看着周围"，以至于戈尔顿"失去了阻止他杀人的勇气。"(70)前文述及，穿堂风会对泽西利亚的健康产生不良的影响，因此在戈尔顿看来，一下子打开火车上的其他六扇窗户无疑会危及泽

---

① Dietmar Voss, Semiotik des Unsichtbaren. Zu Äther, Luft, Wind in Mythos und moderner Dichtung. *Weimarer Beiträge*, 2019(1): 97.

② Katharina Grätz, *Alles kommt auf die Beleuchtung an. Theodor Fontane-Leben und Werk*, S. 144.

西利亚的性命。阿尔瑙德则持相反的态度，他说：“我不知道，憎恨通风的人（der Ventilations-Hasser）是不是比通风爱好者还要糟糕。”（70）泽西利亚既渴望空气，却又显得弱不禁风，“其对新鲜空气的需求与对通风的无法容忍矛盾地结合在一起，引发了两个对手之间诙谐的争论，他们都在对新鲜空气的态度中透露出对泽西利亚的同情，戈尔顿对泽西利亚的同情增加了，而阿尔瑙德对泽西利亚的同情则有所减少”①。另外，文本中的窗不单单指火车之窗，窗户的开合也象征着资产阶级与封建贵族之间持久的争斗。如果说，通风爱好者代表的是渴望掌握更多话语权及政治权利的新兴资产阶级，那么憎恨通风的人无疑是指封建守旧的贵族阶级。不难看出，阿尔瑙德并不是典型的普鲁士前军官，他有着不因循守旧的一面，所以他才会在家庭宴席上招待一群反对普鲁士政府的朋友（154）。特罗斯特（Trost）在她的博士论文中通过文本细勘分析论证了阿尔瑙德具有“非传统的一面，批判社会的一面和在矛盾中斡旋的一面”②。代表资本扩张及新兴科技发展的戈尔顿则坦白自己更倾向于“通风的敌人”（Ventilationsfeinde）（70），即憎恨通风的人，说明他在精神上有着故步自封的一面，这位工程师“尽管在技术上有所进步，却无法摆脱过去的权力思维和道德价值观”③。

戈尔顿对“通风爱好者”与“憎恨通风者”之争的评论发人深思。他说：“憎恨通风者可能和他的对手（通风爱好者）一样烦人，一样对健康有危险，甚至可能更危险；但憎恨通风者没有那么强的攻击性。通风爱好者不断吹嘘自己有一种无条件的优越感，因为在他看来，他不仅代表健康，也代表道德。道德的东西便是纯洁的东西。打开所有窗户的人总是自由的、勇敢的、英勇的；关闭窗户的人总是弱者、胆小鬼、懦夫。而不幸的关窗人也知道这一点，因为他知道，所以他害怕地、秘密地进行，秘密到宁愿等待他的对手似乎睡着的那一刻。但这个对手并没有睡着，他带着那种只有更高的道德才有的永不言败的勇气，一跃而起，怒气冲冲，又打开了窗户，就像昨天那个矮胖男士做的那样。你可以打赌，十之八九，穿堂风（Zug，也可译为火车）和风（Wind）的对立面（指憎恨通风者）总是充满了胆怯，但热情的人（指通风爱好者）却充满了厚颜无耻。”（70）

此处所谈论的是不同社会阶级“对（穿堂）风的敏感性”（Zugempfindlichkeit）④。胆小懦弱的关窗人不敢对气焰嚣张、占据道德高地的开窗者表示不满，只能任由后者打开所有的窗户。具有十足道德优越感的通风爱好者正如自认思想较前人更加先进的资产阶

---

① Evi Zemanek, (Bad) Air and (Faulty) Inspiration: Elemental and Environmental Influences on Fontane, S. 136.

② Elke Trost, *Alterskonzepte und Altersrollen im erzählerischen Werk Theodor Fontanes*, Frankfurt am Main: Peter Lang GmbH Internationaler Verlag der Wissenschaft, 2016, S. 88.

③ Evi Zemanek, (Bad) Air and (Faulty) Inspiration: Elemental and Environmental Influences on Fontane, S. 118.

④ Bernhard Knick & Hildegard Korth & Holger Aulepp, Das grüne Cache-Nez — Psychophysische Empfindlichkeit und Krankheitsanfälligkeit: Beschreibungen und Selbstbeobachtungen im erzählerischen Werk und in den Briefen Theodor Fontanes, S. 140.

级。戈尔顿反对“总是把资产阶级描绘成羔羊，把贵族描绘成狼”(70)的说辞，因此，他悄悄关上窗户的举动既是为了在资产阶级的猛烈攻击之下保护泽西利亚，也是为了保护与泽西利亚同属封建贵族阶级的自己。如果根据戈尔顿与阿尔瑙德关于“憎恨通风者”和“通风爱好者”的对话，简单地将前者划归为封建守旧的贵族阶层，而认为后者更推崇资产阶级的思想，则失之偏颇，因为两人在涉及自身利益时均作出过“开窗”或是“关窗”的不同抉择。例如，戈尔顿在动身前去不来梅处理事务时，在给泽西利亚的信中写道，“和你在同一个地方，呼吸同样的空气，我永远也做不到”(191)，此时的戈尔顿以自己的资产阶级工作为重，他向往广阔的世界，不愿与泽西利亚共囚一笼，因而成了开窗者。另外，文本中频繁出现的窗户的开合往往与阿尔瑙德夫妇秘密的掩藏和袒露相关①，就对阿尔瑙德夫妇过往经历的揭秘而言，戈尔顿再度成为“打开窗户”的人。当阿尔瑙德认为戈尔顿对泽西利亚的示爱有损他的贵族荣誉时，他立即用老一套的决斗方式攫取了这位工程师的性命，此时的阿尔瑙德“回到了自己想要挣脱的社会规范之中”②，因而成了关窗者。也就是说，戈尔顿和阿尔瑙德均有可能扮演开窗者或是关窗者的角色，这并不意味着他们的贵族身份发生了改变，而是显现出两人对于过时价值观的矛盾态度：两位男性主人公既希望享有资本扩张和工业革命带来的个人发展之自由(如戈尔顿的职业选择，阿尔瑙德的婚姻自由)，又不愿放弃贵族在封建社会中的诸多特权(如通过血腥决斗恢复自身的荣誉)，这使得他们常常基于个人利益在“憎恨通风者”或“通风爱好者”两方阵营的不同观念之间摇摆不定。

乍看，小说的三位主要人物泽西利亚、阿尔瑙德及戈尔顿均属于封建贵族阶级，代表资产阶级的人物仅偶有出现。但资本主义的影响其实已通过工业气体的弥散，遍布于第二帝国社会环境及社会阶层的每个角落。单就“普鲁士军队前少尉”(207)戈尔顿本人而言，他虽然在自己的名字里加上了代表贵族身份的冯(von)，但因债务原因从军队辞职后，戈尔顿当起了铺设海底电缆的工程师(66)，“从事着资产阶级的职业”③。显然，戈尔顿是封建主义与资本主义双重作用下的杂糅产物，他借普鲁士退役军官的贵族身份在社会上立足，又乘资本扩张的东风赚取酬劳、偿还债务，继而谋生，于戈尔顿而言，这股时代之风有利有弊。住在不来梅一家旅馆中的戈尔顿通过打开的房间窗户向外望去，感到“空气仍然很温和(milde Luft)，邻近堤坝走道的大树(die mächtigen Bäume)形成了一道屏障，使整个斜坡成为避风(windgeschützt)的地方”。(191)因为冯塔纳时常借“树木”(die Bäume)代指普鲁士等级社会中的贵族④，且德语中的 mächtig 一词通常用来

① 冯塔纳在多部作品中利用“窗户”来喻指对文本隐藏信息的敞开和窥视，《泽西利亚》亦然。详见吴晓樵：《隐藏与袒露——论特奥多尔·冯塔纳的小说〈马蒂尔德·墨琳〉》，《外国文学评论》，2018 年第 4 期，第 192 页。

② Elke Trost, *Alterskonzepte und Altersrollen im erzählerischen Werk Theodor Fontanes*, S. 112.

③ Elke Trost, *Alterskonzepte und Altersrollen im erzählerischen Werk Theodor Fontanes*, S. 112.

④ 吴晓樵：《隐藏与袒露——论特奥多尔·冯塔纳的小说〈马蒂尔德·墨琳〉》，《外国文学评论》，2018 年第 4 期，第 191 页。

强调权力及影响力之强大，所以在封建贵族阶级强有力的荫庇之下，戈尔顿感受到这个“避风港”内的“温和空气”。但不同地点的树木并非全都如此欣欣向荣。在这之前，租住在柏林公寓里的戈尔顿同样注意到了窗外树木的景色，“尽管季节已经来临，但几乎看不到一片枯叶；因为前一天曾刮过风(windig)，直到那时才有的一点黄色和红色的树叶混在一起，它们现在落在树下(unter den Bäumen)，在草坪上形成图案”。(169)秋季到来，树叶未遵循自然界的规律，在树干上逐渐变色、干枯、直至落地，而不幸被风提前吹落。上文述及，冯塔纳作品中的树木常代表普鲁士贵族，联想到德语中从词根Baum(树木)衍生出来的Stammbaum(谱系)一词，便可对这段短小精悍的文字进行较为合理的解读。“树欲静而风不止”，新兴资产阶级的时代之风呼啸而至，归根落叶就像那些被封建贵族谱系为度过“寒冬”而提前丢弃的卒子。这是大树为贮藏养分、“弃卒保帅”之举，但缺少了树叶的遮蔽，贵族谱系之树也将面临唇亡齿寒的窘境。当戈尔顿再次动身前去探望泽西利亚时，风和树叶之间的关联变得更加紧密：“此时已是秋天，有风刮过(windig)，当他走过港口广场时，树叶在他的面前飞舞。”(178)树叶在风中腾空而起，不知被吹向何方，一如时代激流中零落飘摇的贵族个体。

在时代之风的吹拂下，戈尔顿一会儿栖身于封建贵族大树形成的天然避风港，一会儿投身风中、成为资产阶级的代言人。时代之风围绕着戈尔顿，风力的大小象征新旧两方势力的此消彼长，无论哪一方占据上风，戈尔顿都有进退维谷之感。比起同时享受到这两个社会阶层带来的利益，普鲁士前军官、电缆工程师戈尔顿更像是为适应风向变易而被迫夹在时代缝隙中的一个小人物。为践行理想中的资本主义式的平等，他接受了阿尔瑙德的决斗，为证明自己有着追求泽西利亚的同等权利，他付出了生命的代价。

2.2 吹散幸福幻影的两次致命决斗

“新鲜的空气是小说一贯的主题之一，但泽西利亚被另一个故事的毒气呛到了——那就是戈尔顿与她丈夫的致命决斗。”①这一说法并不准确，前王侯情妇泽西利亚与上校阿尔瑙德订婚之初，决斗衍生出来的毒气便已在他们周围氤氲。普鲁士军队中校德恰林斯基代表军官团致信阿尔瑙德，表示他们对这种有损军队荣誉的订婚不予接受，这位中校随后与阿尔瑙德发生了决斗，前者被射穿胸部而死亡，后者被关进要塞服刑(171)。此次决斗尽管在一定程度上为泽西利亚挽回了声誉，但泽西利亚本人始终对中校之死怀有深深的自责，她甚至“偷偷地、惊恐地爬进中枪的德恰林斯基躺着的房子”，看向中校“死气沉沉的、仿佛在说这都是她的错”的眼睛。(202)泽西利亚并未提及，她为何明知可怖却还是选择面对牺牲者的尸首，但结合路遇送葬队伍(Begräbniszug)时戈尔顿的内心活动：“对这种事情闭上眼睛是不好的，尤其是当一个人在建造空中城堡(Luftschlösser)的时候”(151)，我们或许能有清晰的阐释。描述戈尔顿遇到送葬队伍的

① Daragh Downes, Cécile. Roman, in Christian Grawe/Helmuth Nürnberger (Hg.): *Fontane-Handbuch*, Stuttgart: Alfred Kröner Verlag, 2000: 574.

这段文字隐晦地将"Zug"(兼有队伍、火车、穿堂风之意)和"Luft"(空气)与死亡主题串联在一起，暗示了泽西利亚未对这次致命决斗采取回避态度的原因：她若要建造自己理想的空中楼阁(Luftschlösser)，就必须在这个过程中直面牺牲者的死亡。

小说第三章里热闹非凡的歌唱协会(Sängervereine)与文末死气沉沉的送葬队伍(Begräbniszug)形成鲜明对照，而队伍的出现亦可阐释为风的在场。歌唱协会的最后一支队伍(letzte Sektion)由那些搭乘火车(Zug)而来的人们组成，与送葬队伍的阴沉肃穆截然相反，歌唱队伍充满了一种欢欣鼓舞的氛围(18)。冯塔纳在描写歌唱队伍时提醒读者，"只有那些走在最后的人们值得注意一下"(18)。回想小说开篇，搭乘末班列车(Letzter Wagen)而来、进入火车"最后一节"车厢(das Ende des Zuges)的上校夫妇何尝不是走在队伍最后的人？(5)两支队伍的前后改变可被视为风向的变化，它不仅意味着泽西利亚对幸福的期盼与追寻终成幻影，还预示着普鲁士封建贵族的人生旅程高潮到低谷的转变和由生到死的结局。

回到柏林之后，戈尔顿愈发迷恋并渴望拥有泽西利亚，他甚至对泽西利亚有夫之妇的身份熟视无睹，向心上人展开了猛烈的追求攻势。阿尔瑙德无法容忍戈尔顿对其贵族荣誉的肆意践踏，致信戈尔顿要求决斗，结局是前者逃往意大利，后者中弹身亡。第二次决斗意味着两者围绕泽西利亚的权力交锋达到了高潮，毒气值也达到了最高峰。不久后，泽西利亚毅然自尽，以此作为她对自己追求幸福的过程造成两位军官死亡的回应和赎罪。泽西利亚为追寻幸福而登上的火车(Zug)——亦即人生之旅——终以悲剧收场。在以泽西利亚为中心的两次决斗中，阿尔瑙德用传统的决斗方式枪杀了对手，维护了自尊。但存在着一个问题，即阿尔瑙德作为两次决斗的唯一幸存者，"是否真的是这场比赛的赢家"？(Trost，2016：99)逃到意大利之后，阿尔瑙德写信劝说泽西利亚来到这个拥有"令人愉悦的空气(Luft)，没有冬天的痕迹，一切都还在盛开"(213)的温暖的南欧国家。然而，阿尔瑙德"通过各种挣扎和牺牲"(8)，即通过两次血腥决斗才争取到的这位伴侣最终选择离他而去，他邀请佳偶一同在意大利生活的美梦随之化作了泡影。从这个意义上来讲，阿尔瑙德亦是同样是两次决斗的输家，他无法得到自己想要的幸福。

冯塔纳小说《施泰希林》中的牧师洛伦岑(Lorenzen)预言，"一个新的民主时代"①将是"一个空气中有更多氧气的时代，一个我们更容易呼吸的时代。人的自由度越高，人就活得越久"②。泽马内克(Zemanek)指出，"《施泰希林》中的氧气尤其与摆脱贵族统治和阶级冲突有关，而在冯塔纳的其他小说中，它意味着摆脱父权制或更普遍的社会习俗。但具有讽刺意味的是，人们所欢呼的新纪元是一个空气中含有更多二氧化碳

① Evi Zemanek, (Bad) Air and (Faulty) Inspiration: Elemental and Environmental Influences on Fontane, S. 133.

② Theodor Fontane, *Der Stechlin*, hg. von Klaus-Peter Möller, Berlin: Aufbau-Verlag, 2001: 324.

的时代”①。在《泽西利亚》中，摆脱阶级冲突、父权制、社会习俗的愿望在不同程度上具象化为人物对空气的需求，但人们憧憬的那个富含氧气、具有更高自由度的时代终未到来，因为新时期的工业革命污染了空气，使空气中对人体健康有益的成分逐渐减少，不利的成分持续攀升。

3. 结　语

冯塔纳遵循着“太多的空气总比太少的空气要好”的标准，不动声色地往小说文本中注入了各色空气，他通过空气诗学对时代痼疾望闻问切，引导人物追寻空气，启发读者读懂空气。通过“空气”(Luft)以及空气流动所形成的“风”(Zug/Wind)的经纬，读者能够更加深入地认识到冯塔纳在“潜文本”中精心布局的语义之网，在这张广度、深度皆不可测的网络之中，读者最为关心的问题——泽西利亚的病因和死因，以及血腥决斗背后的实际冲突等便能够一一得到合理的阐释。阿尔瑙德夫妇令人艳羡的优渥生活仅是普鲁士封建贵族阶层的表面光彩，只有笼罩于整个文本的、不易引人注意的“空气与风”才对应着19世纪下半叶德意志第二帝国的社会实质——工业革命之风推动了资产阶级势力迅速膨胀，将普鲁士封建贵族从权力的最高神坛上吹落，从而加深了各阶级之间不可调和的矛盾。尽管空气不可触、不可见、无色无味、虚无缥缈，但它实实在在地反映了德意志第二帝国的现实风貌。空气时而以穿堂风的方式登场，时而挟来冷意，威胁着人的健康与生命；此外，空气还会暗藏“有毒”的物质，笼罩着整个自然与社会环境。总体而言，空气既是酝酿着新旧势力对抗、新旧思想碰撞的温床，也是谋杀泽西利亚、致其身心俱损的元凶之一。一方面，空气作为时代历程的重要见证，具有强大的政治隐喻功能；另一方面，生命延续所必需的空气也是彰显人文关怀的极佳载体。空气诗学作为体现冯塔纳小说审美现代性的重要因素，跨越了19世纪特定的历史语境，具有持久的生命力和影响力，其美学、社会学、生态学等诸多领域的意义仍有待于现今的研究者们进一步深入挖掘。

参考文献

[1] Downes, Daragh. Cécile. Roman[A]. In: Christian Grawe/Helmuth Nürnberger (Hg.): *Fontane-Handbuch* [C]. Stuttgart: Alfred Kröner Verlag, 2000.

[2] Fontane, Theodor. *Cécile*, hg. von Hans Joachim Funke und Christine Hehle [M]. Berlin: Aufbau-Verlag, 2000.

[3] Fontane, Theodor. *Der Stechlin*, hg. von Klaus-Peter Möller [M]. Berlin: Aufbau-

① Evi Zemanek, (Bad) Air and (Faulty) Inspiration: Elemental and Environmental Influences on Fontane, S. 133.

Verlag, 2001.

[4] Grawe, Christian. „Der Zauber steckt immer im Detail“ *Studien zu Theodor Fontane und seinem Werk* 1976-2002 [M]. Dunedin: Department of German University of Otago, 2002.

[5] Grätz, Katharina. *Alles kommt auf die Beleuchtung an. Theodor Fontane — Leben und Werk*[M]. Stuttgart: Philipp Reclam jun. GmbH & Co. KG, 2015.

[6] Knick, Bernhard & Korth, Hildegard & Aulepp, Holger. Das grüne Cache-Nez — Psychophysische Empfindlichkeit und Krankheitsanfälligkeit: Beschreibungen und Selbstbeobachtungen im erzählerischen Werk und in den Briefen Theodor Fontanes[J]. *Medizinhistorisches Journal*, 1986, Bd. 21, H. 1/2.

[7] Neuhaus, Stefan. *Grundriss der Neueren deutschsprachigen Literaturgeschichte* [M]. Tübingen/Basel: Francke Verlag, 2017.

[8] Neuhaus, Stefan. Effi und Cécile: Bezüge zu Figuren und Motiven in Fontanes Werk [A]. In: Stefan Neuhaus (Hg.): *Effi Briest Handbuch*[C]. Stuttgart: Springer Verlag, 2019.

[9] Trost, Elke. *Alterskonzepte und Altersrollen im erzählerischen Werk Theodor Fontane* [M]. Frankfurt am Main: Peter Lang GmbH Internationaler Verlag der Wissenschaft, 2016.

[10] Voss, Dietmar. Semiotik des Unsichtbaren. Zu Äther, Luft, Wind in Mythos und moderner Dichtung[J]. *Weimarer Beiträge*, 2019(1).

[11] Wu, Xiaoqiao. „Vielleicht haben wir den Kaiser visàvis“: Neue Beobachtungen zu Theodor Fontanes Nachlassroman Mathilde Möhring[J]. *Neophilologus* 2018(102).

[12] Zemanek, Evi. (Bad) Air and (Faulty) Inspiration: Elemental and Environmental Influences on Fontane [A]. In: Schaumann C., Sullivan H. (eds), *German Ecocriticism in the Anthropocene. Literatures, Cultures, and the Environment*[C]. New York: Palgrave Macmillan, 2017.

[13] 吴晓樵. 藏与袒露——论特奥多尔·冯塔纳的小说《马蒂尔德·墨琳》[J]. 外国文学评论, 2018(04).

[14] 吴晓樵: “我们需要好的照明”——论冯塔纳小说《覆水难收》的文本隐匿游戏[J]. 同济大学学报(社会科学版), 2020(04).

虔诚与信仰

——赫尔曼·黑塞评圣方济各和施伦普夫

北京大学　马　剑①

摘要：在赫尔曼·黑塞的文化评论中，阿西西的圣方济各和克里斯托弗·施伦普夫是被评价最多的两位与基督教有关的人物。了解黑塞与此二人的关系、特别是研读黑塞关于二人的评论文章，不仅可以清楚地认识到他们的事迹、人格和作品对于黑塞文学创作的影响，而且还能够更深刻地理解黑塞在他们的启发下围绕"虔诚与信仰"等问题所展开的多重思考。

关键词：虔诚；信仰；爱；精神境界

熟悉赫尔曼·黑塞生平的读者都知道，尽管他的外祖父母和父母都是极其虔诚的新教虔敬派教徒，但黑塞本人终其一生却并没有信奉基督教；然而，没有信奉基督教并不意味着黑塞与基督教的关系就会因此而"疏远"，与此相反，从黑塞的评论文章中可以清楚地看到，他对一些与基督教有关的人物表现出了极其浓厚的兴趣，这其中最具代表性的便是方济各会的创始人阿西西的圣方济各(Francesco von Assisi)和来自施瓦本的宗教学者克里斯托弗·施伦普夫(Christoph Schrempf)。

1. 阿西西的圣方济各：虔诚与博爱的理想形象

如果从基督教的发展历史来看，原名乔瓦尼·贝尔纳多内(Giovanni Bernardone)的意大利人、来自阿西西的圣方济各最大的贡献便是创建了四大托钵修会之一的方济各会，这些"修会的修士都是积极维护正统教义、热心布道、甘愿过清贫禁欲生活的人"。方济各本人原本出身于商人阶层，"年轻时，他生活放荡不羁，骄奢淫逸，后在阿西西同佩鲁贾的一次交战中被俘入狱。在狱中……其宗教思想发生了急剧的变化"②，出狱之后，他慷慨解囊，将财产分给了穷人，从此"开始布道，身穿粗布长袍，以乞食为生，

---

① 基金项目：本论文系国家社会科学基金一般项目"赫尔曼黑塞文学文化评论研究"(项目编号：18BWW065)的阶段性成果。

② 张世华：《意大利文学史》，上海：上海外语教育出版社，2013 年，第 31 页。以下引用简称《意大利文学史》。

号召组织新修会。……1210年，教皇英诺森三世批准他们成立‘方济各托钵修会’……1215年，英诺森三世在第四次拉特兰会议上正式宣布承认方济各会”①。后来，经过不断发展壮大，这个修会成为教皇治下的一支可靠力量。1226年，方济各在波蒂昂卡拉去世，1228年，教皇格列高利九世封方济各为圣徒。② 毫无疑问，这个人物在基督教的发展史上发挥了重要的作用，学术界关于他和方济各会的研究也一直没有中断过，比如，法国当代著名历史学家雅克·勒高夫(Jacques Le Goff)就这样评价圣方济各：

> 他身处12、13世纪之交，正是在这个时期，现代而充满活力的中世纪诞生了，方济各则改变了这个时期的宗教、文明和社会。方济各是半宗教的，同时也是半世俗的，他活跃在欣欣向荣的城市里，行走在路上，也曾独自避静隐修，又经历了宫廷典雅文明的繁荣时期，他把这一切融合在一起，用自己的行动开创了全新的达到清贫、做到谦卑和使用话语的方式，他身处教会的边缘，但没有落入异端；他具有反叛精神，却没有沾染虚无主义。……方济各在新型的托钵修会突飞猛进的发展之中起到了决定性的作用。③

照此，这样一位重要的宗教人物会引起黑塞浓厚的兴趣也并不足为奇，关键的问题则是，与基督教颇有渊源的作为文化评论者的黑塞对于圣方济各又有哪些独到的理解和看法？这些理解和看法又是如何体现在其文字中的？

根据考证，黑塞对于圣方济各的了解缘于他在1899年重返巴塞尔之后深入研读了著名历史学家雅各布·布尔克哈德(Jacob Burckhardt)的著作和中世纪及文艺复兴时期意大利的传奇和中篇小说。④ 继而在1901年的第一次意大利之旅期间，在欣赏自然美景和品鉴艺术佳作的同时，黑塞也追寻探访了圣方济各的足迹。从那时开始，阿西西的圣方济各便逐渐在黑塞的思想、创作和评论中占据着一个极其重要的地位，这种重要性也体现在了黑塞笔下与圣方济各有关的各种体裁的文字上——在小说、传记和评论中，黑塞无不表达出对于他的崇敬之情。

众所周知，1904年出版的小说《彼得·卡门青》(*Peter Camenzind*)是黑塞的成名作，就在这部作品里，像黑塞本人一样，卡门青也前往意大利旅行，从而直接寻访圣方济各的足迹，黑塞借小说主人公之口多次表达了对于阿西西的圣方济各的崇敬和喜爱，可以说，小说中关于圣方济各的评价也充分反映出了这部作品的自传性——主人公卡门青的

---

① 王美秀、段琦、文庸、乐峰等：《基督教史》，南京：江苏人民出版社，2006年，第123页。

② 可参看[法]雅克·勒高夫：《阿西西的圣方济各》，栾颖新译，北京：商务印书馆，2022年，第11页。以下引用简称《阿西西的圣方济各》。

③《阿西西的圣方济各》，第3页。

④ 参看 Ralph Freedman, *Hermann Hesse. Autor der Krisis. Eine Biographie.* Aus dem Amerikanischen übersetzt von Ursula Michels-Wenz. Frankfurt am Main: Suhrkamp 1999: S. 120.

很多经历和想法都与黑塞本人的经历和思想相同。

而就在同一年，黑塞创作的短篇传记《阿西西的圣方济各》(*Franz von Assisi*)也由柏林和莱比锡的舒斯特 & 勒夫勒出版社(*Schuster & Loeffler Verlag*)出版。虽然黑塞自己认为那只是凭借着年轻的热情草率而成的作品，但评论界对这本小册子却赞赏有加。在创作这部作品时，黑塞主要依据了当时被普遍认可的两部专著，一部是由艺术史研究者和作家亨利·托德(Henry Thode)撰写的、出版于1885年的《阿西西的圣方济各与意大利文艺复兴艺术的开端》(*Franz von Asissi und die Anfänge der Kunst der Renaissance*)，另一部则是由法国的神学家和历史学家保罗·萨巴提耶(Paul Sabatier)所著的《阿西西的圣方济各传》(*La Vie de François d' Assise*，德语译为 *Leben des Heiligen Franz von Assisi*)，并且从这两部著作中黑塞也深入了解了中世纪关于圣方济各的传记创作，比如出自意大利红衣主教波纳文图拉(Bonaventura)和意大利的宗教诗人、也是圣方济各最初的追随者之一的塞拉诺的托马斯(Thomas de Celano)的作品。① 而在十五年之后的1919年，黑塞又创作了一部短篇传奇《花的游戏——阿西西的圣方济各的童年》(*Das Blumenspiel: Aus der Kindheit des heiligen Franz von Assisi*)，发表在1920年2月《韦尔哈根 & 克拉辛月刊》(*Velhagen & Klasings Monatshefte*)上。熟悉黑塞作品的读者都知道，黑塞很少创作人物传记，因此，这些描述阿西西的圣方济各生平传说的作品在黑塞的全部创作中就显得格外与众不同。需要指出的是，无论黑塞在这部传记中描述的内容在多大程度上是历史的真实，其描写和解读都带着黑塞本人的主观色彩，这也正是这部传记真正的价值所在。

1905年，记录阿西西的圣方济各生平传奇的作品《圣方济各的灵花》(*Fioretti di San Francesco*)被诗人、小说家、翻译家奥托·封·陶贝男爵(Otto Freiherr von Taube)译成了德语，德语译本名为《阿西西的圣方济各的花环》(*Blütenkranz des heiligen Franziskus Assisi*)，由欧根·迪德里希斯出版社出版，原书"是一部用意大利文汇编成的作品，在圣方济各去世后一个世纪左右成书，该书汇编了一些篇幅短小的、具有教化意义的叙述，其中一部分是从拉丁文的虔信小册子翻译过来的，还有一部分是用道听途说的模范事迹来解释《完美之镜》中的格言"②。事实上，"有关方济各的传说在其生前便已开始流传，因此这位圣徒真实的生平和他的传说难以分辨"③。而按照雅克·勒高夫的说法，现在学界认为这部流传甚广的作品"有一定的可信度""比人们预想得还要接近真实的史料"④。无论如何，这部作品德语译本的问世又一次引起了黑塞对于圣方济各的兴趣，

---

① 关于圣方济各的传记，可参看《阿西西的圣方济各》，第41-46页。

② 《阿西西的圣方济各》，第47页。

③ [德]约翰内斯·弗里德：《中世纪历史与文化》，李文丹、谢娟译，北京：九州出版社，2020年，第234页。

④ 《阿西西的圣方济各》。第47页。

他先后在同年5月21日的《苏黎世报》和6月2日的《慕尼黑报》上分别以《阿西西的圣方济各与〈灵花〉》(*Franz von Assisi und die Fioretti*)和以《阿西西的圣方济各的花环》(*Blütenkranz des heiligen Franziskus Assisi*)为题发表了长篇评论。[①] 在这篇评论的前半部分里，黑塞再次简要地叙述了圣方济各的一生，与此前一年创作的传记相比，这段叙述显得更加冷静客观。然而，必须指出的是，无论是黑塞在这里的描述还是此前的那篇《阿西西的圣方济各》，无论所记述的关于圣方济各的经历是历史真实还是传奇轶事，都不是黑塞最为关注的，他最看重的还是透过这些经历所能洞察到的圣方济各精神思想层面的内容，是这些经历所反映出来的圣方济各本人的某些品质，因此，评论的后半部分以及黑塞一些书信的片段就会透露出他对圣方济各的真实看法。

如上所述，作为方济各会的开创者，阿西西的圣方济各一生最主要的活动就是布道，向民众宣扬基督教的教义。而从黑塞关于其生平的描写可以清楚地看出，圣方济各身上最打动他的是两种美德——对于理想的虔诚态度和对于周围一切存在的爱。

对于前者，黑塞认为，圣方济各的虔诚首先可以追溯到其青少年时期的品格，在《阿西西的圣方济各的花环》中他这样写道：

> 即使是在这种游戏般的、稚气未脱的行为中，他已经展现出了凡事都不会半途而废的态度，对于他的生命来说，他需要一种强烈的渴望，一个理想，然后必须全心全意地追求它。他希望体验人生中最深刻和最高贵的内容，只要他预感到了这种途径，他就会义无反顾。然而，他却又具有一种牢不可破的内心乐观开朗的天性，这种天性的价值是无可估量的，……他从不缺少一次微笑，一首歌，一句真诚的话语。这两种基本的特征——向着高处的富于激情的追求和在此过程中孩子般快乐的善意和真诚——是对其全部品质和生命的诠释。[②]

显然，黑塞在这里概括出了圣方济各身上两种彼此关联的品质，无疑这两种品质对于黑塞的影响是非常重要的，因为在黑塞身上也能够明显地感受到这两种性格的倾向——追求更高的人生目标本来是人的天性，但在此过程中伴随而来的一定有各种艰辛和挫折，以至于最终能够得偿所愿的人却是少数，此中的关键就在于执着的坚持；而这种执着的坚持固然需要坚定的信念和意志，但在另一方面，也需要积极乐观的态度，而且更具有启发性的是，这种乐观精神的具体表现并不是某些激烈的动作和言辞，反而是

---

① 两篇评论文章的内容几乎一致，只是后者比前者做了细小的扩充，所以《黑塞全集》只刊印了后一篇。

② Hermann Hesse, Der Blütenkranz des heiligen Franziskus von Assisi. In: *Sämtliche Werke in 20 Bänden. Band 16. Die Welt im Buch I. Rezensionen und Aufsätze aus den Jahren* 1900-1910. Frankfurt am Main: Suhrkamp 2002: 197-205; hier S. 198f. 以下引用简称 *Der Blütenkranz des heiligen Franziskus von Assisi.*

如黑塞在这里所描述的一些日常生活中细小的举动。

按照这样的理解，方济各在信仰的感召下不顾与其父亲的冲突放弃继承自家财产、从此安于贫穷、苦修布道也就是顺理成章的事情了，在黑塞的描述中，他显然并不看重宗教信仰的内容本身，而是将方济各的这种皈依看作一种个人的自我实现的方式：

> 现在，他找到了多年以来一直追寻的宝物——与上帝和世界的内心契合……方济各对于所获得的自由感到由衷的欣喜，他像一个快乐的圣徒漫步于乡间的谷地和绿色的山丘。他纯真的、深情的爱领略到了世间的美丽，就像一个被重新赠予的、神化了的世界；茂盛的树木和柔软的草地，闪闪发亮的潺潺流水，蓝天白云，远处的蓝色和田野的绿色，鸟儿快乐地鸣叫，这一切在他看来都如此亲切，仿佛兄弟姐妹一般。因为，遮挡他视觉和听觉的一层面纱垂下，他感悟到的世界已经摆脱了罪孽，圣洁得仿佛在极乐的第一天就被天堂的光彩所神化。①

与其说这段富于诗意的描写是在再现方济各的真实行为，毋宁说这是黑塞对于方济各内心世界的揣度和理解，之所以这样讲，是因为黑塞在这里所描写的人与上帝的和谐本身只可能发生在个人的主观世界里，而且具有极其浓厚的神秘主义色彩，因此很难用言语去形容描绘；正是基于这样的精神状态，现实世界在个人的眼中才会呈现出另外一番景象，由此也就引出了在黑塞看来方济各内心中最重要的情感——爱，而这种爱首要的对象就是黑塞在这里所描写的人周围的自然景观，也就是上帝所创造的世界。

由此，黑塞在其成名作《彼得·卡门青》中对主人公——实际上就是黑塞本人——与阿西西的圣方济各关系的描写也就不难理解了：圣方济各的思想不断改变着卡门青的一生，在卡门青人生发展的每个阶段，即向着一种理想提升的过程中，黑塞描述了圣方济各对于主人公的影响。而这其中的一个关键点就是上述对于自然的爱，在小说第五章里，卡门青就这样描述自己在圣方济各的感染下对于自然的热爱：

> 由于他把整个尘世、植物、动物、风与水都包含到了他对上帝的爱之中，他由此超越了中世纪，甚至但丁，找到了永恒的人性的话语。他称所有的自然力量和现象为他亲爱的兄弟……
>
> 如今，我本人也开始热爱自然，倾听它的声音，仿佛它是一位讲着一种陌生语言的友人和旅伴，我的忧郁虽然并没有被治愈，但却有了好转，精神得到了升华和荡涤。我变得耳聪目明……渴望越来越近、越来越清晰地倾听一切生命的心跳……

---

① Hermann Hesse, Franz von Assisi. In: *Sämtliche Werke in 20 Bänden. Band 1. Jugendschriften. Herausgegeben von Volker Michels.* Frankfurt am Main: Suhrkamp 2001: 623-660; hier S. 638. 以下引用简称 *Franz von Assisi.*

将它们用诗人的语言表达出来，以便其他人也能够接近它们，凭借更深刻的理解探究一切振奋、荡涤和纯真的根源。①

对于黑塞的人生思想发展来说，从圣方济各那里学到和借鉴的对于自然的热爱具有里程碑式的意义，在《阿西西的圣方济各的花环》中他就这样评价这种自然之爱："即使是对于漠视宗教的人来说，在这种深沉的自然情感中也隐藏着方济各时至今日依然散发的神秘的魔力。凭借这种名副其实的喜悦的生命感受，他将这个可见的世界的所有力量和产物视为兄弟和与自己近似的生物，欢迎它们，热爱它们，这种感受摆脱了所有具有宗教色彩的信条，在其不朽的人性和美当中成为整个中世纪后期世界的最引人注目和最高贵的现象之一。"②可以说，正是圣方济各教会了黑塞笔下的彼得·卡门青学会去爱以"自然"为标志的周围的一切，并进而将这份爱的对象又扩到周围的人身上，彼得·卡门青如是说："现在，我爱圣方济各，他教会了我去爱所有的人。"③由此，卡门青的人生又发生了一个重大的转变，他接下来的经历就是在用实际行动践行圣方济各的博爱思想，而这一经历的高潮就是卡门青无私地照顾残疾人波比，在行动之前，黑塞这样描写他内心的反思：

> 我探究这位圣徒（圣方济各）的生活，将他关于爱的美妙诗歌背得滚瓜烂熟，在翁布里亚的山上寻访他的足迹，现在，一个可怜而无助的人躺在那里忍受着病痛，而我既然已经知晓，也能够安慰他，那么我上述行为的目的何在呢？……我知道，上帝现在想和我交谈。"你这位诗人！"他说道，"你这个翁布里亚的学生，预言家，你希望教会了他人去爱，给他人幸福！你这个在风中和水中希望听到我声音的梦想家！"④

通过照顾波比，这个曾经的诗人和梦想家切身体验到了给予他人关爱和慰藉的感受，而在波比去世之后，卡门青又返回了自己的家乡继续照料他年老多病的父亲，在对这样的圣方济各式的经历的描写中，黑塞将对自然的爱与和对人的爱结合在了一起，洞悉了它们共同的创造性。由此，阿西西的圣方济各成了黑塞世界观中发挥整合作用的一个组成部分——方济各不仅在个人的主观意识上虔诚地信仰上帝，而且将他的这份虔诚转化为了现实的博爱，这才是黑塞眼中真正的虔诚。而在这一切的背后，黑塞认为起决

---

① Hermann Hesse, Peter Camenzind. In: *Sämtliche Werke in 20 Bänden. Band 2. Peter Camenzind. Unterm Rad. Gertrud. Herausgegeben von Volker Michels.* Frankfurt am Main: Suhrkamp 2001: 5-134; hier S. 82. 以下引用简称 Peter Camenzind。

② *Der Blütenkranz des heiligen Franziskus von Assisi.* S. 203.

③ *Peter Camenzind.* S. 93.

④ *Peter Camenzind.* S. 110f.

定作用的是一种更高的智慧，也是可以被称为神性的东西，在上面引用的传记片段里，黑塞的用词非常考究，“感悟”一词兼顾了感官的关注和内心的体察，而“摆脱了罪孽”如果脱离宗教的语境则意味着一种精神境界的提升，正如勒高夫所评价的那样，“方济各代表了一种全新的神圣性”①。这种神性的关键要素就在于其真实性——阿西西的圣方济各是一个确确实实在这个世界上生存过的人，德国中世纪学者、语文学家弗里茨·瓦格纳(Fritz Wagner)的评价非常有启发性：“从新浪漫文学充满渴望地追求神与世界之间和谐的视角来看，阿西西的圣方济各在黑塞眼中就是一个真实的人存在的典型，他与上帝创造的世界密切地共生，因此一再重新发现人的存在的本质和法则。”②从黑塞思想和创作的发展来看，这个典型人物的意义至关重要，因为黑塞从他所理解的圣方济各身上、从他的人生经历中，同样感悟到了超越时空的内容：通过放弃财富，安于贫困和充满博爱，通过转向上帝和自然从而追求自我实现，因为自然意味着自由，人的天性不受约束，又仿佛被赋予了神性。于是，在黑塞眼中，阿西西的圣方济各便成了不朽的精神价值和典范人生基本美德的传承者：“世上只有少数人因为其纯粹的高贵品质历经几百年被人们所爱戴和钦佩，就仿佛极乐的群星悬于我们头上纯净的空中，他们散发着金光、面带着微笑、成为人类在黑暗中苦苦追求的迷途的善良的向导。”③无疑，圣方济各就是这少数人之一，而黑塞对于他的溢美之词则充分反映出了他对于人类精神理想的思考，从圣方济各的人生中，黑塞看到了他心目中的理想形象。

正因为如此，在黑塞看来，没有任何一个人的形象能够像方济各那样唤起人们对于爱、希望和来世期待的深深向往，这不仅体现在艺术中对于圣方济各大量的描绘，也表现在关于他的各种传说的文学作品以及他对于文学创作的影响。

在传记中黑塞写道：“此后，不少的诗人都是出于他的感觉和精神从事写作和歌唱。这些方济各的追随者和尊崇者们大多运用了民间的语言，这比但丁要早了很多，因此，他们必须被看作意大利诗歌艺术创作的先驱或者奠基人。”④黑塞在这里描述的是这样一个事实——在圣方济各的影响下，“其为数众多的弟子经常在社会下层的平民中传播人类的博爱精神，这在无形中为通俗语的推广和文化的发展起了推波助澜的积极作用”⑤。而就圣方济各个人的文学创作而言，他亦可以被看作“13 世纪意大利宗教文学的代表诗人”⑥。虽然据传他写作了不少诗歌，但唯一流传下来的诗作便是“他于 1224 年至 1225 年用翁布里亚方言写成的宗教诗篇”，也是如今为学界公认为“意大利文学史上最古老

---

① 《阿西西的圣方济各》，第 3 页及以下。

② Fritz Wagner, Franz von Assisi und Hermann Hesse. In: *Hermann Hesse, Franz von Assisi. Mit Fresken von Giotto und einem Essay von Fritz Wagner.* Frankfurt am Main: Suhrkamp 1988: 98-127; hier S. 104. 以下引用简称 *Franz von Assisi und Hermann Hesse*。

③ *Franz von Assisi.* S. 660.

④ *Franz von Assisi.* S. 659.

⑤ 《意大利文学史》，第 31 页。

⑥ 《意大利文学史》，第 31 页。

的丰碑之一”①的《万物赞歌》(*Laudes creaturarum*)，又被称为《太阳赞歌》(*Sonnengesang*)，显然，对于这部作品的意义，黑塞非常清楚，因此也将这首诗及其德语译文收录到了传记的最后，黑塞将其看作用民间的朴素语言创作的意大利语诗艺的最重要的证明，也是独立的意大利语诗歌不受普罗旺斯语和法语影响的开端。

而在评论文章《阿西西的圣方济各的花环》中，黑塞则着重强调了《圣方济各的灵花》的文学价值：

> 《灵花》，尽管内容虔诚，但仍是意大利中篇小说文学的先驱，是一个伟人在其民族文学中所找到的最优美和最不朽的丰碑。它们并非方济各生平、行为和言谈的历史记录，但它们却细致入微地展现了其人格的魅力和严肃，它们如此描绘这位圣徒，以至于他在几百年中一直活在民众虔敬的怀念中，至今依然如此。②

由此可见，这些传奇的真实性并不是黑塞最看重的问题。这里有两个问题值得思考，一个问题是，黑塞始终非常关注“中篇小说”这一文学体裁在欧洲文学中的发展进程，黑塞在这里对于《圣方济各的灵花》这部作品作出这样的判断，也再次从一个侧面证明了圣方济各对于文艺复兴文化的重大影响；第二个问题则是关于圣方济各在民众当中的接受情况，黑塞的用词非常考究，也许是受了其父母宗教信仰的启发，黑塞在这里虽然也使用了“虔敬”这个与宗教有关的词汇，但这种虔敬的怀念并不仅仅存在于教众当中，而是扩展到了广大的民众，人们对于阿西西的圣方济各的怀念就像圣方济各对待他的信仰那样。

“如果一个人想要问我：除了那首《太阳赞歌》之外，方济各没有给我们留下任何作品，那你又为何会称他为一位了不起的诗人呢？那么我会这样回答：他给我们送上了乔托的那些不朽的画作，送上了所有那些美丽的传奇和雅克波尼及其他所有人创作的诗歌，以及上千部精致的作品，假如没有方济各、没有其精神中隐蔽的爱的力量，那么所有这一切就绝不会产生。他是那些神秘的伟人中的一位，是那些最早的、在不知不觉中参与促成那项超凡脱俗的伟业的人之一，这项伟业我们称之为文艺复兴，是思想和艺术的复活。”③

就造型艺术而言，黑塞在这里提到的乔托·迪·邦多纳(Giotto di Bondone)是意大利文艺复兴时期杰出的雕刻家、画家和建筑师，被誉为“欧洲绘画之父”，但同时也是圣方济各教派的历史画家——尽管由于史料的缺失，学术界今天对于乔托的研究还有不少争论，但研究者基本上已达成共识，那就是今天仍然保留下来的阿西西的圣方济各大教堂里的多幅壁画都应该出自乔托之手或者与他有密切的关系，而这些壁画中最重要的

① 《意大利文学史》，第32页。

② *Der Blütenkranz des heiligen Franziskus von Assisi.* S. 204f.

③ *Franz von Assisi.* S. 660.

一部分便是艺术地再现圣方济各生平各种经历的《圣方济各传奇》等多幅画作，从这个意义上，也可以说这些都是圣方济各“留给”后人的艺术杰作。① 同时，这些画作也自然有助于后人了解圣方济各的生平事迹。而就文学创作而言，托迪的雅克波尼(Jacopone da Todi)则是意大利13世纪宗教文学的著名诗人，“1278年，他被方济各会接受为世俗修士……他给后人留下不少人们在教堂忏悔时所唱的赞美诗。……他的赞美诗中交织着他对上帝的赤诚之爱和自己内心的悲痛。诗人以含蓄隐晦的笔调，赞咏苦修主义的美德，贬责世俗的恶习”②。这两人无疑都是意大利文艺复兴文化早期的代表人物，由此也可见圣方济各对于文艺复兴的深刻影响；同时，黑塞在这里也透露出他对于文艺复兴的看法——他接受了布尔克哈德在其著名代表作《意大利文艺复兴的文化》(*Die Kultur der Renaissance in Italien*)里的观点，也就是当时欧洲史学家对于这一文化历史时期研究的最新、也是最重要的成果，而这部著作的一个主要的观点，就是所谓的文艺复兴，实质上并不是要复古，而是要把古典文化加以改造，以适合自己的需求，因此，这一个时期的文化核心思想即在于创造，而作为这一文化运动的先驱，圣方济各无疑发挥了至关重要的作用，尽管他的影响有时是潜移默化的。同时，如上所述，除了布尔克哈德，黑塞也接受了另外一位德国历史学家的观点，那就是亨利·托德。在《阿西西的圣方济各的花环》一文中，黑塞这样写道：“关于造型艺术和方济各的关系，以及他对于后面几个世纪巨大的文化意义，亨利·托德著名的关于方济各的著作是现代艺术专著中最透彻和最重要的之一。”③法国当代学者雅克·勒高夫在其专著《阿西西的圣方济各》中也指出，亨利·托德的这部著作是划时代的，因为正是在这本书中他提出了这样的观点——“方济各的感受力和虔诚对艺术领域起到了决定性的作用，将西方艺术引向了现代主义的新道路。”④圣方济各对于文学和文化产生的深远影响的事实，也又一次证明了黑塞一直希望深入探究的内容——在文学和文化背后那些超越了时代和地域局限的东西究竟是什么？

关于黑塞对于阿西西的圣方济各的看法，弗里茨·瓦格纳做了这样的总结——在黑塞看来，阿西西的圣方济各“是一个梦想家和诗人，充满了对于美的创造的敬畏，是一位行吟诗人和神秘主义者，他与自身、世界和上帝和谐地生活在一起，是一个神圣的唯美主义者，因此他既是黑塞很容易找到认同感的、与他意气相投的人，又是他希望追求的理想。”⑤因为黑塞对于圣方济各的研究主要集中在了他创作生涯的早期，所以围绕着圣方济各的思考几乎覆盖了黑塞思想中所有重要的视角；同时，雅克·勒高夫关于圣方

① 可参看[意]安杰洛·塔尔图法里：《乔托》，王静译，西安：太白文艺出版社，2019年，7-14页，第154-156页。

② 《意大利文学史》，第32页。

③ *Der Blütenkranz des heiligen Franziskus von Assisi*. S. 204.

④ 《阿西西的圣方济各》，第96页。

⑤ *Franz von Assisi und Hermann Hesse*. S. 98.

济各历史价值的研究也从另一个侧面证明了黑塞独特的眼光和敏锐的洞察力。

2. 克里斯托弗·施伦普夫：冷静的激情

相比于圣方济各，对于中国读者来说，克里斯托弗·施伦普夫这个名字是比较陌生的，而在黑塞的评论中，这位神学家、哲学家、翻译家及《真理》(*Die Wahrheit*)杂志的编辑得到了足够的重视和赞赏。

1930年，为了祝贺施伦普夫七十岁华诞，斯图加特的 Fr. 弗罗曼出版社 (Fr. Frommanns Verlag) 计划出版一本纪念文集《痴迷于绝对之物》(*Im Banne des Unbedingten*)，黑塞为这部文集在 2 月写下了一篇长文《关于克里斯托弗·施伦普夫》(*Über Christoph Schrempf*)。

文章的开头，黑塞便回忆起了施伦普夫给尚处在青少年的他留下的最初印象——并不是因为他的著作，而是因为一件“丑闻”：一位名叫施伦普夫的牧师出于自身的良知，无法继续讲授路德派的问答手册，也无法按照基督教教会规定的形式给孩子们命名。这个“丑闻”给尚且年少的黑塞最深刻的印象便是，“无论如何，一个男人会因为他的信仰、更确切地说是因为他对信仰的怀疑而舍弃他的职位和饭碗”①，因为黑塞成长于一个虔诚的新教家庭，因此这件事自然会给他带来强烈的精神冲击，而且，由于黑塞天生的叛逆本性，在施伦普夫身上他甚至感到了“勇气和骄傲”②。

接着，黑塞便回忆起了他与施伦普夫本人的第一次交集。在离开教会之后，施伦普夫创办了一份名为《真理》的杂志，这份杂志给正在图宾根谋生的黑塞带来了很多的乐趣和启迪。于是，年轻的黑塞斗胆把自己的一篇文章寄给了杂志的编辑部希望发表，“这是我第一次尝试着将自己写的东西付梓，因此这件事对于我来说并非无足轻重”③，不久之后，黑塞收到了被退回的文章，虽然这让他多少感到不快，但却同时获得了对于施伦普夫的第一个鲜活的印象：“同时收到的还有施伦普夫的一封短信，此外，我的文章上面有他亲笔画出的横线、打上的⊗和其他符号，由此我便可以非常清楚地看到，我的文章被拒收是因为何故，文章的缺陷又在哪里。在我后来的全部人生经历中，再没有收到过哪位编者写来的如此详尽、如此不讲情面、但却如此负责任的信函。施伦普夫的批评并非针对语言的表达，而是针对我文章的逻辑和结构。”④

这是黑塞记忆中与施伦普夫本人的唯一一次来往，但即使从这段回忆中也可以看

---

① Hermann Hesse, Über Christoph Schrempf. In: *Sämtliche Werke in 20 Bänden. Band 19. Die Welt im Buch* Ⅳ. *Rezensionen und Aufsätze aus den Jahren* 1926-1934. *In Zusammenarbeit mit Heiner Hesse und Marco Schickling herausgegeben von Volker Michels. Erste Auflage* 2003. Frankfurt am Main: Suhrkamp 2003: 145-152; hier S. 146. 以下引用简称 *Über Christoph Schrempf*.

② *Über Christoph Schrempf*. S. 147.

③ *Über Christoph Schrempf*. S. 147.

④ *Über Christoph Schrempf*. S. 147f.

出，至少施伦普夫对待工作一丝不苟的一面令黑塞钦佩不已，而他们后来的“交往”则主要集中在了精神和思想的各种碰撞之中。

被黑塞提及的第一段经历便是阅读克尔凯郭尔的著作，这位丹麦哲学家著作全集的德语译本正是由赫尔曼·戈特舍德(Hermann Gottsched)和克里斯托弗·施伦普夫主编的，而且施伦普夫还参与翻译了前两卷即克尔凯郭尔的代表作《非此即彼》并撰写了后记，而也正是通过阅读“施伦普夫经典的翻译，阅读他为此撰写的导论”，“这位非同寻常而又了不起的施伦普夫再次……令我心驰神往”。①

与翻译的克尔凯郭尔的著作相比，更打动黑塞的莫过于施伦普夫自己的著述。在黑塞的阅读经历中，最令他感到激动万分的莫过于他在一些作品当中发现自己的想法被他人用相同或者类似的方式表达出来，从而得到了一种特殊形式的“证实”，而施伦普夫之所以能够带给黑塞如此强烈的共鸣和震撼，主要原因就在于他关于信仰问题的表述。黑塞在这里专门提到了施伦普夫的著作《马丁·路德——从基督教到人性的过渡》(*Martin Luther, aus dem Christlichen ins Menschliche übersetzt*)(1901年由Fr.弗罗曼出版社出版)，首先非常具有启发性的是黑塞在这里的一句话——“在此之前不久，我曾经尝试着将我的‘信仰’的原则表述出来。”②这容易让人想到他写于1931年的杂文《我的信仰》(*Mein Glaube*)开头的文字：“我不仅偶尔会在文章中表白自己的信仰，而且，在大约十几年前，我还尝试着将我的信仰在一本书中记录下来。这本书就是《悉达多》……”③也就是说，可以据此推断黑塞阅读施伦普夫这部著作的时间应该是在1920年至1921年前后。正是在这样的一个时间里，“虽然所做的笔记还没有完稿，但是关于人的发展的典型阶段、关于精神历史的独特的基本经历的一段已经写完，施伦普夫的阐述几乎每一句话都与我的笔记一致。”④如果事实果真如此的话，那么，施伦普夫的思想给黑塞所带来的强烈的心理冲击就可见一斑了，因为在小说《悉达多》中，人的发展及其在这个发展过程中人的精神和心理的变化正是黑塞希望探寻的内容，也就是他的信仰的原则。从一位他所敬佩的哲人那里得到这样的证实，对于创作中的黑塞的精神鼓舞是不可估量的。

正因为如此，黑塞才在接下来的段落中尝试着凭借记忆去阐述“被施伦普夫描述为路德‘信仰’的核心和他自身信仰的内容”⑤。这也足以证明施伦普夫的思想给黑塞带来的触动。他这样写道：

---

① *Über Christoph Schrempf.* S. 148.

② *Über Christoph Schrempf.* S. 149.

③ Hermann Hesse, Mein Glaube. In: *Sämtliche Werke in 20 Bänden. Band 12. Autobiographische Schriften* Ⅱ. *Selbstzeugnisse, Erinnerungen, Gedenkblätter und Rundbriefe. Herausgegeben von Volker Michels. Erste Auflage* 2003. Frankfurt am Main: Suhrkamp 2003: 130-134; hier S. 130. 以下引用简称 *Mein Glaube*。

④ *Über Christoph Schrempf.* S. 149.

⑤ *Über Christoph Schrempf.* S. 149.

> 这个信仰的核心内容是：在我身上或者由于我而发生的一切都是好的。即使会令我感到痛苦，它也是好的，即使它明显地与在风俗和法律中表述的善相悖，它也是好的。它之所以是好的，是因为我们的生命并不是我们的创造和财产，而是因为我们是被追求的目的。我们是那个高于我们理性的力量——生命和上帝所追求的目的。①

显然，这段表述的根本内涵就在于，一方面，承认一种高于人的理性的存在，另一方面，又极大地提升了人的生存的意义。当人处在这样一种生存状态中时，人便会意识到，人“无论如何都无法践行宗教和道德上的那些信条”②，于是，“谁认识到了……无法践行这些信条，从他的失败和绝望当中便诞生了信仰——我们不是在生存，而是我们是被追求的目的，留给我们的无非就是投身于这种非理性的生活当中。这就是路德‘用信仰做的自我辩解’，这也是施伦普夫自己的信仰”③。在阅读了施伦普夫关于马丁·路德的阐释之后，黑塞对于信仰的理解无疑得到了很大程度的加深。

然而，在黑塞看来，虽然都深深感受到了这种信仰的存在，但马丁·路德和施伦普夫的反应却是非常不同的——在路德那里，这种信仰“既没有被充分地表达，也没有被完美地践行”，而是造成了“一个了不起的、但却并不神圣也并不永恒的结果——建立一个新的教派取代旧的教派，公布新的戒律，提出新的信条”④。可见，黑塞对于信条这样的东西并不是非常看重，因为信条永远都是写给别人看的并且被用来约束人的行为，信条永远无法把人的精神带向一个更高的层次，因此，给黑塞极大触动的施伦普夫的所谓信仰并不是什么完整的信条，而是对人此时精神状态的描绘：“他在自己身上完完全全地感受到了人的虚妄，因为可以经历这样的虚妄的并不是随便什么人，而是一个超凡脱俗的人和头脑，所以，他的表白对于我们来说才是如此振聋发聩，最终又令人如沐春风。”⑤也就是说，施伦普夫更多地向读者展示了一种更高的精神境界，如上所述，这种信仰来源于对人生的不完美一面的认识，但它却可以帮助人从另一个视角赋予生命以意义。

显然，黑塞无意在这里更详细地复述施伦普夫的文字，但为了消除一些读者的误解，他还是决定再对这里的阐述做一些必要的解释。首先，他强调，这里所描述的“一切最终结果和思想都发生在……少数人的内心当中，也就是那些注定要承受特殊的苦难和变得异常成熟的人”⑥。这里，黑塞专门引用了施伦普夫的一句原话作为例子：“一切都是好的，我可以做也可以被允许做我总是喜欢的事情，结果也会是好的，

---

① *Über Christoph Schrempf*. S. 149.
② *Über Christoph Schrempf*. S. 150.
③ *Über Christoph Schrempf*. S. 150.
④ *Über Christoph Schrempf*. S. 150.
⑤ *Über Christoph Schrempf*. S. 150.
⑥ *Über Christoph Schrempf*. S. 151.

对此我并不负责。”①显然，这句话的内容和上面他对路德和施伦普夫信仰所概括的内容是一致的，可见这句话对于黑塞的触动之深，这种触动恰恰体现出了黑塞与施伦普夫精神境界的一致性。但黑塞认为，对于一些思想境界低下的人来说，同样的一句话就会被错误地解读为人可以随心所欲地为所欲为，因此，黑塞明确地指出，这里的善与恶“并不在道德的此岸，而是在道德的彼岸”②。也就是说，黑塞希望读者能够明白，施伦普夫的“信仰”既不是一种对于道德的亵渎也不是一种攻击。施伦普夫“只是极其含蓄和谨慎地表达”出了自己对于人生的感悟，他并不赞同这样的观点——“信仰是一个人可以从另一个人那里学习和接受的东西。”③

这里最具启发性的是，虽然施伦普夫和黑塞都认识到了信仰的不可言说性，但他们却试图通过自己的方式将其表达出来。由此，便可以从这一角度理解小说《悉达多》的内涵——人在清楚地分辨和经历了善与恶之后（认识达到了一定的高度、同时也给自身带来了精神痛苦之后）会去追求一个更高的精神状态，站在一个更高的视角上去看待世界。信仰会告诉人如何面对生活的困苦，如何把自己从困苦中解放出来，或者给人以安慰，信仰的力量高于记录下来的那些法律和信条，也就是要高于所谓信仰的内容本身。

也正是在出版了这部纪念文集之后，从1930年起，Fr. 弗罗曼出版社陆续出版了施伦普夫的著作全集，纵观黑塞的评论工作，如果某一位作者的全集陆续出版而黑塞几乎会在每一册出版后发表评价，那么这个作者一定非常受黑塞重视甚至喜爱。施伦普夫就是如此。如果说上面讨论的黑塞的长篇评论更多是针对施伦普夫的思想带给他的冲击和影响的话，那么，发表于1934年12月柏林《新评论》（*Neue Rundschau*）上一段文字则表达出了黑塞对于施伦普夫另外一面的欣赏。这段文字出自黑塞的文章《新书札记》（*Notizen zu neuen Büchern*），写作的动机是施伦普夫著作全集第九卷的出版，这一卷的标题是《探讨（三）——苏格拉底，尼采，保罗》（*Auseinandersetzungen. 3. Sokrates, Nietzsche, Paulus*）。在黑塞这段并不长的文字中，他所关注的首先并非施伦普夫对于这三位宗教和思想名人探讨的具体内容，而是施伦普夫在个人思想探索中的精神状态。黑塞这样写道：“施伦普夫在一生当中一而再再而三地感到有必要探讨曾经被他视为导师、视为权威的那些杰出人物的思想，如果说他曾经与路德、与保罗、与尼采、与克尔凯郭尔时常带着怒气展开过激烈的斗争并最终摆脱了他们的话，那么，有两颗明星却始终停留在他的天空上——耶稣和苏格拉底。”④

---

① *Über Christoph Schrempf.* S. 151.

② *Über Christoph Schrempf.* S. 151.

③ *Über Christoph Schrempf.* S. 152.

④ Hermann Hesse, Notizen zu neuen Büchern. In: *Sämtliche Werke in* 20 *Bänden. Band* 19. *Die Welt im Buch* Ⅳ. *Rezensionen und Aufsätze aus den Jahren* 1926-1934. *In Zusammenarbeit mit Heiner Hesse und Marco Schickling herausgegeben von Volker Michels. Erste Auflage* 2003. Frankfurt am Main: Suhrkamp 2003: 522-530; hier S. 529. 以下引用简称 *Notizen zu neuen Büchern.*

从施伦普夫对前人思想的探讨中，黑塞强烈地感受到了他在接受前人思想时的批判性，这里值得注意的是这既包括哲学家，也包括基督教历史上的极其重要的人物，更有启发性的是，耶稣并不是现实中的人物，为何施伦普夫会把他与古希腊的哲人苏格拉底相提并论呢？一方面，这又一次表明了施伦普夫与基督教的关系——“这个没有宗教信仰的前神学家，这个虔诚的非基督教徒喜爱冷静”①，鉴于上文提到的施伦普夫退出教会的事件，前半句还比较容易理解，但后面半句里就有互相矛盾的成分，也就是说，施伦普夫有着与宗教信仰一般的虔诚，这种精神状态黑塞应该非常了解。同时，宗教信仰往往是非理性的，但施伦普夫却表现得格外的冷静，一种冷静的虔诚，或许这才是耶稣对于他的意义。另一方面，黑塞又深深体会到了施伦普夫身上的热情：“但是，他却是知道激情为何物的，而且他也充满了激情，终其一生，他的身上都具有着寻求真理者那种躁动的好奇心，即使随着年龄的增长，这份好奇有所减弱。终其一生，即使保持着冷静，那些充满激情和狂热的人仍然吸引着他，也折磨着他。这一点连他自己也承认，他称其与尼采和保罗的关系是一种‘不幸的爱情’。”②表面上看来，这份激情与上述的冷静似乎是相互矛盾的，但它们却展现在了施伦普夫不同的精神层面上——假如没有“寻求真理者那种躁动的好奇心”，施伦普夫就不可能如此深入地去钻研那么多宗教和哲学思想；而假如他没有那份冷静的虔诚，他也就不会达到那种属于自己的才智高度。显然，黑塞如此评价施伦普夫，一定是心有戚戚焉，这样的一种冷静和激情的结合，是否就是黑塞追求的精神状态呢？

施伦普夫文集的出版仍在继续，黑塞的思考也在延续。如果说在上面这篇评论中黑塞没有更详细地解释为何施伦普夫称他与尼采和保罗的关系是一种不幸的爱情，那么，在发表于 1935 年 9 月斯德哥尔摩《伯尼尔文学杂志》(*Bonniers Litterära Magasin*)上的文章《德语新书(二)》(*Neue deutsche Bücher* Ⅱ)中，针对刚刚出版的全集第十卷和第十一卷，即《探讨(四)——克尔凯郭尔，第一部分》(*Auseinandersetzungen. 4. Kierkegaard. Teil* 1)和《探讨(四)——克尔凯郭尔，第二部分》(*Auseinandersetzungen. 4. Kierkegaard. Teil* 2)，黑塞显然又对施伦普夫有了更深刻的认识，这里的评论可以被视为上一篇的继续，因为黑塞明确地指出，施伦普夫探讨克尔凯郭尔思想的方式就是冷静与激情的结合——一方面，“他看似对他(指克尔凯郭尔)展开了固执的批判，毫不留情地探讨他的思想，彻头彻尾地将他所有的矛盾之处和犹豫不决都展现了出来”③；另一方面，他“却喜爱他，对于他复杂的著作充满了最严肃的专注，对于在他身上发现的

---

① *Notizen zu neuen Büchern*. S. 529.

② *Notizen zu neuen Büchern*. S. 529f.

③ Hermann Hesse，Neue deutsche Bücher Ⅱ. In：*Sämtliche Werke in 20 Bänden. Band 20. Die Welt im Buch* Ⅴ. *Rezensionen und Aufsätze aus den Jahren 1935-1962. Nachlese und Titelverzeichnis der Sämtlichen Werke. Herausgegeben von Volker Michels. Erste Auflage* 2005. Frankfurt am Main：Suhrkamp 2005：87-103；hier S. 97.

独特的伟大之处充满了尊敬”①。然而，仅仅是这样的方式自然是远远不够的，更重要的还是内容，无论是对于理解施伦普夫还是黑塞本人，他下面的这番评论都极具启发性：

> 克尔凯郭尔身上如此吸引他的东西，并不是他的辩证法、他的文学天赋，也不是他的“基督教”。即使是克尔凯郭尔的病理学他也并不十分感兴趣，甚至他还感到有些厌恶。那么，这个非同寻常的男人身上如此强烈地吸引他的，一定是更深层次的东西。令他感兴趣的是那最终的内容、那个终极的秘密——究竟凭借着何种力量、借助于何种信仰克尔凯郭尔才能够度过他那无比艰辛的一生！带着相同的问题，施伦普夫在充满激情的、有时令人心潮澎湃的著作中钻研路德、莱辛、苏格拉底和耶稣使徒保罗的思想、个性和生活，倾听他们的心声，带着一种冷静的激情，他执拗地探寻而又坚持己见，耐心但绝不卑躬屈膝。②

显然，黑塞在这里已经明确地指出了问题的关键，那就是施伦普夫希望探究的是信仰的力量，这也无疑正是黑塞希望探究的内容，所以他才称之为“终极的秘密”，因为这个秘密是很难用言语来概括的。无论如何，在追求信仰的过程中，执着的坚持非常重要，同时，这种追求又是没有止境的，因此它只能反映在一种精神境界当中。

3. 结　语

如上所述，阿西西的圣方济各和克里斯托弗·施伦普夫，这两位与基督教有着密切关系的人物在黑塞的思想和创作中扮演了非常重要的角色，两个人的知名度虽然不同，生平事迹也差异很大，但从黑塞对他们的评价中不难看出二者的共性——他们的言行和思想、他们的人格魅力，尤其是他们在各自信仰感召下对于个人理想的追求都为黑塞树立起了某种榜样和理想。特别是关于虔诚和信仰的问题，他们引发了黑塞长期而深入的思考，这无疑为理解黑塞作品广博而又深邃的思想提供了一个颇具启发性的视角。

参考文献

[1] Hesse, Hermann. *Franz von Assisi. Mit Fresken von Giotto und einem Essay von Fritz Wagner* [M]. Frankfurt am Main: Suhrkamp, 1988.

[2] Hesse, Hermann. *Sämtliche Werke in 20 Bänden. Band* 1. *Jugendschriften. Herausgegeben von Volker Michels* [M]. Frankfurt am Main: Suhrkamp, 2001.

① *Neue deutsche Bücher* Ⅱ. S. 97.

② *Neue deutsche Bücher* Ⅱ. S. 97f.

[3] Hesse, Hermann. *Sämtliche Werke in 20 Bänden. Band 2. Peter Camenzind. Unterm Rad. Gertrud. Herausgegeben von Volker Michels*[M]. Frankfurt am Main: Suhrkamp, 2001.

[4] Hesse, Hermann. *Sämtliche Werke in 20 Bänden. Band 12. Autobiographische Schriften Ⅱ. Selbstzeugnisse, Erinnerungen, Gedenkblätter und Rundbriefe. Herausgegeben von Volker Michels. Erste Auflage* 2003[M]. Frankfurt am Main: Suhrkamp, 2003.

[5] Hesse, Hermann. *Sämtliche Werke in 20 Bänden. Band 16. Die Welt im Buch* Ⅰ. *Rezensionen und Aufsätze aus den Jahren* 1900-1910 [M]. Frankfurt am Main: Suhrkamp, 2002.

[6] Hesse, Hermann. *Sämtliche Werke in 20 Bänden. Band 19. Die Welt im Buch* Ⅳ. *Rezensionen und Aufsätze aus den Jahren* 1926-1934. *In Zusammenarbeit mit Heiner Hesse und Marco Schickling herausgegeben von Volker Michels. Erste Auflage* 2003 [M]. Frankfurt am Main: Suhrkamp, 2003.

[7] Hesse, Hermann. *Sämtliche Werke in 20 Bänden. Band 20. Die Welt im Buch* Ⅴ. *Rezensionen und Aufsätze aus den Jahren* 1935-1962. *Nachlese und Titelverzeichnis der Sämtlichen Werke. Herausgegeben von Volker Michels. Erste Auflage* 2005 [M]. Frankfurt am Main: Suhrkamp, 2005.

[8] Freedman, Ralph Hesse, Hermann. *Autor der Krisis. Eine Biographie*[M]. Aus dem Amerikanischen übersetzt von Ursula Michels-Wenz. Frankfurt am Main: Suhrkamp, 1999.

[9] 王美秀，段琦，文庸、乐峰. 基督教史[M]. 南京：江苏人民出版社，2006.

[10] 张世华. 意大利文学史[M]. 上海：上海外语教育出版社，2013.

[11] 雅克·勒高夫. 阿西西的圣方济各[M]. 栾颖新，译. 北京：商务印书馆，2022.

[12] 安杰洛·塔尔图法里. 乔托[M]. 王静，译. 西安：太白文艺出版社，2019.

[13] 约翰内斯·弗里德. 中世纪历史与文化[M]. 李文丹，谢娟，译. 北京：九州出版社，2020.

教育剧《措施》中的戏剧创新与中国元素

华中科技大学　谭　渊

摘要： 布莱希特从1926年开始接受马克思主义，深受马克思列宁主义的影响，并尝试对传统戏剧进行改造。在布莱希特看来，文艺可以改变社会生活方式，他强调观众应该从教育剧中学习，并创作了《巴登教育剧》《说是的人·说不的人》《措施》等作品。教育剧《措施》以中国革命为时代背景，以"剧中剧"和审案戏形式展开，描写了共产国际的四个宣传员到中国从事革命活动，并处决一名冒进的年轻同志以挽救革命斗争的经过。该剧不仅展现了布莱希特钻研马克思列宁主义著作的成果，也体现了他在戏剧领域的探索。同时，该剧在内容和思想上也与中国有着紧密联系。

关键词： 布莱希特；《措施》；教育剧；道家思想

布莱希特(Bertolt Brecht)从1926年开始研究马克思主义，逐渐意识到要对传统戏剧形式进行大胆的革新，从而更好地揭露资本主义社会的矛盾。当时，德国共产党为了发动群众的力量，结合当时的斗争形势组织上演了多个革命剧目，这令布莱希特大受启发，由此提出了"教育剧"的概念。同时，他大胆地将音乐舞台剧的元素融入戏剧创作，其成名作就是他和音乐家库尔特·魏尔(Kurt Weill)共同创作的《三角钱歌剧》(*Die Dreigroschenoper*)，该剧辛辣地揭露了资本主义社会警匪一家、金钱主宰一切的丑恶现实，剧中精彩的插曲不胫而走，在德国脍炙人口，使该剧成为20世纪德国舞台上最为成功的音乐剧。布莱希特在1930年至1931年期间创作的教育剧《措施》(*Die Maßnahme*)则是一部深刻反映当时社会政治背景以及他个人政治、革命立场的杰出戏剧作品。这部作品不仅凸显了布莱希特对政治和社会问题的敏锐洞察，也体现了他在戏剧创作上的独特风格和艺术追求。该剧的音乐由汉斯·艾斯勒(Hans Eisler)创作，于1930年12月13至14日在柏林首次上演，被认为是布莱希特早期代表作之一，不仅展现了他钻研马克思列宁主义的成果，也体现了他在戏剧领域的大胆探索。

《措施》一剧采取了倒叙的手法。在全剧的开头，共产国际的四个宣传员在中国完成任务之后回到莫斯科汇报工作。当他们获得组织的高度肯定时，他们却主动汇报了一个情况：在执行任务的过程中，为了获得最终的胜利，他们处决了一位年轻的同志。他们请求党组织对此作出裁决。党组织负责人让四个宣传员重现一下当时的场景。于是，舞台上便出现了布莱希特最为经典的"剧中剧"形式：四个宣传员轮流扮演角色，向组织重演了他们从认识到处决那位年轻同志的过程。通过他们的讲述，观众们得知：四个宣传员是被莫斯科派往中国，去教育和帮助组织中国工人，在他们中间宣传革命理论、建立党的基层组织。在越过中苏边界前，他们通过当地党组织找到了一位年轻同志作为向导。而为了不暴露身份，成为敌对势力发动武装进攻的借口，四个宣传员和年轻的同志根据组织要求装扮成了中国人，并被要求对任务绝对保密。但在抵达中国城市奉天后，年轻同志目睹苦力遭受压迫，立刻挺身鼓动苦力与监工进行斗争，但由于考虑不周，他很快就险些暴露，连累整个宣传队不得不东躲西藏。而后，他又由于不能冷静地与富商进行周旋，导致工人组织未能如愿获得武器。接着，年轻同志又在散发传单时被警察发现，由于他与警察发生冲突，导致枪支走火，结果暴露了自己的身份，无法再正常开展工作。当其他宣传员希望年轻同志冷静下来，不要鼓动工人贸然进攻兵营时，他彻底爆发，撕毁了自己的面具，大声吼叫，导致了整个地下工作的暴露。在革命活动面临失败之际，四位宣传员最终判决年轻同志死刑，并将他的尸体丢入石灰坑，避免了革命的更大损失。在他们重演了事情的整个过程后，党组织也作出裁决，肯定了他们的做法。

教育剧《措施》与后来发表的《高加索灰阑记》有诸多相似之处：两剧都以“剧中剧”的形式进行演绎，并都出现了审案的形式。在全剧开头，获得赞扬的宣传员出人意料地主动上报了一个事件：一位年轻的同志被他们处死。监察机关自然要询问原因，但他们不是马上就事件背后的是非曲直进行争辩，而是由宣传员“演示”事情的全过程，并请求监察机关与台下观众在观看后作出裁决。这正是布莱希特所追求的“离间效果”，即让观众以客观的角度来看待事件的进程，而不是被带入到剧情当中，从而作出冷静的思考和客观的判断。而监察机关的裁决或者说法庭审理并不是全剧的核心，布莱希特更多的是想以此来引发观众的思考，力图唤醒观众的理性思维，使之产生更为深入的思考，这也是教育剧的精髓所在①。

德国学者克劳斯·弗尔克尔(Kaus Völker)曾指出，布莱希特的“全部教育剧是他学习阶段的产物。他对这些作品的不断修改表明了他研究马克思主义经典著作的方式方法。他的教育剧……是努力学习马克思主义进行自我认识的产物”②。从内容上来看，《措施》是一部革命戏剧，尤其关注了中国革命形势的发展，并通过“年轻同志”这一形象呈现了列宁所批判的“左派幼稚病”给革命带来的危害。这体现了布莱希特对马列主义的钻研、对阶级斗争的关注和对中国革命的思考。有国内研究者指出，该剧折射出了布莱希特的政治观和世界观，即个体是社会的一部分，个体的价值只有在社会中才能得

---

① 何玉蔚：《试析布莱希特戏剧中法庭场面成因》，载《法制与社会》，2013年5月。

② 克劳斯·弗尔克尔：《布莱希特传》，李健鸣译，北京，中国戏剧出版社，1986年，第200页。

以彰显。① 剧中的宣传员与年轻同志之间的最后对话以及监察部的总结无疑都支持了这种观点。剧中的宣传员们指出："情况迫在眉睫，我们别无出路。"因此他们决定：

"壮士断腕。
杀戮诚然可怕，
但并非只针对他人。
倘若事不得已，牺牲自我也在所不惜。
因为每个活着的人都知道，
实则唯有使用暴力
才能改变这个沉沉死去的世界。
我们得说，我们还没有骄狂到放弃杀戮。
怀着不屈的意志去改变世界
正是这唯一的理由推动我们采取
断然措施。"

而监察部(合唱队)随即表示赞成：

"我们深有同感，
对你们而言
做出正确抉择绝非易事。
判决他的不是你们，
而是现实。"

布莱希特在此传达的观点非常明确：当个人意愿与集体利益发生冲突时，应该牺牲小我、为集体而献身，以保全革命的最大利益。而年轻的同志虽然充满革命的热情，对被压迫的劳动者富有同情心，但却因急切地想要改变局面而违反了党的纪律，暴露了自己的身份。这才迫使宣传员们从大局出发，决定处死年轻的同志。这体现了革命的组织纪律性和个人服从集体、局部服从整体利益的原则。这是这部教育剧的核心出发点，也是布莱希特研究马克思列宁主义经典著作的成果②。

在表演方面，布莱希特在《措施》中运用了独特的"史诗剧"叙事手法。该剧所采用的"剧中剧"形式打破了传统戏剧的叙事方式和表现手法，通过双层的叙事结构、多视角的展现以及角色的多重扮演，打破了戏剧舞台与观众之间的所谓"第四堵墙"，使得

① 王蓉：《〈措施〉与布莱希特的教育剧》，载《现代交际》，第76-77页。
② 邹元江：《布莱希特史诗教育剧与马克思主义》，《马克思主义美学研究》，2002年第1期。

故事具有了更强的开放性和冲击力，使得剧本在内涵上更加丰富和深刻，同时也是对“陌生化”理论的精彩呈现。而剧中人物“开门见山”式的自报家门则体现了中国传统舞台戏剧对布莱希特的影响，这一影响在他后来创作的《四川好人》等戏剧中都同样可以看到。而与中国传统戏剧相似的还有：剧中不仅有对话形式，还有大段大段的歌曲和合唱，不但丰富了舞台表演，也渲染了人物的情感，使舞台形象更加丰满。尤其是合唱团在该剧中以监察部的身份出现，他们一方面根据剧情阐发议论，推动了观众的思考，另一方面有力地烘托了剧中的悲壮气氛，促进了情感的迸发。如剧中的《地下活动赞歌》就颇有“风萧萧兮易水寒，壮士一去兮不复还”的悲壮感：

“……去打倒压迫者，解放被压迫的人民，
每日每夜的烦琐工作艰难而有成效。
在老板们的枪口前，
秘密织就了党的致密网络：
交谈，
但交谈者无迹可循；
胜利，
但胜利者潜形隐迹；
牺牲，
但牺牲者无影无踪。
谁不会为荣耀而努力？
但谁会为默默无闻付出一切？”

值得一提的是，此处的“交谈，/但交谈者无迹可循；/胜利，/但胜利者潜形隐迹；/牺牲，/但牺牲者无影无踪”颇具中国道家思想的韵味。《道德经》中说“善行者无辙迹”，司马迁在《史记·老子韩非列传》中也指出道家追求“自隐无名”。此处“潜形隐迹”“无影无踪”的“胜利者”和“牺牲者”也正是如此不留痕迹。只有最后完成任务、获得胜利的“那一刻”，大家才看到“无名战士戴着面具/走出行列”向党组织汇报工作，并得到了组织的肯定。这也使得革命者的形象更加高大，让观众体会到这些地下工作者的伟大。

综上所述，布莱希特的教育剧《措施》是一部具有深刻内涵和独特艺术风格的优秀作品，它不仅展示了布莱希特对于无产阶级革命和社会问题的敏锐洞察和深刻思考，也体现了他在戏剧创作上的独特才华和创新精神。从艺术价值来看，《措施》无疑是布莱希特戏剧创作中的一部重要作品，它展示了布莱希特在戏剧创作上的才华和创新能力，也体现了他在艺术创作中对于政治和社会问题的关注和思考，对于理解布莱希特的戏剧观念和创作风格具有重要意义，同时也对于理解当时的社会政治背景和文化环境具有重要价值。

参考文献

[1] Brecht, Bertolt. *Werke. Große kommentierte Berliner und Frankfurter Ausgabe* [M]. Hg. von Werner Hecht u. a., Berlin / Weimar / Frankfurt a. M.: Suhrkamp, 1988-1997. (=GBA)

[2] 克劳斯·弗尔克尔. 布莱希特传[M]. 李健鸣, 译. 北京: 中国戏剧出版社, 1986.

[3] 何玉蔚. 试析布莱希特戏剧中法庭场面成因[J]. 法制与社会, 2013(5).

[4] 王蓉.《措施》与布莱希特的教育剧[J]. 现代交际, 2014(2).

措施(汉译)

[德]贝尔托特·布莱希特　S. 杜多夫　H. 艾斯勒　著
华中科技大学　谭　渊　译①

出场人物

四个宣传员，他们轮流扮演：年轻的同志、党支部领导、两个苦力、监工、两个纺织工人、警察、商人、监察部(合唱队)

监察部合唱队： 出列！你们的工作完成得很好，革命工作在这个国家开展得如火如荼，革命者的队伍也井然有序。我们非常认可你们。

四个宣传员： 等等，我们还有件事情不得不说！我们要上报一位同志的死亡。

监察部合唱队： 谁把他杀了？

四个宣传员： 我们杀了他。我们将他枪毙后扔进了一个石灰坑。

监察部合唱队： 他做了什么，以至于你们要枪毙他？

四个宣传员： 大多数时候，他所做的都是正确的，也犯过几次错，但最后他危及到了整个运动。他想要做正确的事情，但却做了错事。我们希望你们能作出裁决。

监察部合唱队： 你们描述一下事情是如何发生的，原因何在，而后你们会听到我们的裁决。

四个宣传员： 我们将会听从你们的裁决。

1
经典理论

四个宣传员： 我们是来自莫斯科的宣传员，要去奉天开展宣传活动，支持中国共产党在工厂开展工作。我们应到最靠近国境线的党支部去报到，并找一

① 根据 GBA3 第 99-131 页译出。《措施》有 1930 年和 1931 年的两个版本，译者根据 1931 年版译出。

位向导。一位年轻的同志在接待室接待了我们，和我们讨论了任务的性质。我们来再现一下这次谈话。

（四人中的一人扮演那位年轻同志，与其他三人相对而立）

年轻同志： 我在最靠近边境的党支部里担任秘书。我的心脏为革命而跳动。人间的不公促使我加入了战斗者的行列。一个人必须帮助其他人。我要为自由而战，我相信人类的明天。我要执行共产党的各项措施，为反抗剥削、反抗愚昧、缔造一个没有阶级的新社会而斗争。

三个宣传员： 我们从莫斯科来。

年轻同志： 我们正在等你们。

三个宣传员： 为什么？

年轻同志： 我们正举步维艰。在局势动荡、物资匮乏的情况下，我们缺衣少食，却偏逢多事之秋。很多人空有热血，但却几乎是目不识丁。就算是那寥寥几台机器，也根本没人懂得使用，连我们的火车头都散架了。你们带火车头来了吗？

三个宣传员： 没有。

年轻同志： 那你们有拖拉机吗？

三个宣传员： 没有。

年轻同志： 我们的农民们还在靠人力来拉动老旧的木犁。而且我们也根本就没有能拿来播种的东西。你们带种子来了吗？

三个宣传员： 没有。

年轻同志： 那你们至少带了机关枪和弹药吧？

三个宣传员： 没有。

年轻同志： 我们必须团结一致捍卫革命。那你们肯定带来了中央给我们的信，指示我们该如何行动吧？

三个宣传员： 没有。

年轻同志： 那你们是想亲自来帮助我们吧？

三个宣传员： 不。

年轻同志： 我们日夜坚守岗位，抵抗着饥饿、崩溃和反革命的连番冲击。你们却什么都没有带给我们。

三个宣传员： 的确如此，我们什么都没有带给你们。但是我们要跨过边境，到奉天去，给那里的中国工人带去经典的宣传读本——《共产主义 ABC》；教导蒙昧者认清他们的处境，唤醒受压迫者的阶级意识，向已有阶级觉悟者传授革命经验。我们迫切需要你们提供一辆汽车和一个向导。

年轻同志： 我提的问题是不是很差劲？

三个宣传员：　不是的。一个好问题必定伴随着一个更好的答案。我们理解，组织上对你们要求已经极高了，然而我们还是要提出更高的要求：你们两人中必须要有一个带我们去奉天。

年轻同志：　我就这样告别了我的工作岗位。原本两个人干这活儿都还左支右绌，现在却只能将就着让一个人来独挑大梁。我要和你们一起出发。义无反顾地向前迈进，去传播共产主义的经典理论——世界革命。

监察部(合唱)：

《苏维埃社会主义共和国联盟赞歌》

世界早就在大谈我们的不幸。
但全世界的受压迫者
却依然在我们简陋的桌旁
将微不足道的希望寄托。
清晰的声音回响
在摇摇欲坠的门后，
把知识传授给宾客。
就算门户崩坏
也只见我们依然端坐。
无惧风霜与饥饿，
只为这世界的命运
永不疲倦地发出忠告。

四个宣传员：　就这样，那个来自边境党支部的年轻同志同意了我们的工作方案。我们四男一女一起来到了党支部的负责人面前。

2
乔　装

四个宣传员：　但我们在奉天开展的是地下工作，为此我们必须在跨过国境前乔装改扮。年轻的同志也对此表示赞成。我们来重现一下事情的经过。

（其中一个宣传员扮演党支部的负责人）

党支部负责人：　我在最靠近边境的党支部担任负责人。我同意让我单位的这位同志作为向导跟你们一起出发。但是奉天那边的工厂发生了骚乱。这些天来，全世界都在盯着这座城市，想看看中国工人的小木屋里会不会钻出一个我们的人来，我听说，炮艇在河道中虎视眈眈，装甲列车在铁路上严阵以待，一旦发现我们的人，就会立刻发起攻击。因此我安排这位同志乔装成中国人越过国境。
（转向宣传员）你们绝不能暴露了。

两个宣传员： 绝不能暴露。

党支部负责人： 即使出现伤亡，也绝不能被发现。

两个宣传员： 绝不能被发现。

党支部负责人： 那你们准备好作出牺牲并且隐藏好遗体了吗？

两个宣传员： 准备好了！

党支部负责人： 现在你们不再是你们自己了，你不再是来自柏林的卡尔·施米特，你不再是来自喀山的安娜·科尔斯基，你不再是来自莫斯科的彼得·萨维奇。你们所有人都是无名氏，没爹没娘，仅仅是一叠白纸，上面只有你们要执行的革命指示。

两个宣传员： 是！

党支部负责人： （把面具给他们，他们戴上面具）那么从这一刻开始你们不再是无名氏；从这一刻起，也许直到你们消失的那一刻，你们是寂寂无名的工人、战士、土生土长的中国人，生下来就是黄皮肤，无论睡觉还是发烧梦魇时都只会说中国话。

两个宣传员： 是！

党支部负责人： 这是为了共产主义事业，为了让全世界无产阶级群众携手向前，也就是说为了世界革命。

两个宣传员： 是！于是那位年轻的同志也同意乔装改扮起来。

党支部负责人：

为共产主义而战斗的人，
必须善于战斗而又不去战斗，
传达真理而又不用说出真理，
做出功绩而又拒绝功绩；
坚守承诺而又无须承诺，
不避风险而又免遭风险，
声名远扬而又无人能识。
那些为了共产主义事业战斗的人，
面前纵有千万条道理他也只认准一条：
为共产主义而战斗。

四个宣传员： 我们四男一女就这样化装成中国人前往奉天开展宣传，我们给中国共产党带去了经典的宣传读本《共产主义 ABC》，教导蒙昧者认清他们的处境，唤醒受压迫者的阶级意识，向已有阶级觉悟者传授革命斗争的经验。

合唱团：

《地下活动赞歌》

在阶级斗争中，你要大声疾呼，
用响亮的声音号召群众开展战斗，
去打倒压迫者，解放被压迫的人民，
每日每夜的烦琐工作艰难而有成效。
在老板们的枪口前，
秘密织就了党的致密网络：
交谈，
但交谈者无迹可循；
胜利，
但胜利者潜形隐迹；
牺牲，
但牺牲者无影无踪。
谁不会为荣耀而努力？
但谁会为默默无闻付出一切？
然而穷人备感荣耀地将他请向餐桌，
狭窄破败的屋舍中
势不可挡地孕育出伟大。
“荣耀”徒劳地追问
完成这一切的人完成了哪些伟业？
只有那一刻，
无名战士戴着面具
走出行列
接受了我们的谢意！

四个宣传员： 在奉天，我们在工人中进行宣传。我们没有给饥饿者带去面包，只是给蒙昧者带去知识，将贫困的根源揭露，我们不是去将贫困消灭，而是要告诉他们如何将贫困的根源消灭。

3
墓　碑

四个宣传员： 我们首先潜入了城市。河岸边的苦力们正在用纤绳拖拽着一艘船。但是地面很滑。这时，一个苦力滑倒，监工上前踢打，我们便对年轻同志说：跟上他们，去开展宣传鼓动。告诉他们，你在天津看见纤夫都穿着鞋底带有木板的防滑鞋。试着让他们也去争取这种鞋子。但不要陷入同情心里。我们问：你同意吗，他表示同意并匆匆走了过去，但他立刻就陷入同情中。我们来演示一下。

（两个宣传员扮演苦力，他们把缆绳的一头拴在台柱上，另一头背在肩上拉拽着。一个宣传员扮演年轻同志，另一个扮演监工）

监工： 我是一名监工。今晚之前我必须把稻米运进奉天城。
两名苦力： 我们是苦力，拉拽着运送稻米的驳船逆流而上。
苦力们：

《米船纤夫之歌》

要到达上游的那座城市，
我们才能勉强有口饭吃。
但沉重的驳船要逆流而上；
眼前却是奔涌而下的河水，
我们无论如何都难以前行。
快快地拉啊，
一张张嘴正嗷嗷待哺，
整齐地拉啊，
别撞到身旁工友。

年轻同志： 信言不美，工人们正是用它来掩盖工作之苦。
监工： 快点拉！
苦力们：

夜晚即将来临。
仓库还没有狗影子大，
却要花去你半口粮食。
河岸太光滑了，
我们在这旮旮寸步难行。
快快拉啊，
一张张嘴正嗷嗷待哺，
整齐地拉啊，
别撞到身旁工友。

一个苦力：　(滑倒)我干不下去了。

苦力们：

(他们停下来，忍受着鞭打，直到跌倒的人重新站了起来)

我们拉纤已非一日，
纤绳嵌入了肩膀，
监工的鞭子已落在四代人身上，
我们也不会是最后一代。
快快拉啊，
一张张嘴正嗷嗷待哺，
整齐地拉啊，
别撞到身旁工友。

年轻同志：　要毫无同情心地看着这些工人实在是太困难了。

(对着看守)地面太滑了，你没看到吗？

监工：　地面怎么啦？

年轻同志：　太滑了！

监工：　什么？你是不是想说河岸太滑了，纤夫根本就没法把装满大米的驳船拉上去？

年轻同志：　是的。

监工：　那你觉得奉天城不需要大米吗？

年轻同志：　人摔倒时是没法拉纤绳的。

监工：　那我应该把从这里到奉天城的每一步路都铺上石头吗？

年轻同志：　我不知道你该做什么，但我知道他们该做什么。不要以为，两千年来没有发生过的事情就永远不会发生。我曾经在天津看到纤夫们穿着一种木底的防滑鞋。那是他们团结一心争取来的。你们也要团结一心去争取那样的鞋子！

苦力们：　没有那样的鞋子，我们根本就没法继续拉这条船了。

监工：　但今天晚上大米必须要运到城里。

(他鞭打苦力们，苦力们拖船)

苦力们：

我们的父辈
从河口起拉着纤绳上行，
我们的子孙

最终将会到达河流源头，
我们如今正在两者之间。
快快拉啊，
一张张嘴正嗷嗷待哺，
整齐地拉啊，
别撞到身旁工友。
（苦力再一次摔倒了）

苦力： 帮帮我！

年轻同志： 你还是不是人？我在这儿捡起一块石头，把它填进淤泥里。（对苦力说）现在踩着走！

监工： 对啊。天津那些鞋子能给我们帮什么忙？我倒是更愿意让你们这位富有同情心的伙伴拿着块石头一路同行，谁要是滑倒，就在谁脚底下垫一块。

苦力们：

船里装满稻米。
栽种的农民只得到一把铜子，
我们能拿到的就更微不足道。
耕牛变得越来越贵，
我们却越多越不值钱。

（一个苦力跌倒了，年轻的同志给他垫了一块石头，苦力又重新站起来）

苦力们：

快快拉啊，
一张张嘴正嗷嗷待哺，
整齐地拉啊，
别撞到身旁工友。
等大米运到城里，
孩子们就会问，
是谁把这么重的船拖来？
回答是：他被拖走了。

（一个苦力跌倒了，年轻的同志给他垫了一块石头，苦力又重新站起来）

苦力们：

快快拉啊，
一张张嘴正嗷嗷待哺，
整齐地拉啊，
别撞到身旁工友。
下游的食物
被运到上游的食客那里。
那些拖船的人
却一口也吃不上。

（一个苦力跌倒了，年轻的同志给他垫了一块石头，苦力又重新站起来）

年轻同志：　我坚持不下去了。你们得去争取另一种鞋。
一个苦力：　这是个傻瓜，给大家逗乐子的。
监工：　不，这家伙是来煽动我们的人闹事的。快，抓住他！
四个宣传员：　他立刻就被抓住了，潜逃了两天后才又和我们碰头。和他在一起，我们也在奉天城里被追捕了一周，根本就没法再在贫民居住的城区露面。

讨　论

监察部合唱队：

但帮助弱者不对吗？
无论在哪里，都应对受剥削者伸出援手，
当他们每日辛苦劳作
遭受压迫的时候！

四个宣传员：　他没有帮到他们，但却阻碍了我们在贫民区的宣传活动。
监察部合唱队：我们认同这一点。
四个宣传员：　年轻的同志认识到他应该将情感与理智区分开来。我们安慰了他，那是列宁同志的话：
监察部合唱队：“聪明人不是不犯错误，而是犯了错误之后懂得迅速改正。”

4

正　义

四个宣传员：　我们在工厂里建立了第一批基层组织，培训了第一批干部，建立了一所党校，教导他们秘密印刷“禁书”。然后我们到纺织厂开展工作，在遭遇降薪时组织一部分工人进行了罢工。但由于其他工人还在工作，这次罢工面临失败的风险。我们告诉年轻同志：站到工厂门口去散发传单。我们来再现这段对话。

三个宣传员： 在发动纤夫时你没能成功。

年轻同志： 是的。

三个宣传员： 你汲取教训了吧？

年轻同志： 是的。

三个宣传员： 你在罢工这件事上能有更好的表现吗？

年轻同志： 是的。

（两个宣传员扮成纺织工人，另一个扮成警察）

两个织工： 我们是纺织厂里的织工。

警察： 我是一名警察，要从有钱有势的人那里挣到我的面包钱，我就得去收拾那些发泄不满的家伙。

合唱队：

勇敢向前啊，同志！一文不名的人
不用害怕失去一分钱，
不用害怕失去漏雨的蜗居，
不用害怕明天反正会丢掉的工作！
上街去！战斗吧！
现在还有什么可以左顾右盼的！
帮助我们，就是帮助你自己：让我们团结起来！

年轻同志： 你根本就是一无所有，同志！那你还有什么不能奉献出来的！

合唱队：

挺身而出啊，同志，迎着枪口，
在你的工钱上绝不让步！
当你知道你再没有什么可以失去时，
就算是警察的枪林弹雨又能奈你何！
走，上街去！去战斗吧！
现在还有什么可以左顾右盼的！
帮助我们，就是帮助你自己：让我们团结起来！

两个织工： 下班后我们就往家走，我们的工钱减少了，我们不知道该怎么办，只能继续工作。

年轻同志(将传单塞进一个织工手中，另一个则无动于衷地站在一旁)：看一看，再传给别人。当你读完它时，你就知道你该做什么了。

(织工甲接过传单继续向前走去。)

警察(从织工甲手里夺走传单)：是谁给了你这份传单？

织工甲：我不知道，有人在擦肩而过时塞给我的。

警察(走向织工乙)：是你给了他这张传单。我们警察正在找发这些传单的人。

织工乙：我可什么传单都没发过。

年轻同志：教育蒙昧的人认清他们的境遇是一种罪行吗？

警察(对织工乙)：你们的教育导致了可怕的后果。要是这样一个工厂的人都接受了你们的教育，他们就再也不会把真正的老板当回事了。这份小小的传单比十门大炮都还要危险。

年轻同志：这上面写了什么？

警察：我不知道。(对着织工乙说)里面写的是什么？

织工乙：我没见过这份传单，更没有散发过。

年轻同志：我知道，他什么也没干过。

警察(对着年轻的同志)：是你把这张传单给他的吗？

年轻同志：不是。

警察(对织工乙说)：那么就是你给了他传单。

年轻同志(对织工甲说)：他会有什么事吗？

织工甲：他可能会被枪毙。

年轻同志：警官，你为什么要枪毙他？你不也是无产阶级出身吗？

警察(对织工乙说)：你给我过来。(敲打他的脑袋)

年轻同志(阻止他)：那不是他干的。

警察：那么就是你干的啰！

织工乙：不是他！

警察：那么就是你们两个一起干的。

织工甲：快跑！伙计，快跑！你那个袋子里还装满了传单呢。

(警察把织工乙打倒在地。)

年轻同志(手指警察，对织工甲说)：他现在把一个无辜的人打死了，你要作证啊。

织工甲(攻击警察)：你这个走狗。

(警察拔出手枪，年轻的同志从后面扼住了警察的脖子，织工甲把他的胳膊慢慢拧向背后。枪走了火，警察失去了抵抗力)

年轻同志(大叫)：帮帮我，同志们！帮帮我！这个无辜的人快死了！

织工乙(站起来走到织工甲前面)：我们现在打倒了一个警察，上午不能再去工厂了。(转向年轻同志)这是你造成的。

年轻同志：你们如果去工厂的话，那就是背叛你们的工友。

织工乙：我有老婆和三个孩子，当你们出去罢工时，老板就会给我们涨工钱。你看，我拿到了双份的工钱。（拿出钱）

年轻同志（打掉对方手上的钱）：你们应该感到羞愧，你们这些走狗！

（织工甲冲上去掐他的脖子，织工乙忙着捡钱。年轻的同志用警棍把对方打倒在地）

织工乙（大喊）：救命啊！这里有个搞宣传的！

四个宣传员：于是，工人们从厂里一涌而出，把罢工者的队伍也冲散了。

讨　论

监察部合唱队：那位年轻同志原本应该怎么做呢？

四个宣传员：他本应该告诉苦力们，只要厂里的其他工人和他们团结起来对抗警察，他们就可以达到在警察面前捍卫自己利益的目标。因为警察所做的是一件不公正的事情。

监察部合唱队：我们明白了。

5
人究竟是什么？

四个宣传员：我们每天在与旧式帮派、绝望和屈服作斗争；我们教导劳动者将争取工资的斗争转变成夺取权力的斗争。教导他们使用武器以及开展街头斗争的正确方式。后来我们听说商人因关税问题和统治这座城市的英国人起了争端。为了将这场统治阶级内部的斗争导向有利于被统治者的方向，我们派遣年轻同志带着一封信去见商人中的首富。信上写道：把苦力们武装起来！我们对年轻同志说：你须举止得当，以便得到武器。但是当饭菜端上桌时，他沉不住气了。我们来演示一下。

（一个宣传员装扮成商人）

商人：我是一名商人。我在等候一封来自苦力联合会的信件，内容涉及开展联合行动以共同抗击英国人。

年轻同志：这是苦力联合会的信。

商人：我邀请你和我一起进餐。

年轻同志：能和您一起吃饭，对我来说真是莫大的荣幸。

商人：在准备饭菜期间，我想和您谈谈我对于苦力的看法。请坐。

年轻同志：我对您的看法很感兴趣。

商人：为什么我得到的所有东西都要比其他人便宜？为什么苦力们几乎无偿地

为我劳动？

年轻同志：　我不知道。

商人：　因为我是一个聪明人。你们也是聪明人，因为你们知道得如何从苦力那里要来薪水。

年轻同志：　我们知道。那么，您会将苦力武装起来去对抗英国人吗？

商人：　也许吧，也许吧。我知道应该怎样对待一个苦力。你给苦力的口粮应该不多不少，让他刚好不至于饿死，否则他就不会为你工作了。是这样吧？

年轻同志：　是的，是这样的。

商人：　但是我要说：不对，如果苦力比粮食还要廉价，我就干脆换一个新的苦力。这是不是更正确？

年轻同志：　是的，这更正确。——顺便问一下，您什么时候给下面的城区送去第一批武器？

商人：　很快，很快。你一定要看看，那些为我搬运皮革的苦力们是如何在食堂里向我购买米饭的。

年轻同志：　我一定要好好看看。

商人：　你怎么看？我为劳力付出了不少吧？

年轻同志：　不，你的米饭很贵。劳力都是好劳力，可您的米饭并不是什么好米饭。

商人：　你们是聪明人。

年轻同志：　您什么时候会将苦力武装起来去对抗英国人？

商人：　饭后我们可以去参观下武器库。现在我给你唱首我这行的歌。

《商品之歌》

水稻长在河流下游，
上游人靠大米生活。
我们若将大米囤积，
米价就会日益高企，
拖曳米船那班纤夫
所得只比从前更少。
对我来说，米只会更加廉价。
大米究竟是为何物？
我可知，大米究竟为何？
我只知，谁将答案知晓！
我不知，大米究竟为何，
我只知道大米的价格。

寒冬来临，人们便需衣衫，
此时须将棉花采购。
棉花却是供不应求，
寒冬来临，衣价便会高企，
棉纺厂支付了太多的薪水。
棉花顿时就供过于求。
棉花究竟是为何物？
我可知，棉花究竟为何？
我只知，谁将答案知晓！
我不知，棉花究竟为何，
我只知道棉花的价格。

若是人需要太多吃食，
人的价格便日益高企。
要获得食物，人便必不可少。
厨师使吃饭变得便宜，
但食客使它变得昂贵。
人只是实在太少。
人究竟是为何物？
我可知，人究竟是什么？
我可知，谁将答案知晓！
我不知，人究竟是什么。
我只知道人的价格。

（对年轻同志）现在让我们来享用我的上好大米吧。

年轻同志（站起身来）：我无法与您一起进餐。

四个宣传员： 他说到做到，没有笑脸也没有威胁能使他与一个被他蔑视的人一起进餐，而后商人把他赶了出去，苦力们也没有被武装起来。

讨　论

监察部合唱队： 但是，难道将尊严放在第一位有错吗？

四个宣传员： 正是如此。

监察部合唱队：

《去改变这个世界，它需要改变》

为了匡扶正义，
正直之人与谁不能同坐一席？
垂垂将死之躯
难道还会嫌弃哪副药剂太苦？
只要根除卑贱，
何来卑贱之事让你矜持却步？
若能最终改变世界，
你又岂惜区区贱躯？
你是谁？
莫怕含垢忍辱，
何惧与狼共舞，
去改变这个世界：它需要改变！
我们这半天都没有
作为裁判者来听你们说话，
反倒成了学生。

四个宣传员： 刚一走下台阶，这位年轻同志就已经意识到了他的错误，并悄悄让我们把他送回国。我们看清了他的弱点，但我们现在仍然需要他，因为他在青年团里有一大帮追随者，在这些日子里帮了我们很多忙，在老板们的枪口下建立起了党的组织。

6
背　叛

四个宣传员： 本周迫害事件剧增。我们仅仅只剩一个隐蔽的房间用于放置印刷机、印制传单。但是有一天早上城里因饥饿而陷入了严重的动荡，从地处平原的农村也传来了发生剧烈骚乱的消息。第三天傍晚，当我们冒险来到我们的藏身之所时，恰好在门口迎头碰到了年轻的同志。在门前，还有些袋子就放在雨中。我们来再现这次对话。

三个宣传员： 这是些什么袋子？
年轻同志： 里面放的是我们的宣传册子。
三个宣传员： 册子有什么用途？
年轻同志： 我必须向你们通报：失业者的新领导人今天来过这里，他使我确信，我们必须立即采取行动。我们想把宣传册分发出去，并且对兵营发起进攻。

三个宣传员：那么你已经给他们指了一条错误的道路。但请告诉我们你的理由，想办法来说服我们。

年轻同志：贫困状况在不断加剧，城市里的动荡也在日益增加。

三个宣传员：蒙昧之人开始认清他们的处境了。

年轻同志：失业者们已经接受了我们的指导。

三个宣传员：受压迫者也变得有阶级觉悟了。

年轻同志：他们走上街头，准备捣毁纺织厂。

三个宣传员：他们缺乏革命经验。我们的责任就愈加重大了。

年轻同志：

失业者们没法再等，
我也不能再等下去。
不幸的人实在太多。

三个宣传员：但是斗争者依然太少了。

年轻同志：他们忍受的痛苦令人发指。

三个宣传员：光忍受痛苦还远远不够。

年轻同志：我们屋里有七个人，他们受失业者委托来向我们求助，在他们身后是七千人，并且他们知道：不幸不会像胸口的麻风病一样自动蔓延；贫困不会像房顶的瓦片一样从天而降；贫困与不幸都是人为的结果；物资短缺已趋鼎沸，然而他们的哀号只被人当作点心消遣。他们什么都知道。

三个宣传员：他们知道政府手里有多少部队吗？

年轻同志：不知道。

三个宣传员：那么他们知道得太少了。你们的武器在哪里？

年轻同志（他伸出手）：我们将会用牙齿和指甲去抗争。

三个宣传员：这哪里够。你只看到了失业者们的不幸，但是没看到劳动者们的不幸。你只看到了城市，但是没看到平原地区的农民们。你只把士兵看成镇压者，却没有看到军服下面也有受压迫者的不幸。你要到失业者们那里去，撤回攻打兵营的建议，并且劝说他们今晚去参加工厂劳动者们的示威游行，我们也会努力劝说心怀不满的士兵们，让他们穿着军服和我们一起游行。

年轻同志：我已经让失业者们追忆，士兵们曾经多少次向他们开火射击。现在却又要去告诉他们，他们应该和杀人犯们一起游行示威吗？

三个宣传员：是的，因为士兵们可以认识到，向属于同一阶级的难兄难弟们开枪是错误的。请想一想列宁同志的经典教诲吧，不要把所有的农民都当作阶级敌人，而要争取让乡村里的贫困者成为战友。

年轻同志： 容我问一下：经典理论会容忍这种苦难继续存在下去吗？

三个宣传员： 经典理论所传授的是从总体上理解这种苦难的方法。

年轻同志： 那么说经典理论也不赞同立刻并且优先去帮助每一个陷于苦难的人？

三个宣传员： 是的。

年轻同志： 那么这些经典理论就是垃圾，我要撕碎它们；因为活着的人在怒吼，他们的苦难摧毁了所有理论的堤坝。因此我现在就要行动起来，立刻、马上；因为我也在怒吼，我也要摧毁理论的堤坝。（他撕碎了宣传册）

三个宣传员：

不要撕掉它们！我们需要它。
每本都需要。你看清现实吧！
你的革命快如疾风，但只昙花一现，
明天就会被扼杀。
但我们的革命明天才刚刚开始，
最终将取得胜利并且改变世界。
当你裹足不前时，你的革命也随之停止。
但当你已然止步时，
我们的革命还在大步向前。

年轻同志： 你们听我说！我用我的双眼看到，苦难中的人们不能再等待下去。因此我要抗拒你们的决定，不再等待。

三个宣传员： 你无法使我们信服。你还是去找到那些失业者，说服他们务必加入到革命统一战线中来吧！我们现在以党的名义命令你做到这一点。

年轻同志：

这里说的党到底是谁？
难道它是个坐在装满电话的屋子里的人？
它的想法是保密的吗？它的决议是不为人知的吗？
它是谁？

三个宣传员：

我们就是它。
你、我、她——我们所有人。
它潜藏在你的衣服下，同志，

它在你的脑袋里思考。
我居住的地方，是它的房子，
你战斗的地方，是它的战场。
它指引我们走应走的道路，
我们与你走在同一条路上，
但若脱离我们，你便误入了歧途。
没有我们的路，将错得无以复加。
莫要和我们分道扬镳！

我们可能会错，而你可能正确，
即便如此，你也莫要分道扬镳！

没有人会否定，捷径比长路要好，
但如果有人先知先觉
却又无法向我们指明此路，
他的智慧对我们又有何益？
留在我们身边才堪称明智！
莫要和我们分道扬镳！

年轻同志： 因为我是对的，所以我不会屈服。我用我的双眼看到，苦难中的人们不能再等待了。

监察部合唱队：

《党的赞歌》

个人只有两只眼睛，
而党则有千只眼睛。
党看见七个国家，
个人却只见一座城市。
个人的时间有限，
而党则有很多时间。
个人可能被消灭，
但党不可能被消灭。
因为它是群众的先锋队，
领导他们斗争，
运用经典理论教导的方法，
而那正是得自实践的真知。

年轻同志：　所有这些都不再适用了；面对战斗，我要摒弃所有昨天还适用的原则，将所有赞同都统统作废，仅仅只按人性本身行事。行动就此开始。我要成为开路先锋。我的心为革命而跳动。这就是行动。

三个宣传员：　闭嘴！

年轻同志：　这是压迫。我要自由！

三个宣传员：　闭嘴！你背叛了我们！

年轻同志：　我不能闭嘴，因为我是对的。

三个宣传员：　不管你是对的还是错的——如果你嚷嚷出来，我们就完了！快闭嘴！

年轻同志：

我看到的太多了。
因此我要站到他们面前，
作为我自己，在这里说出真相。
（他脱下面具吼叫着）
我们来了，来帮助你们，
我们来自莫斯科。
（他撕毁了面具）

四个宣传员：

我们朝他看去，
在暮色中看到了那毫无掩饰的脸
充满人性、坦诚、天真无邪。
他已经将面具撕毁。
房中传出受剥削者的吼叫：
是谁
在打扰穷苦人的睡眠？
一扇窗户打开，一声嘶吼传出：
他们是外国佬！抓住煽动者！
于是我们就这样暴露了！
一小时后，我们听说贫民区发生了骚动，
蒙昧的人们在会堂里等待，赤手空拳的人们走上街头。
但是他依然没有停止喊叫。
我们只得打晕了他
架起他匆匆离开了这座城市。

7
步步紧追与进行分析

监察部合唱队：

你们离开了这座城市！
城里的动荡在不断加剧，
但领头羊却已逃之夭夭。
这就是你们的措施！

四个宣传员：

您别急！
在远离枪口的地方
再有个把月的时间
要知道什么是正确的很容易。
但是我们
只有十分钟时间，
思考时还要面对枪林弹雨。

当我们逃到城外一个石灰坑旁边时，后面的追捕者已隐约可见。年轻同志睁开了眼睛，获悉了事情进程，也看清他到底干了什么，于是说道：我们完了。

监察部合唱队：

你们的措施！
面对追捕者的步步紧追
和理论上的进退维谷时，
作为战士应该审时度势
权衡各种方案的利弊。

四个宣传员： 我们来再现一下进行分析的场景。
宣传员甲： 我们说过，必须要把他送过边境。
宣传员乙： 但群众们已走上街头。
宣传员丙： 我们必须带领群众举行集会。

宣传员甲：　那我们就没法把我们的同志送过边境了。

宣传员丙：　他已经暴露，如果我们把他藏起来而他又被发现的话，那将会出现什么局面？

宣传员甲：　炮艇在河道中虎视眈眈，装甲列车在铁路上严阵以待，一旦发现我们的人，就会立刻对我们发起攻击。因此他绝不能被看到。

监察部合唱队：

无论那些人在哪里遇到我们，
都会高喊：应该消灭统治者！
而后隆隆炮声就会响起。

因为如果饥饿的人
呻吟着反击压迫者，
如果我们已经教导他，
呻吟者应该发起反击。

我们的额头上写着：
我们反对剥削。
在我们的通缉令上写着：
这些人支持受压迫者！

谁帮助了绝望的人，
谁就是这个世界的糟粕。
我们不怕被视为世界的糟粕，
但我们绝不能被发现。

8
埋　葬

三个宣传员：

我们决定了：
他必须消失，准确地说是要完全消失。
因为我们无法将他带走，也不能将他遗弃，
所以我们必须把他枪毙后扔进石灰坑里，
因为石灰可以毁尸灭迹。

监察部合唱队：你们找不到其他出路吗？

四个宣传员：

情况迫在眉睫，我们别无出路。
连动物都会互相帮助，
我们当然希望帮助
和我们并肩斗争的战友。
在追捕者已隐约在望时，
我们花了五分钟思索
一个更好的解决方案。
而你们现在也在思考
一个更好的解决方案。
（停顿）
于是我们决定：
壮士断腕。
杀戮诚然可怕，
但并非只针对他人。
倘若事不得已，牺牲自我也在所不惜。
因为每个活着的人都知道，
实则唯有使用暴力
才能改变这个沉沉死去的世界。
我们得说，我们还没有骄狂到放弃杀戮。
怀着不屈的意志去改变世界
正是这唯一的理由推动我们采取
断然措施。

监察部合唱队：

继续讲下去！我们深有同感，
对你们而言
作出正确抉择绝非易事。
判决他的不是你们，
而是现实。

四个宣传员： 我们再现一下我们之间最后一次对话。

宣传员甲： 我们想问他是否同意判决，因为他是一个勇敢的战士。(当然，面具下露出来的脸与我们用面具遮盖的脸并不一样，而在石灰中被烧毁的脸与曾经在边境上恭迎我们的脸也不一样)

宣传员乙： 但是即便他不同意，他也必须消失，并且彻底消失。

宣传员甲(对年轻同志说)：一旦你被抓住，他们就会枪毙你。因为你被认出来，我们的工作就暴露了。所以我们不得不枪毙你，然后扔进石灰坑，让石灰将你毁去。但我们要问你，你还知道什么出路吗？

年轻同志： 不知道。

三个宣传员： 那么我们问你：你同意了吗？

年轻同志： (停顿)我同意。

三个宣传员： 我们问他：我们应该把你送往何方？

年轻同志： 他说：送进石灰坑。

三个宣传员： 我们问：你想要自己来完成吗？

年轻同志： 帮帮我。

三个宣传员：

把你的头靠在我们的手臂上，
合上眼睛。

年轻同志(合上眼睛)：

他还在说：为了共产主义事业，
为了全世界无产阶级群众的进军，
要对着世界的革命说“是”。

三个宣传员：

然后我们枪决了他，
把他扔进了石灰坑。
当石灰将他吞没时，
我们重返工作岗位。

监察部合唱队：

你们的工作完成得很好，
你们传播了经典论著

《共产主义 ABC》。
让蒙昧者认清了他们的处境，
让受压迫者具有了阶级意识，
有阶级觉悟者有了革命经验。
而且革命也正在那里大步向前，
斗争者的队列在那里井然有序。
我们支持你们。
但你们的汇报也告诉我们，
改变世界是多么的必要：
愤怒与坚韧，知识与愤慨，
迅捷的行动，深度的思考，
冷静的忍耐，不懈的坚持，
理解个体并且也理解整体：
只有从现实中学习，我们才能
改变现实。

全剧终

活出精彩与“新人”的毁灭

——戏剧《巴尔》解读

华中科技大学　谭　渊

摘要：布莱希特1918年创作的《巴尔》是其最早的戏剧作品。该剧讲述了才华横溢的年轻诗人巴尔挥霍生命，一步步远离社会、走向自我毁灭的过程。回溯该剧的创作历程可知，布莱希特创作此剧有明确的针对目标，即对抗表现主义作家约斯特的戏剧《孤独者》。布莱希特无意在剧中塑造表现主义文学所推崇的“新人”，相反，他从法国诗人维庸、魏尔伦和兰波等人的生平经历取材，塑造了肆意挥洒生命力并逐渐走向自我毁灭的天才诗人形象。在涉及人与自然关系的主题时，布莱希特也采取了不同于表现主义文学的处理方法，着力解构了人与自然相融合的主题，肯定了享受此世、活出精彩的人生态度。而在戏剧表现上，该剧中的创新则开启了他走向叙事剧体系的道路。

关键词：布莱希特；《巴尔》；表现主义

《巴尔》(*Baal*)是德国著名剧作家、诗人、戏剧理论家布莱希特(Bertolt Brecht，1898—1956)的早期作品，也是他的戏剧处女作。① 该剧出版于1922年10月，首次上演于1923年12月8日，其主要情节如下：巴尔是一位才华横溢的年轻诗人，他在一次晚宴上向可能赞助其文学创作的商人梅西展示了才华，虽然他朗诵的诗歌受到了热情的欢迎和赞誉，但是巴尔对此却毫无兴趣，不仅言语粗鲁，而且还惹恼了商人。不过，他的洒脱不羁却赢得了商人妻子埃米莉的芳心，在场的青年约翰内斯也立即成了他的忠实粉丝。然而，巴尔并不珍惜身边的人，他粗暴地对待成为他情人的埃米莉，强迫她在酒馆里亲吻一个马车夫，还勾引了仰慕者约翰内斯的女友约翰娜，而后又喜新厌旧勾搭上了一对姊妹。对他一往情深的约翰娜则在被抛弃后投河自尽。此后，巴尔又缠上了街头偶遇的少女索菲，并使她怀了孕。但一心想要自由自在、浪迹四方的巴尔却很快就把她视为负担，想把她甩给朋友艾卡特，并最终将她抛弃在了路上。此后，巴尔和艾卡特四处游荡，他虽有才华，却由于肆意放纵而失去了稳定工作，时不时要靠偷窃和行骗才能寻得一时之欢。八年后，因艾卡特与长得像索菲的酒馆女招待调情，巴尔一怒之下与艾卡特发生争执并将他刺死，结果成了通缉犯。最后，巴尔在风雪中逃向北方，贫病交加地

① 布莱希特在中学时曾创作过剧本《圣经》(*Die Bibel*)，但最多只能算习作，严格意义上讲，《巴尔》才是布莱希特成年后创作并发表的首部戏剧作品。

倒在伐木工人的破屋中，但他仍心有不甘，不愿坐等死神来临，而是坚持着向门外爬去，全剧到此结束，给观众留下了一个开放式的结尾。

1.《巴尔》的创作与早期上演史

《巴尔》与布莱希特此后创立的“教育剧”（Lehrstück）、“叙事剧/史诗剧”（das epische Theater）都大不相同，洋溢着对青春活力的赞美，并融入了多首他自己创作的青春风格诗歌。其对作家激情创作、放浪生活的描写都有生活来源，尤其是法国诗人弗朗索瓦·维庸（François Villon，1431—约 1463）的生活为戏剧《巴尔》提供了重要素材。布莱希特在 1918 年 3 月给好友卡斯帕·内尔（Caspar Neher）的信中曾写道：“我想写一部关于弗朗索瓦·维庸的戏剧，他是 15 世纪布列塔尼的杀人犯、剪径盗匪和行吟诗人。”①这里提到的弗朗索瓦·维庸是文艺复兴时期法国诗人，其诗集贴近市民生活，时而会用低俗的语言创作，作品集抒情、讽刺、哀伤等风格于一体，代表作有诗集《小遗言集》和《大遗言集》。当时的法国因经历了百年战争而导致法纪松弛、社会风气败坏，维庸也结交了一批狐朋狗友，据说他曾因谋杀、盗窃罪而被指控，最后一次被判流放后就此下落不明。除此之外，布莱希特在创作《巴尔》之前，还研究过法国诗人保罗·魏尔伦（Paul Verlaine，1844—1896）和让·尼古拉·阿尔蒂尔·兰波（Jean Nicolas Arthur Rimbaud，1854—1891）等人的生平。魏尔伦和兰波都是 19 世纪法国著名诗人，也是早期象征主义诗歌的代表人物。两人曾有一段虐恋，曾一起抛开家人，跑到荷兰、英国、比利时浪荡挥霍。在兰波对两人同性恋关系感到厌倦后，魏尔伦无法忍受兰波的背弃，将本想用于自杀的子弹射向兰波。魏尔伦因此被判刑入狱两年。兰波也因长期奔波、缺乏照料而染上滑膜炎肿瘤，37 岁便英年早逝。在《巴尔》一剧中，巴尔与艾卡特一起流浪八年，并最终刺死这位同性伴侣，明显是取材于魏尔伦和兰波的经历。而该剧更直接的创作动因则是他与表现主义作家汉斯·约斯特（Hanns Johst）生平年月的对抗。

1917 年到 1918 年，约斯特曾与布莱希特在慕尼黑大学教授阿图尔·库切尔（Artur Kutscher）举办的研讨班上有过交往，他后来成为最著名的纳粹作家之一和第三帝国时期的作协主席。在两人相识之初，布莱希特就曾对约斯特的小说《开端》（*Der Anfang*）发表过颇为负面的看法，并从 1917 年起开始关注约斯特的戏剧作品《孤独者》（*Der Einsame*），该剧首演于 1918 年 5 月 10 日。在正式上演之前，布莱希特就已经表示自己有意创作一部戏剧与约斯特的作品相抗衡。当时，库切尔在研讨课上正组织学生们讨论奥地利表现主义作家托姆（Andreas Thom）的小说《巴尔》（*Ambros Maria Baal*），其主人公是一个有同性恋倾向的唯美主义者，小说也因此被批评为“色情”“不道德”。库切尔本人就是批评者之一。而布莱希特则希望通过一个类似的题材来展示自己的创作能力，

① GBA 28：45.

于是他在几周内就迅速完成了《巴尔》的初稿，随后将自己这部处女作交给库切尔鉴定。而这位戏剧教授却对刚刚度过20岁生日的布莱希特多有批评，气得布莱希特只能向好友明斯特勒尔(Hans Otto Münsterer)大倒苦水。

布莱希特在1918年写下《巴尔》的初稿后，为推动其上演，随后又在1919年对剧本进行了修订，使之成为一个完整的戏剧脚本，但布莱希特在世时这两个早期版本均未能出版和上演。此后，为使《巴尔》能被德国舞台所接受，从1919年底到1920年初，刚刚20出头的布莱希特对《巴尔》手稿进行了认真修订，并于1922年10月在古斯塔夫·基彭霍尔(Gustav Kiepenheuer)出版社正式出版，首印数为800册，并随后于1923年初再版。1923年12月8日，《巴尔》在莱比锡老剧场首演。由于内容过于前卫，剧评家对《巴尔》的看法颇为两极化，有人认为该剧不同凡响，指出该剧上演后观众掌声雷动，经久不息，有人认为布莱希特是“德国戏剧的伟大希望”，但也有人认为它晦涩难懂、令人失望，并且道德堕落，几乎到了失败的边缘。因此，莱比锡市管理部门在首演后就马上介入，导致《巴尔》随即停演。由于1923年的首演未能取得预期效果，为推动《巴尔》复演，1926年，布莱希特在原剧基础上改编完成了名为《男人巴尔的生平》(*Lebenslauf des Mannes Baal*)的删节本。这个新的版本与时代结合更加紧密，也更为精练，全剧从29场删减至13场，更适合在剧场上演，但剧中很多带有前卫艺术特征的场景也同时被牺牲掉了。删改之后的1926年版《巴尔》命运较好，由于汲取了首演失败的教训，这一删减后的版本得以在柏林、维也纳、卡塞尔三地上演，并得到了评论界的认可。其中，在柏林的首演(1926年2月14日)由布莱希特亲自执导。演出的成功也使年轻的布莱希特在柏林戏剧界初步站稳了脚跟。此后，由于《三角钱歌剧》(*Die Dreigroschenoper*)取得巨大成功，布莱希特遂在戏剧界声名鹊起，开始跻身于一流作家之列。

第二次世界大战结束后，1953年，著名的苏尔坎普(Suhrkamp)出版社计划将布莱希特的《巴尔》等早期剧作结集出版。对此，布莱希特欣然同意，并希望能将1922年版《巴尔》连同1926年删节版也一起付印，但出版社最终并未同意这一要求。布莱希特此后在1922年版的基础上对《巴尔》进行了最后一次修订，1955年，这一版本在东德的建设(Aufbau)出版社出版。相较于1922年版，1955年版只增加了短短的一场，约20行，此外就是对开头第一场进行了少量改写。[①] 由于变化不大，因此20世纪末问世的权威版本柏林—法兰克福版《布莱希特全集》(GBA)第1卷没有收入1955年修订版，只将有明显变化的两段附在版本说明中。由此可见，在1918年、1919年、1922年、1926年和1955年这五个版本中，学界认可度最高的是1922年版。

---

① 雅恩·克诺普夫：《贝尔托特·布莱希特：昏暗时代的生活艺术》，黄河清译，北京：社会科学出版社，2018：51-52.

2.《巴尔》与表现主义文学的关系

从《巴尔》的创作过程来看，年轻的布莱希特一方面是想借该剧挑战约斯特权威，这一意图是毋庸置疑的。但另一方面，我们也应看到，《巴尔》与布莱希特的《午夜鼓声》(*Trommeln in der Nacht*)等早期戏剧一样，都指向了表现主义文学中的悲观情绪。《巴尔》的主人公是一位富有才华的年轻诗人，他与1900年前后的许多青年人一样，奉行生命主义哲学，笃信生命意志，强调对生活的体验和把握，这一点在全剧开头的合唱曲《伟大的巴尔》中就已体现得十分清楚。需指出的是，"巴尔"这个名字同时也指向了《圣经·旧约》中的异族神祇巴力神，他也是耶和华神的主要竞争对手。《旧约》中的先知曾多次指责以色列人背弃耶和华，转而去崇拜巴力，耽于享乐，放纵狂欢。因此，巴力代表了一个以旺盛生命力和享乐至上为特征的神明形象。布莱希特在全剧开头的合唱曲中写道："天空"作为巴力神的情人"年轻、赤裸、无比奇妙，/就如巴尔降生时曾爱过的那样。"而"狂暴的极乐，他的所爱"则让"他的欲望每每更变得加倍强烈"，因为"否则谈不上享乐!"等到经历过各种享乐后，心满意足的他便可以"进入永恒的森林，进入那梦乡"，因为此时的"世界对已然餍足的巴尔"就已没有什么价值了。①

有意思的是，布莱希特曾把《巴尔》初稿寄给多位戏剧界人士征求意见，但却屡屡碰壁，反倒是被他视为靶子的约斯特后来对《巴尔》的修订稿表示了赞赏，两人还时不时碰面，探讨如何将"孤独者的鬼魂"赶出他的剧本。②《巴尔》中的许多场景确实可以被视为对《孤独者》的呼应。如《孤独者》中格拉贝在小酒馆中朗诵诗作却曲高和寡、无人问津，而巴尔则在酒馆中与一群粗鲁的车夫赌钱，并为他们唱了一首为下里巴人而作的"厕中曲"，结果车夫们纷纷鼓掌叫好，将他视为了不起的天才。有个车夫十分羡慕地对他说："真想能有这么个脑袋瓜!"而巴尔的回答却异常现实："光有脑袋瓜您可啥也干不了！还得有屁股和其他零件。干杯!"③换言之，对他而言，灵感的基础是物质生活。他的生活中虽然充满了非理性的一面，但他的思想却完全是社会性的。

另外，布莱希特也无法摆脱世纪之交弥漫欧洲的颓废主义氛围，剧中的主人公在肆意挥洒生命力的同时，也逐渐远离社会的中心，成为社会边缘的小人物，一旦生命力耗尽，离最终付出生命代价的时刻也就不远了。剧中一个老乞丐向巴尔讲述了一个人与大树的故事，其中便暗含了这一点：

> 我认识一个人，他也认为自己很健康。他是认真的。他的家乡是一座森林，有

① Jan Knopf ed., *Brecht-Handbuch. Theater*, *Lyrik*, *Prosa*, *Schriften*. Stuttgart: J. B. Metzler, 1984: 85-86.

② 克劳斯·弗尔克尔：《布莱希特传》，李健鸣译，北京：中国戏剧出版社，1986：29。

③ GBA 1: 94.

一次因为要考虑些事情又回到了那里。他发现森林非常陌生，不再与他血脉相连。他走了很多天，一直走到荒野里，因为他想看看自己的依赖性到底有多高，他身体里的承受力还有多少，但其实那已所剩无几了。

……一天傍晚，黄昏时分，他不再那么孤独，他穿过死寂的树林，来到一棵很高的树下。

……他靠着树，靠得很近，感受到了它身上的生命力，或者说他认为如此，他说：你比我高，站得稳，你深深地了解大地，它则支撑着你。我可以更好地行走和移动，但我站得不稳，无法扎根深处，也没有任何东西可以支撑我。

……风在吹。大树发出一阵颤抖，那人感觉到了。他扑倒在地，抱着狂野而坚硬的树根痛哭起来。①

故事中的人与森林之间有一种神秘的联系，森林构成游子的家乡，象征着生命力之源，游子自认为生命力无限，但是当“黄昏”来临时，他才发现自己的生命力根本所剩无几，但他却无法像大树一样扎根下去，补充生命的养分，最终在绝望中抱住树根痛哭起来。这个故事也暗示了巴尔在挥霍生命力之后终将难逃悲惨结局。

值得注意的是，布莱希特在《巴尔》中运用了开放式的结尾，没有写明巴尔的归宿。在最后一幕，观众们只是看到贫病交加的巴尔悲惨地向门外爬去，想要离开伐木工简陋的屋舍。这个结尾显然已经带有史诗剧的结构元素，但《巴尔》的创作时间实际上要早于布莱希特提出史诗剧概念大约十年之久。同样值得注意的还有剧中的大量歌曲和诗歌。如全剧开头的合唱《伟大的巴尔》就明显制造出了一种疏离感，有意识地打破了剧场观众的幻觉。故而我们可以认为，尽管《巴尔》还不能被称为史诗剧，但剧中的试验性元素为他后来的戏剧理论提供了重要参考。②

3. 对主人公巴尔的塑造

20世纪20年代的德国正处于表现主义文学兴起的时代，表现主义戏剧、小说在塑造人物形象时，往往将其与创造“新人”(neuer Mensch)的理想结合起来，试图为摆脱社会困境寻找到新的出路，而舞台上的诗人尤其被视为负有复兴人类使命的领军人物。如约斯特戏剧《孤独者》中的主人公克里斯蒂安·迪特里希·格拉贝(Christian Dietrich Grabbe，1801—1836)就是这样一位年轻的天才诗人，他虽然过早夭折，但更多地是因为落后的社会现实阻碍了其天才的施展，这种悲情氛围使他成为超越时代的英雄人物，他的英年早逝也就具有了唤醒民众的意味。而布莱希特受此启发创作的《巴尔》却无意塑造一个代表未来希望的“新人”。相反，他笔下才华横溢的巴尔毫无节制地挥霍自己

① GBA 1：121-122.

② Jan Knopf ed., *Brecht Handbuch. Theater*. Stuttgart：J. B. Metzler，1980：72-74.

的天才、滥用崇拜者的仰视，在酒色中耗尽了他的生命力，最终使生活成了享乐的游戏。因此，布莱希特最初在酝酿这部戏时曾将其命名为《巴尔在吃！在跳舞!! 在升华!!!》(*Baal frisst! Baal traut!! Baal verklärt sich!!!*)。①

《巴尔》在刻画人物与外部世界关系方面也与同时代的表现主义戏剧有明显的区别。有学者将巴尔所经历的痛苦归结为"文明世界中的人永远地陷入了灵魂与肉体分裂的痛苦，无法回到和谐统一的原初自然状态"②。然而，这一普遍适用于表现主义文学的标签实际上并不适用于《巴尔》所塑造的浪荡诗人形象，因为布莱希特根本就无意让他的主人公回到和谐统一的自然状态，他甚至多次在剧中明确宣示：要在某种意义上实现这一目标，那只能是在死亡到来之后。剧中的巴尔即便是如表现主义文学中常见的那样重返大森林，也无法真正与自然结合，重新从自然中获取生命力，而只能混在一群伐木工人中酗酒度日，等待着自己在自然中腐朽，从而像腐尸一样象征性地与自然融为一体。巴尔在剧中曾经向他的追随者艾卡特吟诵了一首新创作的诗歌，虽然表面上是在追忆投河自尽的情人约翰娜，但却在更深层次上解构了表现主义文学让人类回归自然状态的理想。诗中就尸体在水中的消融过程写道：

溺水佳人随波游，小溪汇入大河头。
天色乳白如霞绮，似慰亡灵但轻柔。

海藻水草缠身重，冷鱼游弋腿边悠。
动物植物缓相送，难伴末路更添愁。

暮至天昏黑如烟，星光摇动夜飘柔。
但使晨曦早来现，晨昏依旧伴魂游。

苍白肉体水中化，缓朽慢腐神忘祐。
先颜后手终毛发，尽付腐肉混河流。③

而巴尔吟诵的另一首诗歌《林中的死亡》则幻想了人与树木、土地的融合——当然，也是以埋葬尸体的形式实现：

一个人死在永恒的森林里，
……

① GBA 28：51.

② 刘剑雨：《"爱比死更冷"——论布莱希特戏剧〈巴尔〉中的爱情幻象》，《德语人文研究》，2019 年第 1 期，第 71 页。

③ GBA 1：126.

他赤裸的手中紧攥着泥土，
海与海之间，陆地稳卧风中，
“我就要躺这下面一动不动。”

是的，那可怜的生命留在身上
尚有余力让他将自己的躯体、
他的腐肉压进泥土之中；
黄昏方至，他倒在草中黯然死去。
他们满怀厌恶，满怀仇恨
把他埋进树木最阴暗的枝干。①

对于《孤独者》一类的表现主义文学作品来说，重要的是人在死亡中获得升华，艺术高于生命，而巴尔所肯定的却是生命高于艺术，对他而言，“享受也非易事!”②死亡并没有特别的意义，但只有在尽情享受生活后他才能从容地面对死亡，这在开场曲《伟大的巴尔》中已经写明：“巴尔已然餍足，世界还能算啥?”③对于享受生活、活出精彩之后的死亡，巴尔早已不再放在心上：“我会战斗到死。我还想活在无需躯壳的世界中，我还想退缩到我的脚趾里。我要像公牛一样倒下：埋身长草，在草最软的地方。我吞下死亡，就此无知无觉。”④

最后需要注意的还有布莱希特与剧中主人公的关系。根据布莱希特的好友明斯特勒尔所述，布莱希特对《巴尔》中隐藏有自己的身影毫不否认，他曾经回忆说：“1919 年夏初的生活充满了巴尔式的世界情趣”，剧本中“包含了我们当年生活的许多场景。”⑤在创作《巴尔》两年之后，也就是 1920 年，22 岁的布莱希特第一次决定离开家乡奥格斯堡，到德国文化活动的中心柏林去寻求发展，用他的话说：“我希望我能得到整个世界”“我之所以提出这个要求的理由是我只存在一次”。⑥ 可见，《巴尔》作为布莱希特的早期作品，更多地体现出他在 20 岁时对表现主义文学和人生道路的思考，维庸、魏尔伦和兰波不仅为《巴尔》提供了素材，而且也在某种程度上为年轻的布莱希特提供了生活坐标。

参考文献

[1] Brecht, Bertolt. *Werke, Große kommentierte Berliner und Frankfurter Ausgabe* [M].

---

① GBA 1：128.
② GBA 1：86.
③ GBA 1：86.
④ GBA 1：117.
⑤ 克劳斯·弗尔克尔：《布莱希特传》，李健鸣译，北京：中国戏剧出版社，1986：47。
⑥ 克劳斯·弗尔克尔：《布莱希特传》，李健鸣译，北京：中国戏剧出版社，1986：54。

Werner Hecht u. a., ed. Berlin / Weimar / Frankfurt a. M.: Suhrkamp, 1988-1997. (= GBA)

[2]Knopf, Jan ed. *Brecht-Handbuch. Theater* [M]. Stuttgart: J. B. Metzler, 1980.

[3] Knopf, Jan ed. *Brecht-Handbuch. Theater*, *Lyrik*, *Prosa*, *Schriften* [M]. Stuttgart: J. B. Metzler, 1984.

[4]克劳斯·弗尔克尔. 布莱希特传[M]. 李健鸣, 译. 北京: 中国戏剧出版社, 1986.

[5]雅恩·克诺普夫. 贝尔托特·布莱希特: 昏暗时代的生活艺术[M]. 黄河清, 译. 北京: 社会科学出版社, 2018.

[6]刘剑雨."爱比死更冷"——论布莱希特戏剧《巴尔》中的爱情幻象[J]. 德语人文研究, 2019(1).

巴尔(节选汉译)

[德]贝尔托特·布莱希特　著
华中科技大学　谭　渊　译

出场人物：巴尔、梅西、他的妻子埃米莉、约翰内斯、皮勒医生、约翰娜、艾卡特、女服务员露易丝、两姐妹、女房东、索菲·巴格、流浪汉、卢普、米尤克、女歌手、一位钢琴师、神甫、伯乐伯尔、笱笱、老乞丐、乞丐婆玛雅、年轻女人、瓦茨曼、一个女招待、两个乡村警察、车夫、农民、伐木工、几个男人

众赞歌《伟大的巴尔》

巴尔还在洁白母腹之中成长，
天空已然这般浩瀚苍白安详，
青春、自由、奇妙无双，
正如巴尔来到人世所爱那样。

天空陷入欲望悲痛无法自拔，
纵是巴尔幸福安睡静谧无他：
每夜紫意浓浓，巴尔拥醉入眠，
待到稚子晨起，杏黄才映青天。

巴尔穿过酒馆医院还有教堂，
淡然漫步之后又把一切遗忘。
孩子，他或许会累但从不彷徨：
巴尔，摘下他的天空带在身旁。

罪人汇成可耻人流熙熙攘攘，
巴尔赤身裸体悠然翻滚卧躺：
只有天空、每每还是那天空
有力遮盖巴尔躯体赤裸胸膛。

世界笑着奉上自己，高大女人

用膝盖碾碎心甘情愿的情郎，
给他狂暴极乐如他心中所盼，
巴尔却未死去：他只抬首凝望。

每当巴尔只见四周尸体环绕，
心中欲望总会变得双倍丰饶。
巴尔说还有位子但人没多少，
还有位子就在这个女人怀抱。

巴尔说道，女人若把一切奉上
把她甩开，因她已然家当精光！
莫怕男子，有女人就满不在乎，
只有赤子，纵是巴尔不敢轻忽。

所有恶习多少都会多少带来好处，
只对始作俑者巴尔却要说不。
恶习就是知道心中想要什么，
何不来上两样：一桩反正也多！

不要这般懒惰，否则何来享受！
巴尔说，心中所欲就必有劲头。
巴尔说，就是如厕也切莫放过，
最好，仿佛你们根本啥都没做！

只是你们不要如此软弱懒庸：
上帝面前就算享受亦非轻松！
你须四肢强壮兼得经验老到：
有时大腹便便也会成为烦扰。

巴尔眯缝眼睛望着胆小秃鹫
它们盘旋星空觊觎巴尔尸首。
巴尔装死或待秃鹫冲到前头，
飞禽无声无息成了晚餐鸟肉。

荒凉星空当头，泪水山谷环绕，
宽阔原野之上，巴尔咂嘴吃草。

待到草场空空，巴尔踏歌徜徉
进入永恒森林，沉浸甜蜜梦乡。

黑暗母腹欲将巴尔揽入地下：
巴尔已然餍足，世界还能算啥?
巴尔眼睑之下还有天空辽阔，
纵到生命尽头也还刚好够多。

巴尔终在大地幽暗母腹朽亡，
天空依旧如此浩瀚苍白安详，
青春、自由、奇妙无双，
一如巴尔在世时爱过的那样。

带桌子的明亮房间

梅西、埃米莉·梅西、约翰内斯、皮勒医生和巴尔走了进来。

梅西：您想来口酒吗?(众人坐下来吃饭)您吃龙虾吗?

皮勒：您必须把您的诗歌拿来出版。塞卡萨克会像赞助商一样慷慨解囊。您就可以告别那小阁楼了!

梅西：这是什么死鳗鱼。我是做肉桂木生意的。在我手中，整片森林的肉桂木都飘荡在巴西的大河里，顺流而下。不过我也出版您的诗歌。

埃米莉：您住在小阁楼上?

巴尔(继续吃喝)：霍尔茨大街64号。

梅西：我太胖了，不适合写诗。不过您这脑袋很像我在马来群岛喜欢过的一个人。他习惯于被鞭子赶着去工作，所以只能呲着牙干活。

皮勒：您想让我写篇关于您的文章吗?您的手稿在吗?我背后可有报纸撑腰。

约翰内斯：巴尔先生把他的诗歌吟唱给车夫们听。就在河边的一家酒馆里。

埃米莉：您还来点酒吗?不过别喝太多。您酒量大吗?(倒酒)

梅西：您旅行吗?大海，它会带来一种紫色的震撼!您不想有朝一日指点江山挥斥方遒吗?还有阿比西尼亚的群山!那儿肯定适合您。

巴尔：但它们不会跑到我这儿来。

皮勒：那种生命的感受!您的歌曲对我影响很大。

巴尔：如果车夫喜欢，他们会给点报酬。

梅西(喝酒)：我要出版您的诗歌，我让肉桂木顺水漂流，或者双管齐下。

埃米莉：你不该喝这么多!

巴尔：　　我没有衬衫。我或许需要几件白衬衫。

梅西：　　您不关心出版的事？

巴尔：　　它们还必须质地柔软。

皮勒（嘲讽口吻）：您觉得我有什么能为您效劳的？

埃米莉：　　您写的歌曲真是太棒了！

巴尔（对埃米莉）：您不想用口琴吹点什么吗？

皮勒：　　您真是只滑稽的刺猬！

梅西：　　我喜欢吃饭时听口琴。

（埃米莉吹口琴）

巴尔（解开纽扣，对埃米莉说）：您生了一双好胳膊！

梅西：　　您再来点鳗鱼吧！它太可怜了！原本是该到下水道去游泳的。（巴尔把盘子推了回去）不要？那我就把它吃了。

埃米莉：　　请您别喝太多了，巴尔先生！

巴尔（看着埃米莉）：漂流的肉桂木是您的，梅西？砍光了整片森林？（他不停地喝着）

埃米莉：　　您可以想喝多少就喝多少。只是我要向您提出请求。

皮勒：　　您在饮酒方面也大有可为！

巴尔（对埃米莉）：您生了一双好胳膊：现在大家都看到了。您就继续在那上面演奏吧！

（埃米莉停下来，走到桌前。）

皮勒：　　您大概不喜欢音乐本身，是吗？

巴尔：　　您言过其实了：我哪里在听音乐。那胳膊可是有目共睹的。

梅西（有点恼火）：我们要不要打赌看谁吃得更多？我跟你赌五件薄纱衬衫，巴尔！

巴尔：　　我饱了。（看向埃米莉）

皮勒：　　您的诗中有一种令人讨厌的锋芒，很遗憾这是事实。

巴尔：　　您是不是也做动物生意，梅西？

梅西：　　您反对吗？——您能把您的诗给我吗？

巴尔（抚摸着埃米莉的胳膊）：我的诗关您什么事？

梅西：　　我想帮您一个忙！你不是还想削苹果吗，埃米莉？

皮勒：　　他害怕被榨干。——您还想不出我有什么能效劳的吗？

巴尔：　　您总是穿着大袖子的衣服出门吗，埃米莉？

埃米莉：　　现在您不能再喝了！

梅西：　　您不想再洗个澡吗？要不要我给您准备张床？您是不是忘记什么了？

皮勒：　　现在衬衫漂下来了，巴尔。诗歌已经顺流而下了。

巴尔：　　我住在霍尔茨大街64号，你为什么不到我膝盖上来？你衬衣下的大腿不是在颤抖吗？（喝酒）为什么要搞垄断？您去睡吧，梅西！

梅西（站起身）：我喜欢亲爱上帝创造的所有动物，但你不能和动物做生意吧。过来，埃米莉！过来，皮勒！过来，约翰内斯！（走出去）

皮勒(朝门走):完全醉了!

巴尔(对约翰内斯说):这位先生叫什么名字?

约翰尼斯: 皮勒。(他站起来,搂住巴尔的肩膀)

巴尔: 皮勒!您可以把旧报纸寄给我!

皮勒(朝外走):您对我来说啥都不是!(下)

约翰内斯(对巴尔说):我可以到您住的阁楼去拜访吗?——能允许我陪您一起回家吗?——您还想从他那里得到什么,梅西夫人?

埃米莉(站在门口):他真令我感到遗憾。

(巴尔独自一人坐着,继续喝酒。)

小酒店

上午时分。巴尔、车夫们,后面是与女服务员露易丝在一起的艾卡特。透过窗户可以看到朵朵白云。

巴尔(告诉车夫们):他把我赶出了他的白色客厅,因为我把他的酒又吐了出来。但他老婆跟着我跑了,那天晚上还开了个派对。而现在我对她已经厌倦了。

车夫们: 应该打她的屁股。——她们像母马一样好色,但更笨。女人就应该教训教训!——在满足我女人之前,我总是把她打得青一块紫一块。

约翰内斯(带着约翰娜走进来):这是约翰娜。

巴尔(对走在后面的车夫们说):我回头就来找你们唱歌。你好,约翰娜!

约翰娜: 约翰内斯给我读了几首您写的歌。

巴尔: 原来如此。请问芳龄几何?

约翰内斯: 六月份她就已满十七岁了。

约翰娜: 我嫉妒您。他总是对您赞不绝口。

巴尔: 您爱上了您的约翰内斯!现在春天到了。我在等埃米莉。——爱慕更胜于享受。

约翰内斯: 我理解男人们为什么都很喜欢您。但您怎么会有女人缘呢?

(埃米莉快步走进来)

巴尔: 她来了。你好,埃米莉。约翰内斯把他的新娘子带来了。请坐!

埃米莉: 你怎么能把我约到这里来呢? 个满是下流胚的酒馆,这就是你的品位!

巴尔: 露易丝!给这位女士来杯酒。

埃米莉: 你想让我当众出丑吗?

巴尔: 不。你就是喝喝酒。做人别那么矜持。

埃米莉: 但你简直不是人。

巴尔: 你早知道了。(把酒杯伸向露易丝)别斟得太少了,美女。(搂抱她)今天你身上可真太软了,就像颗李子。

埃米莉：　　你真没品位！

巴尔：　　再吼大声点，亲爱的！

约翰内斯：　　不管怎么说，这里很有趣。这些普普通通的人，瞧他们是怎么在喝酒说笑！还有窗外的朵朵云彩！

埃米莉：　　大概他是到了这儿才把您拉进来的吧？就为了看看这些云彩？

约翰娜：　　约翰内斯，我们是不是去河边旷野走走更好？

巴尔：　　那里什么都没有！待在这里！（喝酒）天空是紫色的，尤其是当你喝醉的时候。床则相反是白色的，在开始的时候。天地之间，有爱常在。（喝酒）你们怎么这么胆小？你们这些小小的影子，天空是开阔的！充满了肉体！因为爱而苍白！

埃米莉：　　你又喝多了，然后就满嘴胡扯。他就靠着天花乱坠的东拉西扯把人拖到他的酒槽边！

巴尔：　　天空（喝酒）有时会染上黄色。猛禽翱翔其中。你们一定要不醉不休。（看看桌子下面）谁在踢我小腿？是你吗，露易丝？哦，是你，埃米莉！喏，没关系的。喝吧！

埃米莉（半起身的样子）：我不知道你今天怎么了。也许我来这里并不是什么好事。

巴尔：　　你现在才意识到这一点吗？现在你可以保持安静。

约翰娜：　　您不该这么做，巴尔先生。

巴尔：　　您有一颗善良的心，约翰娜。您从不会欺骗您丈夫，对吗？

车夫甲（嘶叫起来）：这头猪，又是王牌！他赢了！

车夫乙：　　继续我们的，那女孩说，我们已经越过山顶了！（笑声）应该教训教训她！

车夫丙：　　“你真可耻，竟然不忠！”女人对丈夫的仆人说，而那人正和女仆睡在一起。
（笑声）

约翰尼斯（对巴尔说）：——只是因为约翰娜，她还是个孩子！

约翰娜（对埃米莉）：您想和我一起去吗？那我们过会儿一起走。

埃米莉（趴在桌子上啜泣）：我现在真丢脸。

约翰娜（搂着她）：我很理解您，这算不了什么。

埃米莉：　　您别这样看着我！您还这么年轻。您还什么都不懂。

巴尔（阴沉沉地站起来）：喜剧：哈迪斯的姐妹们！（走向车夫们，从墙上取下吉他，给它调音）

约翰娜：　　他喝多了，亲爱的夫人。明天他就后悔了。

埃米莉：　　您要是知道就好了：他总是这样。而我爱他。

巴尔：　　奥格如此对我说（唱）：

心中所爱是何境，
莫道双亲坟畔茵。
忏悔孤室非所欲，
青楼软怀非所依。
奥格开言道心意，
厕庐永是情所依。
一入茅厕心自醉，
上有繁星下粪堆。
独处之妙不胜羡，
新婚之夜亦自闲。
身无长物空荡荡，
躬谦方勘世茫茫。
智者自识此中乐，
整腹欲将新趣得。
肉身更喜其间静，
轻柔为己力犹凝。
终得本心明如镜，
少年厕中自怡情。

车夫们（鼓掌）：太棒了！——好歌！——给巴尔先生来杯樱桃白兰地，但愿您别嫌弃！——这可是他的原创！——了不起！

露易丝（在房间当中）：您真是个才子，巴尔先生！

车夫甲：如果您投身在某些有用的事业上，您一定会飞黄腾达。您或许可以成为货运商！

车夫乙：真想能有这么个脑袋瓜！

巴尔：光有脑袋瓜您可啥也干不了！还得有屁股和其他零件。干杯，露易丝！（回到他那桌）干杯，埃米！好吧，如果你没别的事可做，那至少喝一杯。喝吧，我说！

（埃米莉含着泪水抿了一口杯中的烧酒。）

巴尔：这就对了。现在你至少在体内也有火焰了！

艾卡特（站了起来，从吧台后面慢慢靠近巴尔。他是个精瘦有力的青年）：巴尔！别管她了！跟我来，兄弟！到尘土飞扬的街道去：傍晚时分，空气会变成紫色。到满是醉鬼的酒馆去：女人会掉进你灌满的黑色大河。到大教堂去，那里有白皙的小妇人——你说：人能在这里呼吸吗？到漆黑一片的牛棚去：那里有人倒卧在牲口中间，满耳都是牛的哞哞声。还要到树林里去，头顶是嘹亮的回声，让人忘记了天空的光芒：上帝已将他遗忘。你还记得天空的模样吗？你已成为男高音！（张开双臂）跟我来吧，兄弟！舞蹈、音乐、美酒！雨滴淋湿你的肌肤！阳光洒满你的皮肤！黑暗与光明！女人与狗！你已经如此堕落了吗？

巴尔：露易丝！露易丝！给我个依靠！别让我被裹挟走！（露易丝来到他身边）来帮帮我啊，孩子们！

约翰内斯：你要顶住诱惑！

巴尔：我亲爱的天鹅！

约翰内斯：想想你的母亲，想想你的艺术！要坚强！（对艾卡特）您真可耻！您是魔鬼！

艾卡特：来吧，巴尔兄弟！我们像两只白鸽，幸福地飞向蓝天！晨光中的河流！上帝的田野沐浴在风中，一望无际的田野，在收割前散发出阵阵清香！

约翰娜：您要坚强，巴尔先生！

埃米莉（挤到他身边）：你不能这样！你听着！你太可惜了！

巴尔：天还早，艾卡特！还有别的事！他们又不跟着去，老弟！

艾卡特：见鬼去吧，你这个油蒙了心的木头脑袋！（下）

车夫们：出了同花顺！——见鬼！数数看——完了！

约翰娜：这盘您赢了，巴尔先生！

巴尔：现在我出汗了！你今天有空吗，露易丝？

埃米莉：你怎么能说这话，巴尔！你不知道你在对我做什么。

露易丝：您还是陪陪这位夫人吧，巴尔先生。连孩子都能看出她神不守舍。

巴尔：安静，露易丝！霍尔高尔！

车夫甲：您想从我这儿得到什么？

巴尔：这儿有一个被虐待了的女人在渴望爱情。给她一个吻吧，霍尔高尔！

约翰尼斯：巴尔！

（约翰娜抱住埃米莉）

车夫们（敲着桌子大笑）：嘴还闭着呢，安德烈阿斯！——抓住她！——好样的。先拿鼻子闻闻，安德烈！——您真是个畜生，巴尔先生！

巴尔：你冷吗，埃米莉？你爱我吗？他很害羞，埃米！吻他！如果你在别人面前让我难堪，那咱们就到头了。一、二。

（车夫弯下腰。埃米莉抬起满是泪水的脸，朝他迎过去，他响亮地亲吻她。一时笑声四起。）

约翰内斯：这真邪恶啊，巴尔！酒精使他变得邪恶，而且还让他自我感觉良好，强壮无比。

车夫们：太棒了！瞧她在酒馆里的样子！——男人就该这样！——她是个荡妇！——就该这么对付她！（他们走开）应该好好教训她！

约翰娜：呸，真不要脸！

巴尔(走近她)：你的膝盖怎么会在颤抖，约翰娜？

约翰娜：你想要怎样？

巴尔(手搭在肩上)：你还要为什么写诗！生活在这里是如此一本正经：当你赤身裸体，在橘色的天空下，仰面倒卧在急流上，除了天空变成紫色，然后变得黑洞洞，你什么也看不见……当你把敌人踩在脚下……或者将悲伤谱成音乐……或者一边因相思而啜泣，一边吃着苹果……或者把一个女人的身体压倒在床榻上……

(约翰内斯默默地把约翰娜领了出去)

巴尔(靠在桌子上)：你们感觉到了吗？是不是什么穿透了皮肤？是马戏班！你得把动物引诱出来！和动物们一起走入阳光！付钱吧！那是满怀着爱的日光！赤身裸体地在天空下沐浴阳光吧！

车夫们(与他握手)：您好，巴尔先生！——愿做您最顺从的仆人，巴尔先生！——您瞧，巴尔先生，我心里一直就盘算着：和巴尔先生在一起才会真有乐子，有歌声，啥都有。而可以肯定的是：您的想法没错！——对付女人就得有手腕！——就这么着，今儿，今儿在这儿看到了白白的屁股——再见，马戏班先生！(下)

巴尔：早上好，我亲爱的！(埃米莉扑倒在长凳上，泣不成声。巴尔用手背抚摸她的额头。)埃米！你现在可以安静了。现在都过去了。(他托起她的脸，从她湿漉漉的脸颊上拨开头发。)别放在心上！(重重地扑到她身上，亲吻她。)

巴尔的小阁楼里

黎明时分，巴尔和约翰娜坐在床边。

约翰娜：哦，我做了什么！我真坏。

巴尔：你最好洗洗！

约翰娜：我还没弄清这是怎么回事。

巴尔：这都是约翰的错。他把你拽起来，像奥斯卡一样闷闷不乐地走了，就像是突然明白了你的膝盖为什么在颤抖。

约翰娜(站起来，更小声地说)：等他再回来的时候……

巴尔：白痴！我真是受够了，亲爱的。(重新躺下)亚拉腊山的黎明啊。①

约翰娜：我该起床了吗？

---

① 这一场的台词有多处引用了《圣经·旧约》中的内容。在《旧约》的《创世纪》中，诺亚一家乘坐方舟躲过大洪水。待方舟停靠在亚拉腊山后，诺亚放出鸽子，让鸽子在水面上飞翔，以寻找陆地，最后鸽子衔回了橄榄枝，证明洪水已经退去。

巴尔：　　等大洪水过去再说。躺着吧！

约翰娜：　　你不想打开窗户吗？

巴尔：　　我喜欢这味道。——你觉得换个新包装怎么样？旧的没就没了吧。

约翰娜：　　您怎么能这么刻薄！

巴尔（懒洋洋地躺在床上）：被大洪水冲刷得洁白无瑕，巴尔让他的思绪像鸽子一样掠过黑色的水面。

约翰娜：　　我的紧身衣呢？我不能这样……

巴尔（把它拿给她）：在这儿！——你有什么做不到的，亲爱的？

约翰娜：　　回家。（让它落下，但还是穿上了。）

巴尔（吹口哨）：好一个小妖精！我感觉热血沸腾。亲我一下！

约翰娜（在房间中央的桌子旁）：说点什么吧！你还喜欢我吗？说啊！（巴尔吹口哨）你说不出口吗？

巴尔（盯着天花板）：我已经厌倦了。

约翰娜：　　那这一晚是怎么回事？还有之前的呢？

巴尔：　　那个约翰内斯有点本事，闹的动静可不小。那位埃米莉也像帆船一样跑来跑去。我在这里会饿死的。而你们连根手指头都不会动一下。你们想要的就只那一样东西。

约翰娜（困惑地收拾着桌子）：而你——你对我从来就没有什么别样的感觉吗？

巴尔：　　你洗好了吗？什么叫客观性！你还一点都不懂吗？收拾好，回家去吧！你可以告诉那个约翰内斯，我昨天本该把你送回家的，然后朝他吐口水。下雨了。（把自己裹在被子里）

约翰娜：　　约翰内斯？（步履沉重地走向门，下）

巴尔（猛地转过身来）：约翰娜！（从床奔向门）约翰娜！（来到窗边）她朝那边跑了！她朝那边跑了！（他想回到床上去，但又把枕头扔在地上，呻吟着坐到上面）

（天色渐暗。院子里响起了乞丐的风琴声。）

翻译研究

中国现当代文学在德语世界的译介与接受

——德国翻译家高立希最后的访谈①

浙江科技大学　胡一帆

摘要：德国翻译家、汉学家、翻译学教授高立希(Ulrich Kautz)近30年来用理论指导实践，致力于中国现当代文学在德语世界的译介，有力推动了中国文学在德语国家的传播与接受，2007年获中国新闻出版总署“中华图书特殊贡献奖”。笔者围绕中国现当代文学在德语世界译介与接受的相关问题，与德国最重要的中国现当代文学翻译家高立希对谈，以期对中国文学在德语国家的传播有所助益。

关键词：高立希；中国现当代文学德译；接受；余华

Ulrich Kautz，1939年出生在前东德，曾在莱比锡大学翻译学院英语与汉语翻译专业学习，按其德文姓名谐音取汉语名字高立希。高立希先生先后在东德驻京大使馆和贸易代表处从事翻译工作，1976年起，他在柏林洪堡大学汉学系担任培养中德文笔译与口译人才的教学与研究工作，1992年加入了德国国家对外文化传播机构歌德学院，负责全球高级口译的培训项目，1998年起被德国美因茨大学聘为编外教授，其专著《口笔译教学手册》是翻译专业的经典之作。近30年来，他将余华、阎连科、王朔、邓友梅、王蒙等中国作家的作品译成德语，使它们作为中国文学的代表得以在德语世界流传。② 2007年，我国政府授予中国当代小说德译大家高立希“中华图书特殊贡献奖”。2019年8月16日，笔者从德国南部的巴伐利亚专程前往德国北部的不来梅，在高立希教授的家中就中国现当代文学在德语世界的译介与接受和他进行了对话。笔者回国整理好访谈稿件寄到德国高立希处，他一丝不苟地进行了修改和补充，再邮寄到中国给笔者。③ 由于国际信件送达不畅，导致笔者和纸质稿件分离数月，其间惊闻高立希教授不幸于2020年8月7日病逝。德国失去的是一位伟大的翻译家、翻译学教授，中国失去的是当代文学在德语世界的代言人和领路者，笔者仅借此文告慰先生在天之灵！

---

① 基金项目：本文是2020年度浙江省哲学社会科学规划课题“余华作品在德语世界的译介与传播研究”(项目编号：20NDQN307YB)的阶段性成果。

② 由高立希译为德语的中国文学作品有余华的《活着》《许三观卖血记》《兄弟》《第七天》《十个词汇里的中国》和《在细雨中呼喊》6部作品；阎连科的《受活》《为人民服务》《丁庄梦》等；王蒙的《活动变人形》；王朔的《顽主》《看上去很美》《我是你爸爸》；陆文夫的《美食家》《小贩世家》；王刚的《英格力士》等。

③ 笔者完整保留了高立希先生亲手修改的访谈稿纸质原稿和访谈录音，可供查验。

译者的个人体会和对翻译市场的认知

笔者：高先生您好！我了解到您的中国文学翻译生涯发端于柏林，当时洪堡大学一位文学研究者计划编选两部中国当代短篇小说选集，您报名翻译其中几篇，译文被选中，您便从此踏上了文学翻译之路。这可能不仅仅只是机缘巧合，应该也是您个人的兴趣使然，您可以谈谈中国文学最吸引您的是什么吗？

高立希(以下简称“高”)：确实，我喜欢中国文学，这个大家都知道。但当初在东德，我与研究文学和研究语言学的同事之间没有很紧密的合作，所以洪堡大学的这位文学研究者看上我的译文令我相当意外。说起中国文学，最吸引我的是那些中国故事，它们让我深深着迷。工作之外，我经常随手翻阅中国文学作品，当时涉猎的主要为中国古典文学。当然我也读一些现当代文学作品，比如老舍的小说我就很喜欢，我看了中文原版以后还要再看一遍德文译文，两种语言读上去都很有味道，他真的是值得一读的好作家。

笔者：您早年从事口笔译实践和教学工作，为东德的外交部做过政治类的翻译，为商务部做过经济类的翻译，在高校及歌德学院做过翻译教学、培训方面的工作，而您最钟爱的却是文学类的笔译。那么我想知道，从事中国文学翻译之始，您对文学翻译这个行业了解多少？当时东德的翻译文学市场怎么样？到今天发生了什么样的变化？

高：我没有专门做过市场调查，对此了解不多，当然我知道做专业的文学翻译养不活自己和家人。身为洪堡大学翻译学专业的教师，我的本职工作涉及翻译，但却跟文学没多少关系，起初我纯粹地把文学翻译当成业余爱好。在当时的翻译文学领域，市场的影响很有限，它并不能决定要译什么。彼时的东德同1949年至1978年的新中国情况类似，我们文化部有个专门负责审查、监督图书出版发行的机构，它认为翻译什么合适，我们就翻译什么。出版社虽有一定的发言权，但不能与审查对抗，要出版的外国文学作品必须意识形态正确。这并没有阻碍东德的中国文学翻译，因为当时从中国过来的文学作品在意识形态上基本符合东德出版社的要求，毕竟都是拥护共产主义和社会主义的国家嘛。对译者来说，有严格审查的翻译环境自然不舒适。东西德合并以后，意识形态的影响逐渐淡出翻译文学领域，今天的德国文学市场主要看重外来作品的故事性和文学价值，此外，出版社在论证选题时还会重点考虑文本的长度。

笔者：作为译者，您选择中国文学作品时主要考虑哪些因素？

高：我有自己选择的标准，但目前出版社委托我翻译的文学作品无一例外都是优秀的中国文学代表。刚才咱们闲聊的时候提到王小波的《黄金时代》《白银时代》，还有陈忠实的《白鹿原》，这些也是特别好的中国文学作品，可惜我已经没有精力去翻译它们了。此外，这几部作品对于出版社来说可能太长、太厚，其故事性或许还不够抓人眼球，我估计这大概是目前没有出版社打算翻译、出版它们的原因。再比如姜戎的《狼图腾》，其英文版先在美国得到认可，然后才引起德国出版商的注意，接下来在德国翻译、出版，然而很遗憾，德译本在德语世界并没有获得预想的成功。

笔者：出版社具体如何选择译入文本？您作为译者需要做哪些让步？

高：首先，主要由文学代理人向出版社推荐某部作品，出版社就其在德语读者中的接受可能、市场销售情况进行预测，进而决定是否译入。其次，汉学家主动介绍中国作品到德国文坛，比如余华的《活着》，最初由我推荐给出版社。我也很喜欢阎连科，因此推荐并翻译了不少他的作品，尤其是《受活》这部独特的小说，我爱不释手。再次，选择中国文学作品时，德国出版社有跟风现象。基于市场风险的考量，那些已经在英语世界、法语世界畅销的作品被德国出版社选中的概率较大，比如余华，他当初先在法国受欢迎，多部著作持续畅销，德国出版社对译入他的作品较有信心。与出版社合作，德文译者常常要在篇幅上让步。一般情况下，超过300页的德文规模会让出版变得困难，像余华的《兄弟》德文版总共600多页，没有被删减，属例外，我要感谢出版社当初愿为此书冒险。其他方面的妥协我大体上没遇到过，今天的图书市场已不像东德那时候了，出版社不再面临审查，译者也没有什么禁区。

笔者：您作为译者是否会受出版社的委托，为自己翻译的中国文学作品德译本做宣传？

高：大的出版社还有可能，但比较少；小的出版社往往没有相关经费，他们既没有能力邀请中国作家来德国访问，也不愿花钱请我去作报告。就我个人与出版社多年合作的经验来看，要为中国文学作品做宣传得我主动才行。我身为译者虽没有这样的义务，但若有机会，我很乐意把我翻译的作品介绍给德国读者，所以如果碰巧德国的大学、还有中国在德国的孔子学院举办相关的活动，我都积极参加，乐于向德国读者介绍优秀的中国作家及其作品。大学和孔子学院有文化传播的使命和作用，愿意承担邀请中国优秀作家来德国的费用，他们为中国作家组织的读书会、作家访谈等活动相对来说还多些。另外会有一些契机可利用，比如每年一度的法兰克福书展举办的系列活动，既为中德作家提供面对面的交流，又能使德语读者接触、了解中国作家。

笔者：除了语言本身，您认为将中国文学翻译成德语面临的最大困难是什么？

高：翻译无易事！总的来说文化差异带来的困难较多，比如曹雪芹的《红楼梦》，对德语读者来说，这本书的名字想表达的意思与内容之间没有直接的关联性，如果直译的话会给德国读者造成阅读障碍，译者得想办法在中文原文和德语读者之间建立起桥梁，带他们顺利地进入这部作品。在文学审美方面，我觉得德语读者没什么问题，文学书写人类共通的情感，好的文学作品不仅能抓住母语者的心，也能在外语读者那里引起共鸣，在这种情况下，读者会主动融入作者的审美范畴。大家都知道德国人喜欢看书，随时随地带着书，德语读者的阅读体验较多，我们应该对这个群体的阅读活动有信心。

有关中国现当代文学在德语国家的译介与接受

笔者：您提到，由您译成德语的中国文学作品本身就是中国现当代文学的优秀代表，那它们在德国的接受度如何呢？

高：它们在德国的接受度肯定和在中国不一样，比如余华和阎连科的小说。出版社应该做过具体的译本销量统计，但不会把真实数据公布给读者，包括我。因为只有在销量达到三、四万册的情况下，我才可能拿到一笔额外稿费。这样的销量在我的翻译生涯中尚未出现，《兄弟》的2.7万册已属中国现当代文学作品在德语市场的优秀表现，我估计日后能超越它的作品不多。我没有系统地搜集过由我翻译的中国文学作品的德文书评，多数是见到就顺手复印了，部分是由熟人特意发给我的。2018年出版的《在细雨中呼喊》的书评据说已经有几篇了，但我只看到过《新苏黎世报》上的一篇。这部小说是余华早年的作品，相对于《活着》《许三观卖血记》和《兄弟》来说，它的名气不大，德国的出版社对它没多大兴趣。费舍尔出版社（Fischer）本不愿意出版它，但与余华先生谈《第七天》的翻译出版问题时，他提出了附加条件：要出版《第七天》可以，必须同时推出《在细雨中呼喊》。我个人很喜欢《在细雨中呼喊》，很高兴有机会把它也译成德语。它以孩童的视角看世界，感情真挚，心理活动描写得细腻，故事简单却很能触动人，同余华之后更知名的作品有所不同，我觉得德国的读者应该认识一下这样的余华。

笔者：您译了余华的六部作品，他是您最喜欢的中国作家吗？

高：我很喜欢余华，但必须承认，选择余华很大程度上是出版社的决定。如果出版社从未有过推出余华的计划，我的翻译也就没有用武之地了。但具体选择余华的哪一部作品，我有发言权。出版社对余华的某部小说产生兴趣后，会来询问我的意见，我向出版社提交书面的阅读报告（Lesebericht），详谈我的阅读体验、作品的文学价值以及我对德语读者期待视野的考量。出版社若认可我对这部作品的评论，随后就会决定推出德文版，接下来我才动手翻译，按期交稿，后期的出版发行全由出版社操作。所以，可以说我个人的审美喜好影响着出版社对余华作品的具体选择。

笔者：从《活着》和《许三观卖血记》的苦难叙事，到《兄弟》的夸张与荒诞，再到《第七天》的新闻拼接式实验，余华的作品风格不一，它们在德国的接受经历了一个怎样的变化过程？您可否对余华未来在德国的接受趋势作出预测？

高：余华的作品可读性强，语言简短直接，合德国读者的口味，越来越多的德国读者通过阅读喜欢上余华。有些中国作家虽然也很会写，但语言上追求文气，表达上太过于委婉含蓄，有古典文学的味道，却给翻译造成了困难，即使勉强能翻译，德语读者在阅读的过程中还是会遇到很多语言障碍。余华并不算高产的作家，他不为写而写，一旦写了，就要表达自己的主张，挑战自己和现有的文学模式，这一点尤被德语读者欣赏。

此外，我个人认为电影《活着》①在余华译介到德语世界的过程中所起的作用不大，因为德语读者非常注重阅读体验。如果余华先生将来继续有好作品问世，只要翻译不出问题，会一如既往受到德语读者的青睐。笔者认为，余华在德语世界受欢迎的程度超过莫言，这可能与翻译有关。莫言的作品先后被几个不同的德语译者翻译，风格不一、水平参差不齐。特别是他获得诺贝尔文学奖之后，译者要追求翻译的速度，质量上就更不好说了。我跟莫言的接触较早，他曾经来信请我翻译他的小说，我很喜欢他的作品，无奈当时在全力以赴地翻译《兄弟》，没办法兼顾。如今我年事已高，许多事情更加有心无力。

笔者：说起莫言获奖后各国争相翻译他的作品，这让我想起了德国作家 Herta Müller 获奖后在中国的情况。在此之前，她几乎没有作品被译成中文，诺奖的消息一传出，中国的出版社立即组织人手翻译出版她所有重要的作品，然而欲速则不达，这套书的中文翻译有如石沉大海。Herta Müller 作品中文字游戏特别多，双关、隐喻比比皆是，尤其是那些拼贴诗，几乎不可译，更不可能速成。

高：对，莫言的德语翻译也存在类似的问题。我很欣赏莫言，我们关系不错，作为他的读者我读了不少他的作品，只是至今没有合适的契机作为翻译家进入他的作品。他曾请求我重译他的《红高粱》，我看了已有的德译本，个人觉得这本译得还不错，可能他对译本的要求更高。说实话，重译的事情我不太愿意做，我认为这是重复劳动，是资源的浪费。毕竟德国的汉学家这么少，中国文学里的优秀作品那么多！2009 年中国担任法兰克福书展主宾国之际，因为“官员”身份，莫言被德国媒体批评得厉害。我很同情他，他常常被西方媒体看作中国共产党的喉舌，甚至因此受到文学上的刻意冷落，这对他不公平。他的本职工作是写作，我们应该看他的作品说话。当时余华没有以公派的身份出现在中国作家代表团里，他自己买票过来的，可能费舍尔出版社给了他一定的资助。莫言、余华和我三个人于是在法兰克福相遇了，碰巧下榻在同一家宾馆，我们每天中午约着一起在饭店用餐，三个人聊得很愉快，因为我们之间没有政治上的牵扯，是作家和译者之间的畅谈。大约是 2011 年，我拜访住在法国南方的一位德国朋友，在那里的一个大型活动场所我再次邂逅了莫言。当时我简直不敢相信自己的眼睛，怕认错人，所以试探性地问：“莫言？”他同样试探性地回：“高立希？”重逢的喜悦让我们开怀大笑，尽管我们都很惊讶，在这么偏僻的异国他乡竟然偶遇彼此。莫言觉得我的德文翻译有点水平，可能缘于早年在柏林举行的一个活动。那次，我被邀请翻译他的《生死疲劳》第一章，并在现场朗读，效果应该不错，掌声一浪高过一浪。现场不少人告诉莫言，观众的强烈反响离不开我出色的翻译。莫言那时可能第一次听说我的名字，从此对我有了很好的印象。后来，《生死疲劳》的德文女译者还给我发过电邮，邀请我和她共同翻译。这部小说我很爱读，书中丰富的中国元素挺吸引我，然而我的原则是不与人合译，所以

---

① 由张艺谋执导的电影《活着》于 1994 年在第 47 届戛纳国际电影节获奖，同年在德国上映。《活着》德译本（Ulrich Kautz：*Leben*！）于 1998 年由位于斯图加特的 Klett-Cotta 出版社出版。

只能拒绝了邀请。用你们中国人的话来说，我和莫言缘分不浅，但我至今没有翻译他的书，真的遗憾。人生苦短，如今我的健康状况已不允许我再继续从事高强度的文学翻译工作，看来要抱憾终身了。

笔者：余华的写作揭露了中国的苦难与创伤，书写了"文革"的惨痛记忆与当代中国社会的丑恶，因此不少学者认为西方读者阅读余华是出于对中国的好奇心，带着猎奇和窥探心理，您认同这个看法吗？德语读者何时能把余华仅当成一名作家，对其作品进行审美性阅读？

高：的确如此，许多德语读者最开始就是好奇，想知道中国、中国人是怎么样的，他们过着什么生活。好奇心促使德语读者去读中国文学，这并非令人难以启齿的事，我们无须避讳。文学本就源于生活，它有反映社会现实的功能，我们无法要求读者不要关注文学作品中呈现的社会状况。至于何时能出于纯粹的审美需求去读，这一点不好说。话说回来，只要大家好奇，愿意一读，那在读的过程中必然会发现中国文学的审美趣味。也只有这样，德语读者才知道自己能否欣赏中国作家的审美，是否有兴趣阅读更多的中国文学作品。我认为，从猎奇阅读到审美阅读是一个自然而然的过程，是中国文学在德语世界的必经之路。

笔者：曾为先锋文学代表的余华始终没有停止过阅读接收与实验创作，他受日本的川端康成和很多西方作家的滋养，他本人多次表示卡夫卡拯救了他、对他的写作影响深远。相对于其他中国作家，余华比较容易被西方读者接受，您认为这与他学习、研究卡夫卡等西方知名作家有关吗？

高：这个因素肯定很重要。余华的早期创作有明显的川端康成、加西亚·马尔克斯、卡夫卡等的踪影，但很庆幸他之后跳了出来，找到了自己的艺术风格。而且，他逐渐懂得运用中国自己的审美艺术、向中国的文学大师学习，比如鲁迅，余华的《第七天》让我们看到了鲁迅精神的延续。可以说，余华谙熟东西方的叙事艺术，能够自如地运用这些艺术手段去讲属于中国人的故事，书写中国特色的文学作品，这可能是他被德语读者接受、认可的重要原因。

笔者：您翻译中国文学作品的基本策略是什么？偏向于归化还是异化？如果遇到理解上的问题，您会与原作者联系还是根据自己的理解作出阐释？您会参考英文、法文等译本吗？

高：采用归化还是异化的策略，这要具体问题具体分析，没法笼统地说，看情况、看上下文，灵活运用，以使译文达到最佳效果。如果遇到理解上的问题，我平常会向朋友、同事里面的中国人请教，听听他们的看法，再结合文本做决定。我一般不会去问原作者，我觉得作者可能不喜欢被打扰，当然肯定也有作者喜欢甚至要求译者向他提问。我认为译者并不一定要这么做，因为文本产生之后，每一个读者都可以在阅读的过程中作出自己的解读。我是译者，也是读者，我的译本允许是、可以是我自己的解读。文学文本虽具有文学上的真实性，但它不是是非题，并非只能进行非此即彼的阐释。作者产出了文本，之后文本就在某种程度上自由了，作者本人的观点并不见得始终是唯一的权威。如果我要译的作品已经有英语或法语译本，那么译好后我会对照英语、法语译本，以免出现黑白错误。译完阎连科的《受活》，我参照了法译本，后来我还在华东师范大学遇到了这个法文译者，我与她交流了很多。余华的《第七天》已经先有英文译本，但我在对照的时候发现越对照越糊涂，我只好放弃了这种做法，选择核查中文原文与德语译文，有时候这样更可靠。此外，我的夫人一直是我译文的第一个读者，她虽然并不精通中文，但同我一样是翻译学出身，受过系统的口笔译教育。一般她读着觉得可能有问题的地方，我去核查，大多真的有问题！所以我要十分感谢我的太太——我的读者和帮手！或许找个完全不懂中文的读者来读我的译文也会有帮助，但译文完成之后常常没那么多时间了，出版社还要紧锣密鼓地安排出版发行。

笔者：每个原作者的喜好确实不一样，我记得德国作家 Martin Walser 就很喜欢译者向他请教，否则他会觉得这个译者不太可靠。余华曾在某篇报道中讲到过，如果一个外国人想把他的作品译成自己的母语，他会先和对方见面闲聊，“测试”一下对方对自己国家或语种的文学是否了解、有何见解。如果这个外国人表示对自己母语的文学不感兴趣、一无所知，那么他会拒绝把自己的作品交给对方来翻译。所以我很好奇，您在翻译余华的作品之前是否也被他“测试”过？

高：有的有的！当时我们在德国一起坐火车从一个地方赶往另一个地方，路上有足够的时间交流。但你若不说，我真不知道那是他的“测试”，我以为他只是为了打发时间跟我闲聊呢。我们确实谈到不少德国文学的作家、作品，他多次问我的看法，我如实表达了自己的观点，看来他很满意。

笔者：我觉得余华先生可能要以这种方式强调母语的重要性、母语书写能力的重要性，他不想对方在对语言无感、对文学无知的情况下为了翻译而翻译，若这样的话对方也译不好他的作品。

高：是的，我赞成你的观点。我常常在翻译教学的课堂上与学生强调母语的重要性，这是做翻译的前提和基础，不管是口译还是笔译。

笔者：您知道，我们提倡中国文化、中国文学“走出去”，这是个任重道远的大工程，虽然中国方面在努力，德国汉学家也在努力，但目前在德国市场，我们甚至还不能说中国文学占有一席之地，您认为原因何在？助力中国文学走出去，您个人有什么具体建议吗？

高：中国文学在德国的确还游离在边缘甚至之外，原因是多方面的。它不仅与文化距离、市场需求这些大环境有关，还与汉德翻译家的具体数量、质量直接相关。德语市场也不能同英语市场比，它要小得多，况且目前德国书市自身也面临很严峻的挑战：买书、读书的人不断在减少，在这种情况下引入中国文学作品，尤其是不太知名的作家及其作品，肯定有风险。此外，英语的翻译人才当然也比德语译者的队伍强大，现在德国汉学家不仅数量较少，而且其中愿意做文学翻译的就更少了，就算不断有后起之秀，这个群体的总数量在短期内仍然十分有限。或许可以考虑组建中德合作的翻译团队，但我不知道合作的效果会怎样。在德国，余华算幸运的中国作家，费舍尔出版社有一个能力很强的女编辑，她集中负责余华作品的出版发行。她不懂中文，却对我的译稿提出过很多宝贵的意见，我们的合作非常得力。当然，余华在英语国家的情况可能比在德国还要好些，比如拥有更知名的出版社合作方、更有能力的专业编辑及代理人、更大的财力支持，等等。英语世界时常有主流的媒体为中国文学的优秀代表做宣传，有知名评论家评论余华及其他现当代中国作家，这些有助于提高作家及其作品的知名度，引起关注，德语世界在这方面相对比较低调。最后，我觉得文学"走出去"的关键不在于是否推动，而要看文学作品的质量，好的作品总能找到读者，不管是在国内还是国外。要说具体的建议我也有一个：中国方面可以加大对中国文学翻译的经费支持力度。我这里出了一本八位中国女作家的作品合集德文本①，其中有两部是我翻译的。这本书完全由中国方面资助，经费可观，译者卖力，成效显著。

① 这本书的德文标题为：*Stadtleben—8 Frauen 8 Geschichten*，*herausgegeben von Shi Zhanjun und Jing Bartz*，*Drachenhausverlag.*

跨文化对话视角下顾彬对《庄子》的现代阐释①

中国海洋大学　周奕珺　张瑞杨　周珈如

摘要： 本文以顾彬所编译的《庄子：论无知》为主要研究对象，聚焦于跨文化对话的视角对庄子思想所进行的现代阐释。顾译本通过中西方哲学主题的呼应对话和庄子思想逻辑体系的重塑，成功构建了跨文化哲学体系，借助于哲学术语的本土化与陌生化相结合的翻译策略，以西方读者喜闻乐见的形式，揭示了道家思想的精神内核，其在视域融合时持有的双向批判意识，有助于消除理解障碍，促进中西哲学思想的融通。

关键词： 典籍翻译；跨文化对话；顾彬；庄子

《庄子》作为最重要的中国哲学元典之一，吸引了国内外诸多学者将其译成外文并对其译介进行研究。实现《庄子》所代表的东方哲学思想与西方哲学体系的跨文化对话和思想融通，翻译发挥着举足轻重的作用。著名汉学家、翻译家顾彬既具有西方哲学背景，又熟谙中国古典文学、哲学思想，他立足于国际视野、着眼于时代需求，所编译的《中国古代思想家丛书》对实现中西哲学体系的对话作出了重要贡献。顾彬编译的《中国古代思想家丛书》共十卷本②，其中《庄子：论无知》（*Zhuang Zi：Vom Nichtwissen*，以下简称《庄子》）2013 年首次出版，2019 年再版，在德语世界和中国日耳曼学者中评价颇高。德国首都柏林发行和覆盖面最广的《每日镜报》（*Der Tagesspiegel*）称《庄子》是人类伟大的智慧书籍之一，认为顾彬的新译本激活了道家思想的现实意义。③ 中国日耳曼学者付天海认为"顾彬《庄子》读本的最大新意在于走出了单一的本土化认知模式"，他肯定了顾彬在比较哲学框架下编译及评论《庄子》对庄子思想的国际传

---

① 本文系教育部人文社会科学研究青年基金项目"德国汉学家顾彬的文学翻译思想及其影响研究"（项目编号：21YJC740084）的阶段性研究成果。

② 《孔了：论语》（*Konfuziu：Gespräche*），《老子：道德经》（*Lao Zi*（*Laotse*）：*Der Urtext*），《孟子：言说与比喻》（*Meng Zi：Reden und Gleichnisse*），《庄子：无知》（*Zhuang Zi：Vom Nichtwissen*），《大学与中庸》（*Das große Lernen，Maß und Mitte*），《荀子：人的教育》（*Xun Zi：Die Bildung des Menschen*），《孔子家语》（*Konfuzius：Schul-und Hausgespräche*），《列子：乘风而行的艺术》（*Lie Zi：Von der Kunst，auf dem Wind zu reiten*），《韩非子：哲学寓言》（*Han Fei Zi：Philosophische Fabeln*），《墨子：忧虑与关注》（*Mo Zi：Von Sorge und Fürsorge*）

③ Gregor Dotzauer，Chinesische Philosophie：*Woher weiß ich，was ich weiß*，*Der Tagesspiegel*，1. 5. 2018.

播所发挥的积极作用。[1] 庞娜娜总结了自1830年以来《庄子》在德语国家近两百年的译介历史，将顾译本称为20世纪下半叶至今两部影响力较大的节译本之一。[2]

顾彬在其《庄子》译本的前言中阐述了自己对于庄子重译过程的理解，认为不能仅仅局限于中国哲学的视野重复性地理解庄子，而要通过西方当代哲学诠释庄子思想拓展中国传统哲学的深度和广度，实现对庄子学说的再认知，并为西方学界提供能从中汲取哲思的思想养料。[3] 顾彬认为“翻译的实质是两种文化和思想的对话”[4]，翻译时“译者穿越于不同的语言文化之间”“敞开自己在不同的语言和文化间进行对话”[5]，他将自己编译及评论《中国古代思想家丛书》的过程视为跨时空对话及跨文化哲学建构的过程[6]。本文立足于跨文化哲学建构的翻译视角，以其《庄子》德译本为例，从中西哲学主题的呼应对话、庄子思想逻辑体系的重塑、视域融合中的批判意识、哲学术语的陌生化和本土化四个方面，重点剖析顾彬编译《庄子》时对庄子思想的重新解读及其体现的中西文化互动。

1. 中西哲学主题的呼应对话

在当今世界，不同传统哲学之间的比较、诠释与对话已成为一种有自明特征的理性事实。[7] 沈清松在《跨文化哲学论》中指出，跨文化哲学的构建要求“不同哲学传统在互动中提炼出超越特定文化限制的可普化因素”[8]。顾彬对于庄子的现代阐释顺应了全球文化交汇互动常态化的潮流，彰显了世界哲学发展中以积极开放的统一性取代固化抽象的排他性的要求。

首先庄子德译本的书名中，顾彬根据自己的理解加入了副标题“论无知”，将它作为道家思想的主题，同时抓住了欧洲人文历史上从古代延续到中世纪和近代的核心主题[9]，并进而在译本前言中深入阐述了庄子思想与苏格拉底、相对主义、现代的怀疑论

---

① 付天海：《比较哲学视域下的典籍重译——以汉学家顾彬〈庄子〉德译为例》，《外语教育研究》，2021年第3期，第44页。

② 庞娜娜，桂书杰：《〈庄子〉在德语国家的译介研究》，《中国翻译》，2023年第3期，第57页。

③ Wolfgang Kubin, *Zhuang Zi*: *Vom Nichtwissen*. Freiburg: Herder, 2019: 10-11.

④ 刘燕：《中国哲学与文学的阐释、翻译与交流之汉学路径——德国汉学家顾彬教授访谈》，《北京第二外国语学院学报》，2018年第1期，第88页。

⑤ 周奕珺，贺爱军：《德语译家顾彬的翻译阐释观》，《中国翻译》，2024年第1期，第90页。

⑥ Wolfgang Kubin, *Zhuang Zi*: *Vom Nichtwissen*, Freiburg: Herder, 2019: 11.

⑦ 傅永军：《跨文化比较研究的普遍性要求——一种关于比较哲学的新诠释》，《社会科学战线》，2018年第1期，第16页。

⑧ 沈清松：《跨文化哲学论》，北京：人民出版社，2014年，第5页。

⑨ Wulf Noll, Von der „Freude der Fische“ (Zhuang Zi): Ein Plädoyer für interkulturelles Philosophieren mit Blick auf Wolfgang Kubin, *minima sinica*, 2018 (30): 20.

之前的关联①。虽然苏格拉底在其名言“我自知我无知”中认识到了人的有限，但是相对知识的观点在欧洲人文史上却很晚才站稳脚跟。顾彬将庄子的无知与德国哲学家海因里希·耶格尔(Heinrich Jäger，1957—)的模糊哲学进行比较，认为模糊哲学打破了“最终解释”的德国传统哲学理想，从此怀疑论盛行“无知”成为热门话题。典型的德国哲学家不愿意承认思想的局限性，这促使他不停地思索，也促使德国哲学思想不断往前发展。② 然而哈贝马斯(Jürgen Habermas，1929—)认为哲学是绝望之所，因为我们无法到达终点③，任何问题都不存在最终解释，对于一切都应该持怀疑态度。顾彬深信中国传统哲学思想能够将西方哲学从死胡同里拯救出来，为德国哲学提供新的可能性。④ 庄子从来不追求终点和最终知识，他教导人们要认识世界的无穷性和不可预测性，世间万物变幻莫测，生死只是其中的一种形式，因此人要放弃执念顺应世间变化，他认为只有完全忘记才能获得真正的认识。

在顾彬看来，“忧郁”是德国哲学的重要主题，“忧郁”经常被看作德国哲学家的生活态度⑤，尼采也曾多次抨击德国近代哲学中缺乏快乐。与此相反，中国传统哲学思想则充满乐观的认识，充满着快乐，快乐与幸福、内心的安宁和个人的修行紧密相连。顾彬在译本的第一章“我们(不)可知什么”的序言中，阐述了中国文化充满乐观的认识的趋势⑥：儒家思想认为一切都能够被认识，并且人能够按照已经取得的认识作出正确的伦理选择。然后顾彬征引了波恩哲学家马库斯·加布里尔(Markus Gabriel，1980—)最新著作《为什么世界不存在》中的观点，“不存在一个世界，而是多个世界”，认为该观点与庄子“只能认识到认识的不可能性和认识是对整体的直觉把握”的观点类似，人只有认识到自己的有限性才能获得快乐和安宁。在翻译《秋水》篇时，顾彬在评论部分从现象学和认识论的角度对鱼之乐的比喻进行了多维阐释⑦，首先顾彬向读者提出以下问题：只有中国人才能理解中国人吗？只有鱼才能理解鱼吗？然后顾彬介绍了德国哲学的观点，自弗洛伊德(Sigmund Freud，1856—1939)以来，人们就认识到我们自己并不能更好地认识自己，他者从远方往往能够更好地认识我们自己。然后顾彬探讨了这个隐喻的现实意义，认为鱼所感知的快乐实际上是一种直觉，人若想获得快乐，必须享有自然、安宁和冷静，最后他指出，这个比喻一定程度上与尼采在其文章《历史对于生活的利弊》中谈到的动物无忧无虑的幸福类似。

---

① Wolfgang Kubin，*Zhuang Zi*：*Vom Nichtwissen*，Freiburg：Herder，2019：20-21.

② 顾彬：《我看当代德国哲学》，载《一千瓶酒的英雄与一个酒壶的故事》，张冰烨编，北京：北京出版社，2017 年，第 92 页。

③ Wolfgang Kubin，*Zhuang Zi*：*Vom Nichtwissen*，Freiburg：Herder，2019：22.

④ Wolfgang Pichler，Der letzte Punkt und die Gelassenheit，*General-Anzeiger*（*Bonn*），29. 7. 2024. .

⑤ 顾彬：《我看当代德国哲学》，载《一千瓶酒的英雄与一个酒壶的故事》，张冰烨编，北京：北京出版社，2017 年，第 91-92 页。

⑥ Wolfgang Kubin，*Zhuang Zi*：*Vom Nichtwissen*，Freiburg：Herder，2019：29.

⑦ Wolfgang Kubin，*Zhuang Zi*：*Vom Nichtwissen*，Freiburg：Herder，2019：59-60.

道家认为获得快乐和安宁的方式是远离凡尘，顾彬将其与西方的神秘主义和西方哲学经常谈及的存在联系起来。① 神秘主义致力于从世间解放出来从而获得灵魂的升华，这就类似于道家的用“道”洁净自己，从世间逃离即意味着将俗世的生活视为痛苦，将我们的存在视为疏离，只有完全忘记自我任凭事物按照自然规律发展，才能获得道家所说的安宁，才能如神秘主义所说让灵魂沉浸在存在中。顾彬在翻译《庄子》时，致力于东西方哲学的相通性，强化了东西方文化的相似性和可比性，从而构建起一个与德国哲学及欧洲时代话语息息相关的庄子思想体系，有利于形成一个充满活力的跨文化哲学体系。顾彬从东西方哲学共同关心的话题出发，借助于德国哲学视域对中国古代哲学思想进行再认知，有助于增进中国哲学的广度和深度。②

2. 庄子思想逻辑体系的重塑

在顾彬看来，中国古代的哲学家不是借助严密的逻辑系统，而是以松散格言的形式来阐述自己深奥的思想，这在西方读者看来并不是真正的哲学③，因此顾彬在编译《庄子》时，回应了跨时空对话与跨文化哲学建构的需求，按照西方人关于哲学理解的“先验结构”重塑了原作的逻辑体系。《庄子》原作划分内、杂、外三篇，传统庄学研究将内篇视为庄子正法，即庄子思想的核心，外篇和杂篇则为庄子亲近的弟子或后世学庄者所作。顾彬在进行《庄子》编目时完全脱离了内外杂篇的区分，打乱了原作的篇章顺序，将节选自不同篇目的选段纳入同一特定体系中。在“论无知”的大主题下，顾彬分四个章节建构了全新的逻辑体系，即“我们(不)可知什么”“太多的知识并非知识或：拥有无知的勇气”“我们应何为？或在路上”。在此框架下，顾彬将从《庄子》原作中截取的片段按照自己的理解归入译本中对应的章节，下表以顾彬译本第一章“我们(不)可知什么”为例，形象地展示了顾译本与庄子原文出处逻辑重构的对应关系。

Kapitel 1 Was können wir (nicht) wissen? 第一章“我们(不)可知什么”		
选段	译本位置	原文位置
外物：得鱼忘筌	第一章第一节	杂篇第四节
秋水：河伯与北海若	第一章第二节	外篇第十节
秋水：公孙龙与魏牟	第一章第三节	外篇第十节

① Wolfgang Kubin, *Zhuang Zi*: *Vom Nichtwissen*, Freiburg: Herder, 2019: 17.

② 付天海：《比较哲学视域下的典籍重译——以汉学家顾彬〈庄子〉德译为例》，《外语教育研究》，2021年第3期，第44页。

③ Wolfgang Pichler, Der letzte Punkt und die Gelassenheit, *General-Anzeiger* (*Bonn*), 29. 7. 2024.

续表

选段	译本位置	原文位置
秋水：濠梁之辩	第一章第四节	外篇第十节
齐物论：庄周梦蝶	第一章第五节	内篇第二节
知北游	第一章第六节	外篇第十五节

在选材方面，顾彬多从原文中提取哲学立场显著、观点鲜明的片段，并且在译文后加入了大量自己的评论，评论中顾彬大量征引西方哲学的概念和理论来解释道家思想及核心概念，并且站在西方读者的立场提出疑问并作出解答，有意吸引读者的好奇心，架起了一座庄子哲学与西方哲学沟通的桥梁，为读者创造了理解与“对话”的前提条件。《庄子》译本正文第二章节以“拥有无知的勇气”为主题，是对德国哲学家康德（Immanuel Kant，1724—1804）提出的口号“拥有获取知识的勇气”（Sapere aude）的反向化用。顾彬将两种截然相反的方法论进行对比，使得不同时代、社会背景下的哲学观点相互关联彼此对照，从而形成两种哲学的共通之处。《齐物论》中“庄周梦蝶”、《外物》中“得鱼忘筌”的故事，在《庄子》原作中分别强调物我合一的自由境界及达到目的后忘记原来的凭借，但顾彬通过翻译与阐释意在突出其中相对知识的观点，引导读者思考以下问题：面对浑然一体的世间万物，人能否认清自己？人是否能够理解无法通过语言表达而只能被暗示的东西？上述选段在原作中形式分散，内容上表意不一，但顾彬从中提炼出的核心观点均契合“可知或不可知”的主题，并通过译本的编目相互关联形成体系。

总而言之，在《庄子》译介过程中，顾彬充分考虑到西方读者心中关于哲学认识的“先验结构”，以其易于接受的形式对《庄子》原本进行再次创作，在编目和选材上实现了逻辑重塑，形成了以“知识”为中心的体系，顾彬在译文后大量加入自己的评论，评论中顾彬时常站在西方读者的角度进行提问，能够激起读者对东方哲学思想的好奇，同时借用西方哲学的概念和理论对庄子思想进行类比和阐释，能够推动庄子思想在德语世界的接受和传播。

3. 视域融合中的批判意识

在雷蒙·潘尼卡（Raimon Panikkar，1918—2010）的“历地解释学”看来，文化间根本性“结构”的不同是客观存在的①，这就注定了在跨文化理解的过程中，“误解”是难免的。顾彬并不主张消除“误解”，他认为“不存在最终的知识，没有人能够对自身文化或任何一种文化形成最终理解”②，且读者对任何文本的解读都会受到一定历史条件的制

① 雷蒙·潘尼卡：《宗教内对话》（*The Intrareligious Dialogue*），王志成、思竹译，北京：宗教文化出版社，2001 年，第 35 页。

② 顾彬：《误解的重要性：重新思考中西相遇》，载《野蛮人来临 汉学何去何从?》，曹娟主编，北京：北京出版社，2017 年，第 163 页。

约。然而，人们仍然可以减少误解，无限接近于理解。对于如何达成最佳理解状态，伽达默尔（Hans-Georg Gadamer，1900—2002）认为，“视域融合”是必由之路。顾彬高度认同伽达默尔的观点，其译本中的译者前言、评论注释恰恰是促成“视域融合”直接且有效的途径，而顾彬在评论注释中永远保持批判的意识，有利于挖掘出以往译本中所忽视或有待深究的内容，亦能帮助读者更好地克服文化差异，促进读者实现全面、深入的跨文化理解。

在顾译本的前言中，顾彬要求读者以批判的视角对道家思想和道家智慧进行重新解读。① 20世纪初受到近代文明和两次世界大战的冲击，强烈的悲观情绪和危机意识在西方世界弥漫。在这种社会背景下，西方大批知识分子被庄子及道家思想中“道法自然”的内核所打动，对道家追求内心宁静的思想极度推崇，渴望在其中寻求心灵的救赎和解脱。这一历史阶段下的庄子被过度美化，完全被塑造成一个超然于人世间的理想化形象。对此顾彬指出，学者和读者应以一种警醒的批判性思维来代替对道家思想的盲目崇信，人们对庄子需要有批判性的审视，才不至于成为盲目崇信的牺牲品。② 基于此，顾彬在“深度翻译”的过程中主张批判性地阐释庄子思想，质疑并摒弃传统意义上庄子“神化”的形象，重新审视庄子身上片面狭隘的一面，构建不同于以往的、多元立体化的庄子思想。

比如在庄子看来斑鸠和井蛙是思想上的跛子，它们对世界和自身的认识具有很大的局限性。顾彬对此提出了自己批判的观点③，一方面认为人不可能对世界获得全知的认识，所有哲学对世界的认识都是有限的，另一方面认为斑鸠和井蛙与其在浩瀚的宇宙中到处碰壁，在广袤的穹苍中迷失自己，不如按照自己的理解进行生活。顾彬将此与中国学者王富仁提出的庄子养生观④关联起来，认为斑鸠和井蛙是在实践某种形式的遗忘，忘记整个宇宙的存在，既然自身卑微的存在难以突破现有的束缚，这样的遗忘能够让自己不至于负担太重压力太大。

顾彬在对《庄子》原本进行评论和注释时，所持有的是一种双向的批判态度，一方面顾彬从译者和西方读者的视角对庄子思想进行批判，另一方面他又从庄子思想出发对西方的思想和社会现象予以针砭。比如在翻译《秋水》篇时，顾彬在译文后的评论中指出河伯所提倡的生死观是“顺其自然”，批判了“西方历史上抗拒衰老和死亡”的现象，引导读者顺应庄子的思想以更坦然的心态面对生命的终结，顺从和体验生命中每一个阶

---

① Wolfgang Kubin，*Zhuang Zi*：*Vom Nichtwissen*，Freiburg：Herder，2019：10.

② Wolfgang Kubin，*Zhuang Zi*：*Vom Nichtwissen*，Freiburg：Herder，2019：10.

③ Wolfgang Kubin，*Zhuang Zi*：*Vom Nichtwissen*，Freiburg：Herder，2019：23-24.

④ 王富仁：《庄子的生命观——庄子〈养生主〉的哲学阐释（上）》，《社会科学研究》，2009年第4期。王富仁在这篇文章中深入分析了《齐物论》和《养生主》里中国知识分子的认识论和生命观，他们为了出人头地、狂热地追逐知识，以见多识广为荣，但自己的生命却是极其有限的，顾彬在其《庄子》译本引言的脚注中将两者进行了关联。

段。[①] 类似的翻译策略还应用于对公孙龙和魏牟辩论中“邯郸学步”典故的阐释，顾彬先是讲述了“邯郸学步”的故事，然后将其类比为现代世界的“运动或时装秀”，借此批判了竞赛中或T台上某些违背传统的外在表现形式。[②] 最后顾彬进一步阐明了魏牟引用这个故事的深意，魏牟认为对于认知能力有限的公孙龙来说，接触到庄子神秘思想的一角会让他成为那个在邯郸学步的人，不能认识到任何深刻的东西，反而丧失自己已有的技能。

理解永远是变化着的，唯一不变的是视域的相交与融合，是“相互交流着的解释者之间的对话的存在”[③]。在理解和阐释的过程中，顾彬真正将自己置于与《庄子》原作对话的语境中，通过阐释向文本提出问题，“当文本能够回答我们的问题时，或者当我们能够清楚辨认文本向我们提出的问题时，我们就理解了这个文本”[④]。而“将凝结于一个文本中的、过去的语言重新转化成现代的、生动的对话”，进而与读者交流互动，是顾彬眼中阐释者、译者的任务与使命。[⑤] 在此过程中，他强调反思与批判的必要性，在评论注释中将哲学原理推广至跨文化交际的范畴内，以批判的视角从西方哲学出发阐释、审视庄子思想，同时又从庄子思想出发批判地看待西方的思想传统和社会现实问题，从而促进了中西方哲学思想的融合。

4. 哲学术语的陌生化与本土化

虽然《庄子》的文学价值亦然超卓，但顾彬在《庄子》前言中指出他想要把哲学和文学分开来谈[⑥]，突出《庄子》中的哲学内涵是顾彬重译庄子的重要出发点之一。基于这个前提，顾彬需要思考如何处理产生在中国社会语境下哲学术语的阐释问题。这种哲学术语是中国在特定的社会历史环境下形成的一种独属于本民族的文化语言印记，相对于“他者”而言，这种独属于“自我”的哲学术语比较难以被国外的读者理解，且很难在“他者”的语言环境下找到一个意义完全对应的词语进行替代，只能通过寻找意义相近的词或短语进行转换。这就需要译者对其进行本土化和陌生化处理，一方面帮助非母语读者更好地理解，另一方面更多展现出原文本的真正内涵所在。对于传统哲学典籍中特定历史条件下形成的中文独有的哲学术语和以意象构成语言内核的汉字语言体系，顾彬一方

---

① Wolfgang Kubin，*Zhuang Zi*：*Vom Nichtwissen*，Freiburg：Herder，2019：49.

② Wolfgang Kubin，*Zhuang Zi*：*Vom Nichtwissen*，Freiburg：Herder，2019：57.

③ 顾彬，王祖哲：《“只有中国人理解中国?”——关于东西方相互理解的一个问题》，《华文文学》，2006年第3期，第7页。

④ 顾彬：《误解的重要性：重新思考中西相遇》，《野蛮人来临 汉学何去何从?》，曹娟主编，北京：北京出版社，2017年，第139页。

⑤ 顾彬：《误解的重要性：重新思考中西相遇》，《野蛮人来临 汉学何去何从?》，曹娟主编，北京：北京出版社，2017年，第139页。

⑥ Wolfgang Kubin，*Zhuang Zi*：*Vom Nichtwissen*，Freiburg：Herder，2019：17.

面认识到翻译的难度，指出每个汉字的释义都与其所处的历史背景息息相关，处于不同语境下的文字存在差异性，翻译时很难找到意义上真正一比一与之等价的对应词；① 另一方面则不断探索恰当的翻译方法，使现代德国读者重新解读庄子思想成为可能。基于此，顾彬翻译《庄子》处理哲学术语时，主要采用了本土化转译与陌生化解释相结合的翻译策略。

顾彬认为，翻译的过程中陌生化和本土化处理之间并不是对立关系，而是像兄弟姐妹一样彼此互相扶持，使翻译达到一种完整的平衡状态。② 在哲学术语的处理上，顾彬一方面巧妙地在德语词汇中寻找与庄子思想独有哲学术语意义相近的词语进行替代，从而实现庄子思想独有哲学概念在德语世界的本土化，使西方读者能够借助母语中已有的概念理解庄子思想；另一方面巧妙地在评论中加入注释，向西方读者介绍《庄子》思想哲学概念在中国历史上语义变迁的过程，让读者更多地了解中国传统哲学思想的原义所在。下文以哲学概念“理”为例，具体分析顾彬的翻译策略及翻译方法：

原文：知道者必达于理。

译文：Wer immer das Tao versteht, kommt nicht umhin, zur Einsicht in die Struktur der Dinge (Li) zu gelangen. ③

相关评论：Das Zeichen li 理 habe ich mit „Struktur der Dinge“ übersetzt. Nach allgemeiner Auffassung gewinnt es diese Bedeutung jedoch erst sehr viel später, nämlich im Neokonfuzianismus.

原文：是所以语大义之方，论万物之理也。

译文：So kommt es zur Rede vom Tao, das seine Richtung hat, von der Welt der Erscheinungen, die ihre Ordnung hat. ④

原文：今尔出于崖涘，观于大海，乃知尔丑，尔将可与语大理矣。

译文：Heute bist du aus deinen Felsen und Sandbänken herausgekommen und hast einen Blick auf das große Meer getan. So weißt du nun um deine Beschränktheit. Daher wird es jetzt möglich sein, mit dir über das große Tao zu reden.

相关评论：Dafang, da hai, da li: Insgesamt dreimal gebraucht unser Ruo das chinesische Wort für „groß“: große Auskunft, großes Meer, großes Tao. Wie erkennt man aber das, was groß ist? Indem man seine natürliche Beschränkung aufhebt. ⑤

---

① Wolfgang Kubin, “Die Sprache der Übersetzung. Nachdenken über den Sinologen und Literaten Günther Debon (1921-2005)”, *minima sinica*, 2021(33), 31.

② Wolfgang Kubin, “Die Sprache der Übersetzung. Nachdenken über den Sinologen und Literaten Günther Debon (1921-2005)”, *minima sinica*, 2021(33), 31.

③ Wolfgang Kubin, *Zhuang Zi: Vom Nichtwissen*, Freiburg: Herder, 2019: 50.

④ Wolfgang Kubin, *Zhuang Zi: Vom Nichtwissen*, Freiburg: Herder, 2019: 48.

⑤ Wolfgang Kubin, *Zhuang Zi: Vom Nichtwissen*, Freiburg: Herder, 2019: 34.

如上所示，顾彬在对庄子的基本思想进行翻译的时候，根据不同的上下文语境将“理”分别译为“事物的结构(die Struktur der Dinge)”“秩序(Ordnung)”“伟大的道(das große Tao)”，一方面抓住了“理”的本质特征，抽象出其本身“结构”“秩序”“道”的核心内涵，另一方面在德语语言库中寻找与之匹配的、更易于德国读者理解的词汇进行转换和替代，此外还在例1的译文和评论中分别添加了拼音和汉字，给读者提供了了解中文原有哲学术语的可能，同时在译文1的评论中解释介绍了相关哲学概念在中国历史上语义的变迁，在译文3的评论中站在读者的角度阐释了读者如何才能获得伟大的道。综上所述，顾彬在翻译同一汉字表达的不同哲学概念时，根据上下文语境进行了细微的调整，从整体上把握其哲学内涵，通过“以西释中”的哲学格义法进行翻译转换，以西方读者喜闻乐见易于接受的方式传达出道家思想的哲学内核，能够促进西方读者的接受和理解，同时又通过拼音、汉字和注释的方式介绍哲学概念在中国历史中的原义和变迁，有利于读者了解庄子思想的原义，并进一步在评论中以读者的角度阐释如何实践出相应的哲学要义，有助于促使中国传统哲学思想真正深入西方读者的心中并在其生活中发挥出实践价值。

5. 结　语

作为国际知名汉学家和翻译家，顾彬所编译的《庄子》德译本对庄子思想在德语世界的传播和接受发挥了举足轻重的作用，他在翻译中国古代典籍时所坚持的“跨时空对话和跨文化哲学体系建构”的翻译立场，以及在翻译实践中采用的翻译策略与翻译方法，顺应了不同时期、不同地域文化间思想融通的要求，为庄学研究提供了国际视野下的新视角。顾彬《庄子》译本通过中西方哲学主题的呼应对话和庄子思想哲学逻辑体系的重塑，构建了对于西方学界价值非凡的跨文化哲学，借助于哲学术语本土化及陌生化相结合的翻译策略揭示了道家思想的精神内核，其在视域融合时持有的双向批判的意识，有助于克服文化差异所致的理解障碍，以国际视野下、视域融合中的现代阐释向读者呈现中国古代哲学历久弥新的魅力。顾彬在跨文化对话构想下的典籍译介实践既能够为德国哲学界提供参考与启发，推动中德跨文化传播与交际，又使古代典籍不断焕发出新的时代活力，构成中国传统文化走向世界实践中重要的一环。诚然，顾彬作为德国汉学家及翻译家，他结合自己的理解对庄子思想进行的现代阐释，肯定存在误解和误读之处，但是这对于庄子思想在国际上的传播却极具价值。顾彬本人认为，译者受到自己所处的历史时代、知识体系等限制，对于文本的理解肯定是不充分的，但是正是译者对原文本的不同“误解”和多样阐释，原作才能在异域文化中获得新生。[①] 中国学者庞娜娜亦高度肯定了顾彬的《庄子》德译本，认为该译本为德国读者认识《庄子》提供了全新视角，在庄

① 周奕珺，贺爱军：《德语译家顾彬的翻译阐释观》，《中国翻译》，2024年第1期，第92页。

子思想外译史上标记了重要的节点，为庄学在德传播向纵深发展起到了积极的建设作用。①

参考文献

[1] zauer, Gregor. Chinesische Philosophie: Woher weiß ich, was ich weiß? [N]. *Der Tagesspiegel*, 1. 5. 2018.

[2] Kubin, Wolfgang. *Zhuang Zi: Vom Nichtwissen*[M]. Freiburg: Herder GmbH, 2019.

[3] Kubin, Wolfgang. Die Sprache der Übersetzung. Nachdenken über den Sinologen und Literaten Günther Debon (1921-2005)[J]. *minima sinica*, 2021(33).

[4] Noll, Wulf. Von der „Freude der Fische" (Zhuang Zi): Ein Plädoyer für interkulturelles Philosophieren mit Blick auf Wolfgang Kubin[J]. *minima sinica*, 2018 (30).

[5] Pichler, Wolfgang. Der letzte Punkt und die Gelassenheit [N]. *General-Anzeiger (Bonn)*, 29. 7. 2024.

[6] 付天海. 比较哲学视域下的典籍重译——以汉学家顾彬《庄子》德译为例[J]. 外语教育研究, 2021(03).

[7] 傅永军. 跨文化比较研究的普遍性要求——一种关于比较哲学的新诠释[J]. 社会科学战线, 2018(01).

[8] 顾彬. 我看当代德国哲学[C]//一千瓶酒的英雄与一个酒壶的故事. 张冰烨, 编. 北京: 北京出版社, 2017.

[9] 顾彬. 误解的重要性: 重新思考中西相遇[C]//野蛮人来临 汉学何去何从? [C]. 曹娟, 主编. 北京: 北京出版社, 2017.

[10] 顾彬, 王祖哲. "只有中国人理解中国?"——关于东西方相互理解的一个问题[J]. 华文文学, 2006(03).

[11] 雷蒙·潘尼卡. 宗教内对话[M]. 王志成、思竹, 译. 北京: 宗教文化出版社, 2001.

[12] 刘燕. 中国哲学与文学的阐释、翻译与交流之汉学路径——德国汉学家顾彬教授访谈[J]. 北京第二外国语学院学报, 2018(01).

[13] 沈清松. 跨文化哲学论[M]. 北京: 人民出版社, 2014.

[14] 庞娜娜, 桂书杰.《庄子》在德语国家的译介研究[J]. 中国翻译, 2023(03).

[15] 王富仁. 庄子的生命观——庄子《养生主》的哲学阐释(上)[J]. 社会科学研究, 2009(04).

[16] 周奕珺, 贺爱军. 德语译家顾彬的翻译阐释观[J]. 中国翻译, 2024(01).

① 庞娜娜，桂书杰：《〈庄子〉在德语国家的译介研究》，《中国翻译》，2023年第3期，第59页。

人文研究·纪念卫礼贤诞辰 150 周年专栏

专栏导语

卫礼贤原名理查德·威廉(Richard Wilhelm)，1873年5月10日出生在德国南部名城斯图加特。因父亲在他9岁那年便早早离开了人世，家庭经济陷入困境，卫礼贤只能按照母亲意愿于1891年考入由教会资助的图宾根福音教神学院，从而获得了完整的高等教育。1899年5月，卫礼贤以牧师和传教士身份来到刚刚被德国强占的殖民地青岛。他没有像民族主义者一样被偏见遮蔽住双眼，将中国人视为落后的野蛮民族，而是很快便带着中国随从到45千米外的即墨镇去考察中国百姓的生活。他马上发现："除了一般性的好奇但绝非友善的态度(因为外国人对青岛的占领)之外，我没有受到任何骚扰。"① 在与中国儿童玩耍的过程中，他甚至对中国儿童的自由成长产生了深深的好感。在回到青岛之后，他又对在码头上辛苦劳作却屡遭欧洲人蔑视的中国"苦力"产生了深深的同情，在他充满怜悯的眼中，苦力们"不只是苦力，他们也是人，有人的欢乐和痛苦，不得不为生活奋斗……他们存钱、挣钱，冒着巨大的自我牺牲赡养年迈的双亲"。这一系列与中国下层人民的接触使卫礼贤日益坚信"所有的民族都是友好、忠实、善良的"，唯一正确的道路就是以人道主义的态度去对待他们。这个发现意义重大，按卫礼贤的话来说，这为他"打开了通向中国人心灵的道路"②。

在来到中国的最初几年中，卫礼贤首先是作为一位传教士和教育家在行使职责。他与妻子先后开办了"德华神学校"和"美懿书院"，后分别发展为"礼贤书院"和"淑范女子学校"。此外，在他的建议下，中德双方还联合创办了青岛特别高等学堂(德汉大学)。由于办学成绩优异，1906年，山东巡抚杨士骧在巡视青岛后奏请清政府赏赐给卫礼贤四品顶戴及"道台"的荣誉头衔，使他成了青岛赫赫有名的"卫大人"。

在兴办学校的过程中，卫礼贤与中国官员以及旧式文人交往频繁，对中国文化、儒家典籍也有了更为深入的了解。当时，礼贤书院所聘请的中国教员多为科举出身的清末举人或贡生，其中不乏饱读诗书之士，如卫礼贤最早的经学老师邢克昌就是满清举人出身，卫礼贤对《论语》《大学》《诗经》等儒家典籍的学习及早期翻译大多得到了他的帮助。1902年，卫礼贤首次在上海出版的德文杂志《远东》上发表了他翻译的《三字经》，次年又在青岛举行公开学术报告《孔子在人类代表人物中的地位》，这也成为卫礼贤汉学家

---

① 卫礼贤：《中国心灵》，王宇洁等译，北京：国际文化出版公司，1998年，第9页。

② 同上，第17页。

生涯的起点。此后，卫礼贤一发不可收拾，先后发表了他节译的《诗经》《大学》等中国经典，同时还发表了大量研究中国哲学、风俗、历史、科学史、外交史的论文以及关于中国时局的评论。

1910年，卫礼贤翻译的《论语》全译本率先在迪德里希斯出版社(Eugen Diederichs Verlag)出版，随后又出版了代表这一时期汉籍德译最高成就的《老子道德经——老者的真谛与生命之书》(*Laotse. Taoteking. Das Buch des Alten vom SINN und LEBEN*)。这些译作所取得的成功开启了卫礼贤作为中国思想经典翻译权威的辉煌，为表彰其翻译工作，1911年夏，耶拿大学授予卫礼贤荣誉博士学位，这使卫礼贤意识到，他对中国文化的研究将有助于在中德文化之间架起一座沟通的桥梁，并将远远超越青岛传教站的作用。因此，卫礼贤再接再厉，此后又连续推出了《庄子》《列子》《孟子》《大学》《易经》《吕氏春秋》《礼记》等中国文化典籍的德译本，其中绝大多数都是首次被完整地翻译成德语，这项伟大的工作也决定性地奠定了卫礼贤作为20世纪德语世界最重要的翻译家和汉学家的地位。

1922年11月20日，美茵河畔的法兰克福大学授予卫礼贤哲学荣誉博士头衔，以表彰其作为“杰出的中国语言、文学和文化专家，通过高超的翻译为欧洲人打开了理解中国思想家作品的大门”①。1924年夏，他又收到法兰克福大学聘请他担任中国文学与文化教授的聘书。同年11月初，卫礼贤正式走上德国大学的讲台，首轮课程的内容便是中国哲学与艺术。② 此后，卫礼贤不仅在法兰克福创建了“中国学社”(China-Institut)，而且先后创办了《中国科学与艺术学报》《中德年鉴》《中国》《东亚评论》等学术期刊，从而将一大批德语世界文化名人吸引到了身边。他翻译的中国典籍不仅走入千万德语读者的家庭，而且还被转译成法、英、荷、意等多种文字，产生了惊人的影响，为中国文化在德语世界的传播作出了杰出贡献。对此，加拿大华裔学者夏瑞春(Adrian Hsia)总结道：“德国整整几代人对中国思想的了解都归功于卫礼贤。开始时，他在中国为基督教信仰传教，最终在德国成为了中国文化的传播者。”③

不幸的是，由于早年的疾病以及在创建中国学社后疲于工作奔波，卫礼贤身体每况愈下。1930年初，卫礼贤被送入图宾根热带病医院进行治疗，但为时已晚，3月1日，卫礼贤与世长辞，享年57岁。在30年的汉学生涯中，他为后人留下了共28部著作、200多篇专业学术论文，以及大量文章和书信，对这一思想宝库的整理与出版工作则迄今都还没有完成。

---

① 转引自徐若楠：《中西经典的会通——卫礼贤翻译思想研究》，上海：上海译文出版社2018年，第102页。

② 司马涛：卫礼贤生命中的最后十年，叶瑶译，载余国峰、张振华编：《卫礼贤与汉学——首届青岛德华论坛文集》，北京：商务印书馆2017年，第145页。

③ Adrian Hsia：„Nachwort“. In：Adrian Hsia (Hrsg.)：*Deutsche Denker über China*，1985：388.

为纪念卫礼贤对中德文化交流所作出的杰出贡献。本栏目在此特推出一篇关于《论语》译本诞生始末的论文和一段节选自 1911 年版《老子道德经》的译文。这些论文和译文不仅是向卫礼贤个人的致敬，更是对中德文明交流互鉴历史的回顾与反思。

卫礼贤版《论语》译本初探

华中科技大学 谭 渊

摘要：德国汉学家卫礼贤对中国先秦典籍的翻译与传播作出了重要贡献，而他的第一项重要翻译工作就是1910年出版的《论语》新译本。在开始这项工作之前，卫礼贤首先翻译了《三字经》和《圣谕宝训》等带有儒家思想烙印的短篇作品，进而在1905年发表了《论语》节译本。在与德国著名的迪德里希斯出版社接触后，卫礼贤制订了系统翻译中国古代思想典籍的计划，并在1910年正式发表《论语》全译本。在这个新译本中，卫礼贤勇敢挑战殖民主义思想，表达了他对孔子的尊崇。同时，他的译本采取"双重翻译"，兼顾了学者和普通读者的不同偏好，不仅打开了一扇文化交流的窗口，也在中德文化间开辟了相互借鉴的新渠道。

关键词：卫礼贤；《论语》；孔子；翻译；文明互鉴

德国汉学家卫礼贤(Richard Wilhelm)对中国典籍的系统研究与翻译从《论语》开始并非偶然。早在1902年，卫礼贤在兴办学堂过程中就对在中国传统教育中占有重要地位的儒家典籍产生了兴趣，并首次在上海出版的德文杂志上发表了他翻译的《三字经》(*San Tsü Ching*, *der Drei-Zeichen-Klassiker*)。同时，他还翻译了作为中国伦理和文化思想汇编的《圣谕宝训》。而通过对经典著作的深入研究，他对中国古代思想家也有了初步的认识。1903年，卫礼贤在青岛首次举行学术报告，题目为《孔子在人类代表人物中的地位》(*Die Stellung des Konfuzius unter den Repräsentanten der Menschheit*)，他将孔子视为与歌德同样伟大的人物。卫礼贤的这篇报告在当时颇有些离经叛道的意味，因为在19世纪西方殖民扩张和帝国主义时代，随着中国国力的衰落，孔子和儒家思想已经被视为导致中国落后的重要根源，以至于孔子形象在19世纪后半期的西方一落千丈。卫礼贤却在此努力为孔子平反。他指出："孔子是为地球上最伟大的民族指出千百年的安宁和太平之路的人物""他所宣扬的道德思想与世界上的其他宗教相比毫不逊色"，为中华民族作出了"伟大的贡献"，在历史上影响了整个东亚，也就是世界上三分之一的人口，在整个人类历史上都难以找到第二个能像孔子一样让自己思想得到广泛认可的伟人；同时，孔子身上所显示的人格魅力、他对迷信的拒斥、对真理孜孜不倦的探求，都使他超越了时代的界限，成为人类历史上的伟大榜样。① 卫礼贤的这段话并非出于对孔

---

① Richard Wilhelm, *Die Stellung des Konfucius unter den Repräsentanten der Menschheit. Vortrag gehalten in der Deutschen Kolonialgesellschaft Abteilung Tsingtau*. Tsingtau, 1903.

子的盲目崇拜，这证明他最晚在1903年就已经深入研究了儒家的典籍，并由此产生了对儒家思想的深深崇敬，这与他后来在青岛创立尊孔文社是一脉相承的。这些译作和论文也成为卫礼贤汉学生涯的起点。

1.《论语》全译本的诞生

1905年，还是传教士的卫礼贤就正式在《东方世界》(*Die Welt des Ostens*)上发表了《论语》的节译本，他在序言中指出："在中国所有的古典文学作品中，《论语》可能占据了最重要的地位。"这部作品在中国是"学校中首先被背诵和解释的经典，为整个中国受教育阶层提供了道德和宗教信念的基础……"同时，他意识到："我们要了解中国知识分子的生活，就必须从顶层着眼。"因此决心通过翻译让德国人"更接近中国的伟大导师……，并弥合我们的知识生活与我们普通概念中的远东之间的鸿沟。"①

初战告捷后，卫礼贤继续研读儒家典籍，并对已有译本不断扩充。1907年，在返回德国休假期间，卫礼贤利用闲暇时间完成了《论语》全译本的初稿。但与驻青岛的"德国文化代表团"宣传员、新教神学家、作家保罗·鲁尔巴赫(Paul Rohrbach，1869—1956)进行讨论后，他却对德国人能否真正理解书中的内容产生了怀疑。最终，他决定以平行译本的形式向德国人介绍这部经典：一个译本采取直译，另一个则侧重于解释其内涵。为此，他已完成的译稿也必须推翻重来一遍。然而，要为整部《论语》的德译本找到一家出版商却并非易事。卫礼贤联系了许多出版商，他得到的答复却是："这里有谁会关心中国？"为了打开局面，经鲁尔巴赫介绍，卫礼贤节选译本中的部分内容发表在了德国杂志《普鲁士年鉴》(*Preußische Jahrbücher*)上，同时还刊登了一篇介绍孔子的文章：《孔夫子》(*Konfuzius*)。1909年，他又在《传教信息与宗教学杂志》(*Zeitschrift für Missionskunde und Religionswissenschaft*)发表了名为《孔子的意义》(*Die Bedeutung von Konfuzius*)的论文。

不过，在卫礼贤带着手稿和失望回到青岛后不久，他就收到了哲学家格奥尔格·米施(Georg Misch，1878—1965)的来信。米施博士当时正在中国、日本等亚洲国家旅行，他虽然与卫礼贤素不相识，但这位日后的马尔堡大学和哥廷根大学哲学教授却敏锐地感觉到了东方哲学的魅力，于是介绍他与出版商迪德里希斯父子联系，因为他们虽然是商人，但却并不仅仅只关心金钱，而是更看重文化的传播，正有意出版一套介绍东方宗教与哲学思想的丛书。于是，卫礼贤就这样开始了与迪德里希斯出版社的合作。

在1909年2月9日写给出版社创始人欧根·迪德里希斯(Eugen Diederichs)的信中，初出茅庐的卫礼贤感谢对方有意出版《论语》译本，并将其纳入《各民族宗教之声》(*Religiöse Stimmen der Völker*)丛书，他对出版社方面提出的版税标准表示完全同意，并

① Richard Wilhelm, Die chinesischen Klassiker. Lun Yü oder die Gespräche des Confucius[J]. *Die Welt des Ostens*, 1904: 45-46.

随信寄上了《论语》前两章的译文，而剩下的译文也只需稍加修改就可以寄出。于是，《论语》译本的出版事宜就此敲定。此后，他们又就《论语》译本出版的细节以及后续译作的选定问题进行了多次通信交流。7月6日，卫礼贤将整理好的整部《论语》译稿寄给了出版社。但仅过了一周，卫礼贤似乎又有些动摇了。因为著名汉学家福兰阁(Otto Franke，1863—1946，又名傅兰克)在这期间写信给卫礼贤，表示计划出版一套《人类宗教经典》丛书，其中将收入包括《论语》在内的"四书"。卫礼贤在7月13日将这一消息转告给了迪德里希斯出版社。9月16日，他又再次致信，表示他已从其他出版社收到翻译"四书"的邀约，暗示自己愿意将剩余三部儒家经典也翻译出来，但更愿意将译本出版的优先权交给迪德里希斯出版社。欧根·迪德里希斯显然作出了非常积极的回应。因此，在《论语》译本正式出版时，我们发现，一个独立的"中国宗教与哲学"系列取代了原先的丛书出版计划，《论语》则成为系列丛书中第一部呈现给德语读者的经典作品。

从这一时期卫礼贤与迪德里希斯之间的往来信件中我们可以得知，新的系列丛书计划正是出自卫礼贤之手。卫礼贤在1910年3月就已提出了一个几乎囊括所有中国儒家道家重要思想经典的庞大翻译计划。在此后20年里，卫礼贤令人叹为观止的中国典籍翻译工程正是以此为基础展开的。甚至直至1930年1月，即他去世前夕，他还在与迪德里希斯商议丛书最后一部分应包含的具体书目。对卫礼贤而言，向德国文化界打开中国哲学思想宝库的大门无疑值得他奉献毕生心血。

我们不妨在此审视一下卫礼贤在1910年3月6日的信中所列出的中国古代思想经典翻译计划：

1. 远古的《易经》选译

2.《列子》选译(泛神论哲学)

3.《韩非子》和《淮南子》选译(玄学—炼丹术)

4. 玄学文献选译

5.《中庸》和《大学》全译以及《礼记》(包括了前两部经典)中的宗教内容选译，合为一册

6. 儒家的自然哲学(周敦颐、二程、朱熹)选译

7. 或许还有《庄子》和老子的《道德经》?

8. 最后是《孟子》选译?①

这一丛书计划即便在我们今天看来依然十分惊人，更不用说在一百多年前，其中大多数著作当时在德语世界中都还罕有人涉足，其翻译难度可想而知。对于这一选题方案的代表性与全面性，卫礼贤在信中进行了详细的论证：

---

① Ulf Diederichs ed., *Eugen Diederichs. Selbstzeugnisse und Briefe von Zeitgenossen*. Düsseldorf, Köln: Diederichs, 1967: 172-178.

《中庸》与《庄子》之间并无联系，庄子是道家学派最重要的哲学家之一。而《中庸》和《大学》这两部书中的宗教素材比《论语》更为丰富。这两部书的篇幅总共只相当于《论语》的三分之一。此外，照我的思路，我非常愿意继续翻译道家经典。我提议出版《易经》最重要部分的节译本，该经典是中国宗教和哲学的基础，也是道、儒这两个分支宗教的共同基石。至于道家经典：老子的《道德经》已有多个译本，基本不值得再出新译本了。泛神论者列子（大约公元前450年）的著作已有1877年花之安发表的全译本，但非常难读，且有曲解之处。然后是持怀疑论的神秘主义者庄子（约公元前300年），岛屿出版社刚宣布要出版《庄子》，须看一下他们的译本和选段，才能知道有无必要重译。另外，还有《韩非子》（公元前3世纪）和《淮南子》（公元前2世纪）也很有意思，也许可以将这两部书整合为一卷出版。此后，也许还可以选译一些秘密宗派的宗教文本，我手头就有这么一批，它们常让人想到诺斯替教的推想。至于儒家经典，除《中庸》和《大学》外，还可出版一部仅限于宗教和自然哲学的材料汇编，并进一步深入探讨宋代的自然哲学家，包括周敦颐（1017—1073）、二程兄弟（1032—1085，1033—1107）和朱熹（1130—1200）。①

在3月6日的信中，卫礼贤还提出了两项中国文学经典翻译计划，一是中国诗歌选集，卫礼贤和任教于德华大学的赫善心博士（Dr. Harald Gutherz）已成功合译出了一些诗篇；二是选择针对当时非常热门的宗教史研究，翻译相关文学作品，其中首推《西游记》，卫礼贤说德华大学的另一位教师莱辛（Ferdinand D. Lessing，1882—1961）愿意接受这项任务。但也许是因为中国思想经典翻译工程此后几乎占去了卫礼贤所有的工作时间，这两个文学翻译计划最后都中途夭折，卫礼贤后来虽然推出了译诗集，但规模很小，而《西游记》中的故事则只翻译出了两篇，发表在1914年出版的《中国民间故事》（*Chinesische Volksmärchen*）中。

2. 对孔子形象的塑造

1910年夏，《论语》的德语全译本 *Kungfutse Gespräche* 由迪德里希斯出版社正式出版，书名回译为汉语便是《孔夫子谈话录》。9月9日，卫礼贤曾致信欧根·迪德里希斯，感谢他丁8月17日寄来《论语》译本样书。当时由于中国国势衰微，与卫礼贤同时代的许多欧洲汉学家大多从西方中心主义出发，带着文化上的优越感，将在中国文化中占据核心地位的儒家思想视为导致落后的根源，对孔子的评价也大多较为消极。而在卫礼贤之前，德语世界中翻译过《论语》的仅有19世纪汉学家硕特（Wilhelm Schott，

---

① Ulf Diederichs ed., *Eugen Diederichs. Selbstzeugnisse und Briefe von Zeitgenossen*. Düsseldorf, Köln: Diederichs, 1967: 172-178.

1802—1889）一人。因此，在20世纪初的时候，德国学界大多是跟在英国、法国汉学家后面重复一些带有殖民主义色彩的陈词滥调，直接将儒学视为导致中国贫穷落后、僵化腐朽的根源。正是卫礼贤的努力使得《论语》这部儒家典籍在20世纪初重新以“东方经典”的姿态进入德国人的视野，尤其在力图重建西方道德秩序、消除资本主义弊病的进步知识分子眼中，《论语》中所描述的个人修养与社会秩序、政治生活与道德基础之间的关系更是发人深省。

对于一度被西方妖魔化的孔子形象，卫礼贤也挺身而出，提出了重新认识孔子的要求。他在1910年的《论语》译本前言中写道：“数千年以来，孔子是绝大多数中国百姓心中的理想化身。不理解他的思想，就不可能对这样一个民族作出评价。然而，西方还远未对这一人物给予充分的肯定。要想对这一伟人作出客观的评价，我们就必须首先抛开个人的主观倾向，而只将其实际的作用和影响纳入视线。”而一旦抛弃偏见，人们就不得不承认，孔子“的确是一个伟大的人”。为了使德国读者抛弃成见，尽可能去接近孔子思想的真正核心，卫礼贤挑选了德国哲学中最为生动的一些概念，用它们在《论语》译本的前言中建构起了一条跨越东西方文化差异的沟通桥梁。他将孔子的道德观简要总结为“克己复礼”和“为政以德”两个原则。首先，“人们要想持久地克制自己，只能通过一种道德人格的力量，而非外部法律的强迫”；其次，“国家的整体秩序须建立在人的自然基础事实之上，政治生活要以道德为基础”。① 德国读者很容易由前者联想到康德提出的建立在理性基础之上的“道德律令”，由后者联想到在启蒙时代德国大行其道的自然神学及实践哲学。卫礼贤进一步解释道：“孔子给我们印象最深的就是在道德人格上的独立——不被报酬、惩罚等任何外部视角所干扰，冷静地对一切迷信、歪曲敬而远之，孜孜不倦地钻研追求人生的真理、圆满的统一，始终追求正确表达内心的信念——正是这些因素使他超越了所处的时代乃至一切时间上的限制，赋予了他榜样的力量”。而这个榜样使得“中国历史上出现了层出不穷的仿效者”，他们“即便在不利的条件下，也充满了坚决捍卫真理和正义的勇气”。②

卫礼贤还从世界历史的角度对孔子形象进行了新的定位。其实，早在1908年发表于《普鲁士年鉴》的《孔夫子》一文中，卫礼贤就已经非常明确地提出：孔子与创立犹太教的摩西一样，不仅同样创立了一整套社会秩序，而且在民族发展史上也扮演了决定性的角色：“在所有同时期的古老民族当中，除犹太人外，只有中国人存续至今并充满青春活力，这要归功于孔子。”而历史上的摩西并没有能挽救以色列国，因此，卫礼贤认为，从对世界历史的贡献来看，孔子“为占全世界四分之一人口的中华民族所做的，或许比摩西为犹太人所做的还多，故而我们对他的崇敬也应不逊于对任何一位人类的代表”③。后来，卫礼贤还在《孔子的生平与著作》《孔子和儒家》等著作和演讲中多次强调

---

① Richard Wilhelm, *Kungfutse Gespräche*. Düsseldorf, Köln: Diederichs, 1975: 5-33.

② 同上。

③ 同上。

了孔子在人类历史上的伟大地位，指出孔子理应受到后世的爱戴和世人的敬仰。卫礼贤的这番描述构建起了作为思想启蒙宗师的超越时代的孔子形象。而这一时代欧洲人面对高速发展、令人难以适应的现代社会，正试图到东方哲学中找寻一些似乎可以亘古不变、超越时空的古老智慧，卫礼贤塑造的孔子形象正迎合了这种心理需求。因而他的《论语》新译本刚一问世，就在德语世界引起了广泛关注。

对于《论语》译本的出版，黑塞马上以最快速度在 1910 年 7 月 6 日出版的《慕尼黑报》上发表书评，表示了祝贺。他称赞卫礼贤译本"精确细致"，使德国人改变了对孔子的看法，在阅读过程中，"起初似乎令我们困惑的事物，不久变得自然，起初令我们震惊、让我们觉得单调的，不久变得富有吸引力"，读者从中了解到孔子与"西方伟大思想家最核心的特质是相同的"，并由此看到"两种世界是可能融合的"。① 这让人不得不对卫礼贤的译本肃然起敬，并"感谢其工作"。中国学者辜鸿铭在 6 月 10 日给卫礼贤的信中也祝贺道："很高兴得知您正在进行的出版计划，这会使欧洲人更好地了解中华文明。在我看来，与传播欧洲现代文明到中国来相比，这项工作更为必要。"②

在解读方面，卫礼贤与前辈汉学家最大的区别在于他放弃了自明朝以来被视为正统的朱熹的《四书集注》，在中国学者的帮助下使用了更为古老的注释本作为理解《论语》的参考。同时卫礼贤打破成见，毫无保留地对孔子作出了十分正面的评价，他这种做法自然会遭到同时代相对保守的欧洲汉学家的质疑。福兰阁便写信给卫礼贤，直言"正如我以前所说，我个人并不完全赞同您对孔子的表述。另外，在具体的翻译和解释上，我也有很多地方不能苟同"③。对此，1910 年 10 月，卫礼贤曾致信迪德里希斯，对福兰阁的批评作出如下回复：

> 我丝毫不感到惊讶。从专业文献的角度来说，我可以坦然面对自己观点中的矛盾之处。之所以如此，正是因为我摆脱了对中国正统注释的依赖，正如我摆脱了国内汉学的正统学说。我这样做自有我的理由……此书所面向的是一个更广的群体，我们这个时代的汉学家还是没有丢掉陈旧的神学思想偏见，用自己的标准去衡量非基督教的现象。而我始终坚信，现在要想真正理解一种像孔子这般与我们如此迥异的现象，唯有充满爱心地沉浸其中，并具有不带成见去加以理解的诚意。④

在大众读者中，卫礼贤所强调的中西文化共通性和他对儒家思想的正面阐释也赢得

① 黑塞：《黑塞之中国》，谢莹莹译，北京：人民文学出版社，2011 年，第 116-117 页。

② Hartmut Walravens ed., *Richard Wilhelm*: (1873-1930), *Missionar in China und Vermittler chinesischen Geistesguts*. Nettetal: Steyler Verlag, 2008: 286.

③ 转引自徐若楠．中西经典的会通——卫礼贤翻译思想研究[M]. 上海：上海译文出版社，2018：166.

④ Ulf Diederichs ed., *Eugen Diederichs. Selbstzeugnisse und Briefe von Zeitgenossen*. Düsseldorf, Köln: Diederichs, 1967: 179.

了很多拥护者，例如德国著名牧师肯特(August Kind，1854—1915)就盛赞卫礼贤的《论语》译本，指出"我们要想理解中国人，就要了解他的精神特质，我们若要影响中国人，用基督教影响他们，就要与他们那里的真理元素建立联系，但要做到这一点，我们就必须了解这些内容，第一个要求就是要熟悉孔子这个人和他的学说，因此，卫礼贤牧师对《论语》作了可靠的翻译和阐释，是一个伟大的贡献"。肯特还特别引用卫礼贤译本中的"子威而厉，威而不猛，恭而安"一句来刻画孔子。① 由此可见，卫礼贤1910年发表的《论语》译本有效地向20世纪西方人展示了孔子的思想和人格魅力，对于德国文化界转变立场，重新积极评价孔子乃至整个儒家文化都发挥了积极作用。

3. 译文的处理

《论语》译本的出版对卫礼贤成长为一代汉学家的道路具有重要意义。如果从1902年涉足《三字经》翻译算起，此时的卫礼贤已有9年的中国典籍翻译经验。如果说他对《三字经》和《圣谕宝训》的翻译只能算最初的练笔，那么到选译《论语》篇章和中国诗歌时，他才算是小窥门庭，进入了业余译者的行列。现在《论语》终于以全译本形式正式出版，再加上卫礼贤在1904年和1905年两度发表的《大学》节译本，这些译作已开始成为一个系列，意味着1910年的卫礼贤已经不再是一个初出茅庐的业余翻译。而从他精心构建的《论语》全译本可以看出，一种带有互文特征和阐释韵味的文化翻译风格开始清晰地呈现在读者面前，其对前人译本的批评与改进也越来越切中要害。总而言之，他已成长为一位在儒家典籍研究与翻译方面都颇有造诣的专业人才。

在1910年发表的第一版《论语》译本前言开头，卫礼贤强调了理解"远东宗教和伦理"及其"文化基础"的重要性，而这不仅要求译者超越文化之间的障碍，同时也要跨越两千多年的岁月鸿沟。因此，他必须为《论语》找到"一种既忠实、简明，又易于现代人理解的译文"：

> 最后，我找到了一条出路，在大多数情况下，我给出双重译文，一种是字面上尽可能贴切的翻译……，另一种是用现代语言进行的如实翻译。在如实的翻译中，我利用了古老的注释，并且还努力把那些经常有点神秘的中文短句背后的关系表现出来，了解背景知识对于真正的理解是绝对必要的。在中文翻译中，最真实的情况莫过于：若只译出词句，就会言之过简。尽管如此，我相信我不能没有这些术语。原因在于，尽管我为把握真正的意义作出了种种努力，但恰恰只有这些术语能准确反映出我对意义的领悟。当然我不能说我的领悟是唯一正确的，它应该只不过是为现代读者发掘文本中隐藏的宝藏而作的一种尝试。……当然，有时在欧洲读者看

① August Kind, „Pfarrer Wilhelms *Gespräche des Konfuzius*". *Zeitschrift für Missionskunde und Religionswissenschaft*, 1910: 227-235.

来，改写后的内容远远多于文本中的内容。从表面上看，有时的确如此，因为我常常吸纳了理解所需的材料。然而，客观地说，这种改写是以我所理解的文本为基础的。至于那些必不可缺的历史文献和文本考据材料，我已在注释中做了说明。①

卫礼贤在此所说的“字面上尽可能贴切的翻译”便是通常所说的直译，“用现代语言进行的如实翻译”则是意译，也就是他在后面提到的“改写”(Umschreibung)。下面这段摘自德译本第一版中《学而》开头的例子可以帮我们了解一下卫礼贤的“双重译文”的具体呈现形式。此段原文为：“子曰：学而时习之，不亦说乎？有朋自远方来，不亦乐乎？人不知而不愠，不亦君子乎？”在卫礼贤给出的第一种“字面上尽可能贴切的翻译”中，此段被译为：

Der Meister sprach: Lernen und fortwährend üben: Ist das denn nicht auch befriedigend? Freunde haben, die aus fernen Gegenden kommen: Ist das nicht auch fröhlich? Wenn die Menschen einen nicht erkennen, doch nicht murren: Ist das nicht auch edel?

【回译】大师说：学习并且不断地实践，这难道不是令人满意的吗？有来自远方的朋友：这不也是快乐的吗？如果人们不认可一个人，他却不埋怨，这难道不算高尚吗？

而列在同一页的第二种“用现代语言进行的如实翻译”中，这段话则呈现为：

幸福在于有可能贯彻自己的原则。但这并不取决于我们。即便那些被剥夺了这一切的人，也会有幸福感。占有过去时代的(精神)遗产，并在实践中将其拥有，这也同样带来满足感。如果此后越来越大的名气又引来了来自遥远地区的追随者，这同样带来欢乐。看到自己被世界误解，而并不在内心中感到痛苦，这同样是灵魂的伟大。

很显然，第一种译法准确给出了原文字面的含义，而第二种译法则带有解释性，对原文背后的语境、上下文逻辑关系、文字内涵都进行了交代。为了对术语进行准确的解释，卫礼贤还为文中的“学”字添加了以下注释：

中国的“学”字，通常被翻译为“学习”。在孔子这里，它应理解为以实际应用为导向来研究正确的生活行为原则。它是对传承下来的文化遗产的占有，这对人格

---

① Richard Wilhelm: *Kungfutse. Gespräche*. Düsseldorf, Köln: Diederichs, 1975. 本节所引译文均出自这一版本，以下不再一一注明。

的形成是必要的。对孔子来说，没有脱离伦理意义的纯理论知识。(参见翟理思，第53页)文中提到的各阶段对应了大师自己的人生历程。

卫礼贤的这段译文显示出他非常熟悉同时代英国汉学家翟理思(Herbert Allen Giles，1845—1935)、理雅各(James Legge，1815—1897)等人的中国经典研究和译本。虽然自19世纪末以来理雅各的《四书》英译本一直备受推崇，也是卫礼贤学习的榜样，但卫礼贤仍然有意与之保持了距离，没有像前者那样就《论语》中的古代词汇进行大量考证和注释，他仅仅把注释限制在很小的范围内，主要精力则放在通过"改写"为读者提供易于理解的译文方面。但这一点也使他的译本在一些汉学家那里备受争议，因为在许多汉学家心目中，他们的任务是深入研究中国文化，而并不负有着向公众传播中国文化知识的责任。由于学究们在卫礼贤译本中无法找到他们期望看到的详尽考据和无数脚注，便认为这是一个肤浅的业余译本。事实上，从这一译本的产生过程来看，卫礼贤与他身边的中国学者进行了大量合作，甚至还请教过孔子后人。而辜鸿铭的《论语》英译本也成为他的重要参考。如果仅仅因为卫礼贤译本没有展示出语言学方面的深入考据就否定其价值，显然是过于武断了。

事实上，卫礼贤的"双重翻译"非常适合非专业人士阅读，在受过良好教育的中产阶级和高级知识分子中找到了广泛的读者群。因为《论语》原文主要由简短的对话组成，对于具有相关背景知识的汉学家来说，第一种贴近字面的翻译就已足够，而对于普通读者来说，第二种经过了改写的译文则可以使他们对孔子思想的体系性和实际意义都获得更深的认识。这也是卫礼贤译本问世后大受欢迎的直接原因。此外，《论语》译本问世后，卫礼贤又根据出版社的建议对第一版进行了少量修改，并依据新资料更新了部分历史描述，在1914年推出了第二版，此后再版的卫礼贤《论语》译本均以该版本为准。

为了使中国儒家思想更贴近德国人的语言世界，卫礼贤在译本中引入了大量西方文化中的概念和事物作为参照系，例如他将孔子称为中国的康德，并通过使用康德式的术语和论证使之更为具体化。他还将基督教、犹太教、希腊罗马文化乃至歌德、莎士比亚、卢梭都引入比较研究，在强调人类思想共同性的基础上对儒家思想进行了重新阐释，甚至屡屡通过创造性的翻译使中国文化中的关键词在西方语境中获得新的外延。但这并非一种殖民主义的翻译模式，因为欧洲文化中的概念在被引入中国语境之后，其内涵也往往获得了拓展。例如儒家的核心概念"仁"在西方并没有完全对等的概念，卫礼贤将其译为Menschlichkeit。同时，儒家有"仁者爱人""己所不欲勿施于人"原则，它正好拓展了Menschlichkeit一词所指涉的人际关系，使其内涵从强调"人与人之间关系"变为更为积极的儒家"仁爱关系"。在译文之后，卫礼贤还特地通过一个注解告诉欧洲读者，儒家的"仁"所追求的是人性的完美及完满的人格状态，接近于《新约》里的"博爱"，从而引导欧洲读者将思绪从"仁"延伸到《圣经》中"爱你的邻人"的教诲，进而加深他们对儒家伦理的理解，基督教的博爱思想与儒家伦理中的“仁爱”思想之间也由此打开了一扇对话的窗口。①

通过以上的简要分析可以看到，卫礼贤的《论语》德译本为一场生机勃勃的文化互动和交流互鉴盛会奠定了文本基础，这对于中德双方而言都意义重大，而他富于创造性的译文也在中德文化间开辟了思想互鉴的新渠道，不仅打开了一扇文化交流的窗口，也开启了生机勃勃的文明互鉴之路。

参考文献

[1] Diederichs，Ulf ed. *Eugen Diederichs. Selbstzeugnisse und Briefe von Zeitgenossen* [C]. Düsseldorf，Köln：Diederichs，1967.

[2] Kind，August. Pfarrer Wilhelms *Gespräche des Konfuzius* [J]. *Zeitschrift für Missionskunde und Religionswissenschaft*，1910.

[3] Walravens，Hartmut ed. *Richard Wilhelm*：(1873-1930)，*Missionar in China und Vermittler chinesischen Geistesguts* [C]. Nettetal：Steyler Verlag，2008.

[4] Wilhelm，Richard. *Kungfutse Gespräche* [M]. Düsseldorf，Köln：Diederichs，1975.

[5] Wilhelm，Richard. *Die Stellung des Konfucius unter den Repräsentanten der Menschheit. Vortrag gehalten in der Deutschen Kolonialgesellschaft Abteilung Tsingtau* [E]. Tsingtau，1903.

[6] Wilhelm，Richard. Die chinesischen Klassiker. Lun Yü oder die Gespräche des Confucius [J]. *Die Welt des Ostens*，1904.

[7] 黑塞．黑塞之中国[M]．谢莹莹，译．北京：人民文学出版社，2011.

[8] 徐若楠．中西经典的会通——卫礼贤翻译思想研究[M]．上海：上海译文出版社，2018.

---

① 徐若楠：《中西经典的会通——卫礼贤翻译思想研究》，上海：上海译文出版社，2018年，第254页.

卫礼贤译《老子道德经》第一版导言[①]

[德]卫礼贤(Richard Wilhelm)　著
华中科技大学　谭　渊　盛可心　译

在一众专业汉学家眼中，若今天有人敢斗胆翻译《老子道德经》，就须先找到一番堂而皇之的托词。因为近百年来还没有哪部中国作品像《道德经》一样吸引了如此众多的翻译家为之付出辛劳。其文本的神秘与艰深给人们带来了无尽的思考和感悟，即便是中国学者要准确理解《道德经》也殊为不易。这使得初窥门庭的汉学家往往在面对此项任务时勇气倍增——既然连中国学者都难堪重任，他也就把自己对《道德经》的误解当成理所当然了。事实上，这种对个人理解的辩护往往遭到肆意滥用。在德语译本中，据称有不止一种对这部先贤作品的自由改译并非基于对中文原本的研究，而是基于对其深刻哲学内涵的直观把握，而那恰恰是缺乏智慧的英文、法文译本所遗漏的。奇怪的是，那种思想上的亲近感常常是如此强烈，以至于那位中国古人竟在思想方面呈现出与诸位译者惊人的一致性。

人们不禁要问，既然译本已是如此之多，为什么现在还要再增加一种呢？有两个原因给了我推出眼前这一新译本的勇气。这首先涉及整体规划。在有关中国宗教和哲学的文献中，即使只计划推出最最重要的部分，也无论如何不能缺少这本影响力如此之大的小册子。之所以产生这种情况，是因为它恰好处于自然形成的关系网的最核心位置上，其光芒适合揭示和澄清许多孤立来看必定倍显陌生或难于理解的事物。第二个原因是，围绕这位中国先贤有着为数众多的现代诠释，正因为如此，让他本人再度发声也许是个非常不错的主意。

关于老子的研究文献绝不是个小数目。我在研读过程中发现，关于老子的新解读与旧有解读相比在数量上完全不成比例。换个角度则可看到，一本书中的某些看法始终贯穿于后世著作中，时而得到承认，时而遭到否定。在这种情况下，从现有的欧洲文献中再次汇编出一部新书来显然不足为道，只有从中国文献中获得新收益才是可取之道。因此，无论是在翻译还是在解释中，本书都使用了中文文献。欧洲的文献当然也并不会被全然抛开，至少它们并没有放过有关《道德经》的任何一个重要问题，但它们只处于次要地位。在某些情况下，淡然处之也是一种应对之策，尤其是在没有足够的篇幅来详

① 基金项目：本文受教育部人文社会科学研究后期项目“《道德经》在德语世界的译介与影响研究”(22JHQ044)资助。

述所有细节和论证自己观点的情况下。就老子研究而言，每天都会有新的发现，能奉献出新知新解或许也正是其诱人之处。然而本书中关于《道德经》的一些陈述在某些人看来也许已然过时。此外，在一些大家期待看到明确结论的地方，本书不得不依然存疑。但世界就是这样子，你不可能取悦所有人。总之，我在阅读这本中国小书的过程中度过了许多惬意的静思时光，如果有读者也能感同身受，那么这次重译的努力就没有白费。

我在此要衷心感谢新近在青岛建立的德华大学的法学系讲师郝善心博士，他的论文《老子关于人类社会的思考》以及他为解读第 80 章而翻译的艺术童话为本书增色不少，同时我也衷心感谢高级教员弗里德里希·伯伊先生热心校阅了本书。

1910 年 12 月 1 日，卫礼贤

导　言

作者其人

关于眼前这本格言集的作者，有史可考的资料少之又少，以至于那些在汉学领域中才刚刚起步的批判家们干脆对其视而不见，直接把这位作者连同他的著作一起扫进了神话研究领域。作者本人对此当然不会抗议，因为他本就淡泊名利，精于遁世，无论生前身后，“其学以自隐无名为务”。这是中国史学家司马迁(公元前 163 年—前 85 年)对他的评价。多亏了这位史学家，我们才能对作者的生平有最起码的了解，心里也得到些安慰。这个在欧洲闻名遐迩的老子，并不是一个专有名词，而是一个应翻译成“老人”的称呼。老子姓李，名耳，字伯阳，谥聃，亦可称老聃(字面上意为“老迈的长耳朵”，实指“老教师”)。在中国，李姓所占比例之高即便是德国第一大姓迈耶(Maier)也望尘莫及。老子可能出生于今天的河南省，位于所谓华北的最南端，他比孔子年长约 50 岁，因此大约出生在公元前 7 世纪末。在世时，他曾在洛阳担任过王室的守藏室史，孔子在周游列国时曾在王宫中与老子相遇，两位大家的这场相会在中国典籍中被广为传颂。除上面所说的《史记》外，孔子学派所著《礼记》，以及相当晚才成书的《孔子家语》，还有相对较早一些的道家文献都有对此次会面的直接或间接描写。至少在汉朝建立时(公元前 200 年)这次会面就已经妇孺皆知，在山东西部嘉祥县附近出土的著名汉墓壁画就形象地描绘了一幅场景：孔子在拜访老子时，向他赠送了一只大雁。关于二人对话的内容则有各种各样的版本。有一点上大家是一致的：老子对孔子所尊崇的古代英雄颇为不屑，并且努力试图让孔子相信，他在文化上的追求是毫无希望的。而孔子在门徒们面前却对这位高深莫测的智者表示了崇高的敬意，把老子比作了乘风御云的神龙。总的来说，这段对话的内容脱胎于《道德经》中的片段以及《论语·微子》中孔子与“隐士”的会面。但显而易见，那次谈话并没有留下可靠的记录。因此我们难以决断，是否应该像沙畹在其《史记》译本(第五卷，巴黎，1905 年，第 300 页)中那样将其纳入传说之列。值得注意的是，《论语》中曾多次提及此类会面，但却偏偏没有关于这次谈话的蛛丝马迹。

据说，当国家状况江河日下，恢复秩序已毫无希望时，老子决定归隐。照后人的说法，他骑上一头黑牛，来到了函谷关，这时，边境官员尹喜请求他为自己留下一些文字性的东西。应此要求，老子写下 5000 余字的《道德经》交给了他。而后他向西行去，没有人知道他去了什么地方。与这段叙述相衔接的传说宣称，老子去了印度并结识了佛陀。这种说法的确可以理解。在后世佛道二教之争中，双方都坚称对方宗教的创始人借鉴了自己一派的教义。而事实上，函谷关的确地处周朝西部，但从当今中国版图来看，它不过位于中国的中部地区。因此，老子绝无可能与佛陀有过亲身接触。那只不过是后世人们想象出来的画面，却并未考虑历史的真实。

然而，恰恰因为有关老子生平的研究是如此缺乏佐证，关于老子的传说才愈发天马行空。这位遁世老者的形象年复一年愈发高大，最终化身为纵横宇宙、在不同时代中现身于世界各地的伟人。至于那些基于老子名号(也可解读为“年老的孩子”)的奇谈怪论，在我们的研究中就无须再提了。

显然，由于资料少之又少且真实性存疑，我们很难从老子的生平中找到解读其作品的钥匙。同所有历史性的事物一样，这位神秘主义者的生平也渐渐消散在历史长河中，化为虚影。然而我们眼前的这本格言集却仿佛一位独一无二的哲人在对我们诉说，在我们看来，这正是老子曾在历史上真实存在过的最好证明。但是人们必须有对此类事物的敏锐意识，而不是就此争论不休。毕竟这一问题并非至关重要。因为无论其作者是谁，《道德经》已然流传于世。

作品本身

与作者的生平经历相比，这部作品本身在中国典籍中得到了更多的关注。至少《论语》就提及了该书中的一句话(“报怨以德”)，并对其进行了批判(“何以报德？以直报怨，以德报德”，《论语·宪问篇》，第 36 小节)。当然也不排除另一种可能，即这句话的出处更为古老，并非出自老子笔下。但我们也不仅仅依赖于这一证据。首先，人们应该在各种道家典籍中寻找对《道德经》的引用，而事实上这种例子比比皆是。可以确定的是，在《道德经》的 81 章中，绝大部分篇目都曾被生活在公元前的那些举足轻重的道家学者引用过。成书于公元前 4 世纪的《列子》便引用了《道德经》中的 16 个章节。道家学派最杰出的文学家——生活在公元前 4 世纪的庄周(即庄子)将自己的整个学说都建立在《道德经》的思想基础之上。二者的关联是如此密切，若是离开《道德经》，庄子的学说是难以想象的。公元前 230 年死于秦始皇之手的韩非子也曾在其著作的第六、第七章中论及了该书中的 22 个章节，部分解读十分详尽。后来，与司马迁的《史记》(写于约公元前 120 年)产生于同一朝代的另一部著作《淮南子》在第十二章中依照原书顺序，结合历史事例解释了《道德经》中的 41 个章节。总体来说，书中至少四分之三的篇章都可以以这种方式找到历史佐证。就《道德经》这样一部短小精悍的作品而言，这一比例已相当客观。而这也证明，《道德经》既不是后世佛教徒的伪作，也不是像翟理思所说的那样，是司马迁及其门人向壁生造而来。

在汉朝，有多位皇帝研习《道德经》，尤其是汉文帝(公元前197—前157年在位)，其和平简约的执政方式被赞颂为古代圣贤学说的直接产物。他的儿子汉景帝(公元前156—前140年在位)最终将这本书命名为《道德经》(即“关于道与德的经典”)，此后这个名字在中国一直沿用至今。

据说汉文帝是从河上公(河边的先生)手里得到的这本书，此人曾为该书写了一本注解。这位先生的真名和生平均无人知晓。后世的中国学者们甚至怀疑过他是否存在。正是从这个时代开始，对《道德经》的评注变得越来越丰富。但有名可查的汉代评注仅有3本。在现存的准确可考的评注本中，最为古老的是王弼本。这位才华横溢的青年逝世于公元249年，年仅24岁。在那以后，形形色色的评注本蜂拥而出。甚至连清朝开国皇帝都以他名义出版了一部非常著名的评注本①。不过若在此详细列举各种评注本那就未免离题万里了。像《道德经》这样的作品在历史的风雨中多少都会历经沧桑，所以文本绝不会保持在完美无缺的状态，关于这一点本就无需多言。在具体到各个章节时，本书将更为细致地就此进行解读。各篇章的划分也并非保留着原始的状态。最为古老的划分方法似乎只是基于处于相关段落开头的引导词，将其划分为《道》和《德》两个主要部分。此书也由此被总称为《道德经》。我们保留的划分方法——《道经》37章和《德经》44章——并不总是那么准确——各章的小标题据说是出自河上公之手。而最早的《道德经》刻本出现在宋代。

历史地位

中国古老文化的光辉尤其汇聚在孔子和老子这两个焦点上。而真要了解其何以能垂范后世，研究者还必须回溯到他们当年所处的历史环境。对孔子而言，这一点是不言而喻的。他生活在现实世界中，故而深陷于各种历史漩涡的中心。比如《论语》便大量涉及对同时代以及历史上人物的评价。如果抹去这一层关联，也就无法理解孔子。时至今日，欧洲思想界对其依然颇感陌生，这正是因为欧洲所处的历史环境截然不同。而另一方面，他却恰恰能对中国人的精神生活产生巨大影响，并且历经数千年不衰。就老子而言，情况截然不同。没有哪个历史人物的名字出现在他的书里。他根本不愿进入尘世。这就是为什么他在如此看重历史的中国竟只留下了虚无缥缈的模糊痕迹，因为没人能追随他。但这恰恰是他能在欧洲有如此影响力的原因，尽管他与我们在时间和空间上都相隔遥远。

① ［本书注］指顺治年间的《御定道德经》。

太宰春台①的日文评注很好地阐述了他们两位的主张。他先简要概述了历史背景，然后写道，孔子把百姓看作不慎接近水火的孩子，无论如何都必须拯救他们。② 他肯定意识到了这种拯救有多么困难，但他没有因此回避自己的职责。他尝试了每一种能想到的方法。他从古代圣人贤王的治国之道中看到了救世之方，于是努力付诸实践。因此，他孜孜不倦地将生命中最好的年华投入周游列国之中，以便找到愿意践行其学说的君王。促使他在这种绝境中不断努力的，不是无果的忙碌或者对虚名的渴求，而是不可推卸的责任，因为他知道自己才是救世之方的拥有者。由于天下大乱，他陷于孤立无援，最终一切都是徒劳无功，他这才死心。但尽管如此，他也没有忘记自己的职责。他一边教授身边的弟子，一边著书立说，从而构建起一份传承，至少为后世保存了古代社会良好秩序的基本轮廓。他的教诲也像种子一样，有朝一日当条件再次变得有利时，它将成为让世界重获秩序的关键所在。与此相反，老子认为国家患上的疾病不是能通过某种药物治好的——即使那是最好的药物。因为人民的主体处于一种不生不灭的状态。诚然，在更为古老的时代可能也存在过恶劣的情况，但那时的恶行是体现在某个暴君身上。而作为一种强烈的反应，愤怒的人民聚集在高尚的革新者身边，通过积极的行动建立起一种更好的新秩序来取代旧秩序。在周王朝走向衰亡时，情况就不同了。既没有极端的恶行也没有极端高尚者出现。在统治者的压迫下，人民虽然痛苦呻吟，但却再没有力量作出坚决有力的反抗。过错不被视为过错，功绩也不被视为功绩。内心中深切的虚无感已然侵蚀了一切社会基础，因此，在表面上，仁爱、正义和道德仍然被高调宣扬为崇高的理想，而在内心中，贪婪与欲求却在毒害着一切。在这种情况下，重整秩序只会加剧混乱。对于这样一种病态，不是可以通过外部药物就能取得疗效的。人们最好先让遭受侵袭的躯体休息一段时间，以便他能够借助自然的恢复力得以康复。这就是老子遁世之际在《道德经》“五千言”中留下思想遗产的意义所在。

上述简述足以解释老子对历史的厌倦感以及他为何在自己的作品中没有提及任何一个历史上的案例。尽管表述不同、重点各异，18 世纪中叶的卢梭在其“重返自然”理论中其实也宣扬了同样的真理。然而，如果将老子孤立于中国哲学体系之外加以考量就大错特错了，因为二者间有着千丝万缕的联系。诚然，老子并不关注历史，但他并非对中国古代历史缺乏了解，更何况他还曾在周王室中担任管理档案的官员。他在宣扬自己的思想时，常常不假思索地引用古代的箴言警句。他的著作带有丰富的引文，或直白、或含蓄——后一种情况或许还更为多见。在此仅举一例，列子将《道德经》第六章归于传说中的上古统治者黄帝名下，由此可见，那些记载在《道德经》中的内容也同样在其他地方广为流传。根据这一思路，在《德道经》(根据法国汉学家儒莲的说法——原书注)

---

① ［本书注］太宰春台(1680—1747)，名纯，字德夫，号春台，日本信浓人。于儒学、经济、天文、音韵等方面多有建树，著有《六经略说》《经济录》等书。

② ［本书注］此处对孔子原文“民之于仁也，甚于水火”的理解有误，应为“百姓们对于仁的需要，比对于水火的需要更迫切”。

中多次出现的以“是以圣人”作为开头的句子都可追溯到被归于黄帝名下的《三坟五典》。然而，要详尽考证所有此类引文的出处就很困难了，那甚至是不可能的。而且出处本身完全无足轻重，更重要的是整部《道德经》中一以贯之的鲜明思想，无论引文源于何处，里面所有的内容实际上都实实在在地成为作者宝贵的精神财富。我们只需知道一个事实就够了——老子和孔子一样继承了中国古代的思想脉络。这一点甚至可以从儒家学派的著作中得到佐证。我们将“道”这一概念翻译为“SINN”，“德”翻译为“LEBEN”，而“道”和“德”同样也在儒家典籍中占据核心地位。它们在那里只是以一种不同的阐释方式表现出来，并且常见于儒道两派面对面的相互攻讦中。例如《道德经》开篇就对将“道”片面地阐释为历史上的“先王之道”进行了批判，那正是一种在孔子的相关论述中十分常见的观念。而上文已经提到，《论语》中也涉及了老子所代表的对“德”的态度。在其他方面，儒家和道家两派的思想具有高度的一致性，例如两派都高度推崇“无为”的国家治理原则。两派之间难以调和的对立之处在于对“礼”(即道德、礼仪)的评价上，孔子将“礼”置于核心地位，而老子则将“礼”视为社会倒退的表现。一方面，这和老子对整个文化所持的怀疑态度有关；另一方面，孔子在其所有作品中都有意识地表达着对周朝创始人的认同，相比之下，老子所追求的似乎是更为古老的价值体系。在这方面，后世的道家学者也有着清楚的认识，总体都将周朝以前的时代作为其神祇的主要源头(参见《封神演义》)。所有这些都向我们指明：老子至少和孔子一样沿袭了中国古代的思想，而孔子则更为强势地按照自己的观点重新编写了古代流传下来的资料。这些经过编写的资料——《书经》，尤其是《易经》中都存在诸多“道家成分”，这有力地证明了我们的观点。

然而，老子身处当时的时代洪流中，他有时还是备感孤独，所谓“俗人昭昭，我独昏昏；俗人察察，我独闷闷”(《道德经》第20章)。老子这番遭遇和古往今来所有自成一派(“独异于人”)的思想家并没有什么两样，他似乎也并没有对自己不得不接受的宿命感到特别难过。

老子并没有像孔子那样建立自己的学派。对此他既不感兴趣，也没有欲求，因为他无心传道授业，而只是不厌其烦地将自己对大千世界内在联系的所有洞察和思考转化为文字，交托给后世那些志同道合的思考者，让他们参考书中的提示，独立深入纷繁世界，去观察早已被他所揭示的真理。这些他也实现了。无论是在哪个时代，都会有为数不多的思想家透过转瞬即逝的人生表象，仰望世间万物的永恒真谛。其意义之大已经超越了所有思想。他们在此找到了宁静与自在，这使得他们在面对生活中的所谓危难时刻时能够处之泰然，因为生活本身并不具有内在的固有价值。但他们依然是独立的个体。恰恰由于这种对生活解读方式的整体(超越)性，决定了它不可能在民众中成长起来。况且他们也并非都拥有“纯正的义理”。从列御寇(列子)和前文已提到过的庄周(庄子)，到正统儒家学派人物孟轲(孟子)口诛笔伐的对象——利己主义者杨朱和兼爱主义者墨翟(墨子)，再到法家的韩非(韩非子)及与之同时代的秦始皇和身居高位的浪漫主义者淮南王刘安(通常被称为淮南子)，他们中的每一个人都在以各自独特的方式从中各取所需。

而在后来的时代中也有一些人，他们在生存斗争中自居为孔子的学生。他们在遭受了生活打击后走向自我反省，最终放弃了世间所有的荣华，也远离了尘世的纷扰，转而到山中或是在海边找到一个安静的角落，并在《道德经》的字里行间找到了对其人生经历的阐释。在这无数的例子中也许只需举出一个来就足够了。在青岛附近有一座山，名为崂山，在中国文献里它久负盛名，享有“仙山”美誉。寺院隐身于巉岩绝壁之间，透过四面环绕的竹林和接近于亚热带的植被，便可看到辽阔的蓝色大海。在这寂静的山林间住着一些在朝堂党争中失意的高官，他们沉醉于青山绿水，潜心于《道德经》中的箴言警句，重新找到了内心的平静。我找到了一份关于崂山名胜古迹的介绍，它只以抄本形式在寺院中流传，其来历可以追溯到明清更替的动荡时代。一位当年的监察官利用他年老致仕后的闲暇完成了一份笔记，其字里行间无不透露出老子对他的影响。他开门见山地写道：“事物获得真正价值的途径在于通过探索世界本原而散发出它独特的光芒。然大巧不工，大德不彰，大珍不媚。这又是如何统一起来的呢？恰恰是通过认识到真正的光芒无须他人的认可，甚至是为其闪耀的光辉而感到羞愧。天地的恩赐，其意义并不在于是否可为人所用。是的，我们可以说，那些没有广阔胸怀的东西，根本就无法再从外部汲取滋养来补充自己，也根本就配不上伟大之名。”但老子的影响不只局限于中国。在前文已被提及的那个日本人(太宰春台)曾这样评价自己：“虽然我生于两千年后，但我这一生都在忠实地恪守并实践着孔子的教诲。但也可以说我高估了自己的力量。我现在已经快70岁了，已是行将就木之人。我的意志虽依然坚定，但我的身体却已在日渐衰弱。我坐看天下风云变幻，见万物都难逃衰亡。即使我辈中有圣人挺身而出，恐怕也爱莫能助。这与老聃写下五千言(《道德经》)的那个多事之秋并无分别。在这末世，老子的‘无为’要远胜于‘先王之道’。”

在前文所说的崂山道观中有一座名为“白云洞”，多年以前，那里的清修者以在中国流传甚广的精神修炼法为基础编纂了一部二卷本的著作。在此书中，中国古代的圣人智者们次第从历史的幽光中走出来宣扬他们的义理。同同类作品一样，此书时而高深莫测，时而神秘幽暗，时而颇具诗情画意，但又丝毫也不逾越心理学的藩篱。那各派先贤对弟子们的教诲在其基调上都惊人相似，并与清修组织者的个人观点相当契合。此书中有一段话特别有趣：当老子在宣扬他的学说时(自他写下《道德经》以来，在几千年的历史长河中，他似乎一直在宣讲他的学说)，他突然停下来说道，他刚刚被召往英(国)伦(敦)，那里需要他，他将在适当的时候继续他的教学。难道在这座当时并无欧洲人踏足的与世隔绝的山中道观里，那位老道长已经预感到老子将会风靡欧洲？毋庸置疑的是——老子的学说如今已在欧洲有了越来越多的知音。最突出的例子是列夫·托尔斯泰，坦率地说，他认为自己的理论与老子的“无为”思想有着深刻的联系，并对老子推崇备至。

当下涌现的诸多《道德经》译本也证明了这位隐遁老者对大众的吸引力。然而有一点却在迄今为止的研究中被忽略了，那就是老子与道教的关系，它理应最早被想到，但却偏偏无人提及。这自然是有意为之，因为老子并非当代道教的创始人。他虽被道教信徒们当作神来崇拜，但这却并不能误导我们。因为自古以来，中国就不乏善于用《道德经》为自己的观点背书之人。有的人试图将其与儒家学说结合起来，有的人从中发现了佛门的冥想修炼之道，有的人借此探寻炼制丹药或点石成金的法门，有的人将其用于军事或刑法理论，有的人将其与信奉万物有灵的多神论或是某些斋戒仪式结合起来，还有人从《道德经》中寻章摘句，拼凑出祈祷、诅咒的谶语，历史上甚至不乏政治化的秘密宗派试图利用其精神感召力来推翻现有政权——到处都打着老子的旗号。但正如一位中国学者准确指出的那样，所有这林林总总都只是对老子的强盗行径。

众所周知，将中国宗教划分为儒、道、佛三家的通行做法失之粗略，而且也并不符合实际情况。要想真正了解中国宗教，首先必须剔除佛教，而中国也几乎根本就没有正宗的佛教。人们将其与伊斯兰教、基督教一并归入外来宗教，尽管它是外来宗教中对中国宗教生活影响最大的一个。儒教也不是一种宗教，而是一种政治学说。它将已有的宗教元素用作社会制度的构件，只对其进行了筛选整理，而并没有另行加工。老子的道家思想不具备任何构建起教派的力量，这一点从迄今所讲的内容来看应该是不言而喻的。我们现在习惯于称之为道教的东西，实际上与老子的《道德经》有着截然不同的起源。它只不过是对古代中国抱有万物有灵思想的民间宗教的某种系统化，并掺入了印度教义。从《论语》中的某些段落也可以看出，这种万物有灵论的民间宗教最初可能是因地而异的，只是随着时间的推移，由于各部落在政治上的联合，才汇聚成一个集合体，并早在老子和孔子之前就已经存在了。直到今天，这种万物有灵论仍一直存在于人们的内心深处，在世界各地都可以找到，如在信奉基督教的欧洲、在希腊东正教以及在以色列。区别仅仅在于，在犹太教和基督教中，这种流行的万物有灵论被打上了异端的烙印；而在中国等地，它的存在则相对不受影响，被用作了一种足以约束大众的手段；而受过教育的人则保留着根据他们所受教育程度或者他们当时的心情来随意处置它的特权。因此，这种“道教”并非与儒家思想水火不容。往往只有政治因素才是导致冲突的决定性因素。此类道教中的杰出人物主要擅长驱妖除魔和各种法术，如果要举几个例子，就不得不提到“发明”长生不老药的汉代人魏伯阳，或者是创建天师道的张道陵(生于公元34年)和寇谦之(公元423年)，他们树立了道教教主的威望。直到今天，天师头衔仍在张氏家族中以类似于喇嘛教活佛转世的方式传承着。这一切都与老子无关，仁慈的命运使他免于成为道教教主。

《道德经》主要内容

《道德经》的整个形而上学思想建立在一种直觉之上，这种本质上的直觉无法通过严格的定义来阐述。老子只是“勉勉强强”地将其命名为“道”(参见第25章)。关于这个词的正确翻译，从一开始就有很多分歧。“神”“道路”“理性”“言”“逻格斯”只是几种常见的译法，有些译者干脆通过音译把“道”搬进欧洲语言。其实，翻译成什么并不重要，因为对老子本人来说，“道”只是一个代数符号，用来表达某些难以言说的东西。人们倾向于在德语译本中将“道”译为德语单词，其实只是出于审美目的。本书一般把“道”翻译成“SINN”(意义、真谛)。这个词来自《浮士德(第一部)》中的一段话，讲的是浮士德在从复活节庆典上散步归来后着手翻译《新约》，其中使用了“太初有意”(Im Anfang war der Sinn)来翻译《约翰福音》的开头。① 似乎只有 Sinn 这一译法才是最为对应于“道”字的各种含义。“道”字在汉语中的基本意义是“路”，由此拓展出了“方向”“状态”的含义，而后又被引申为“理性”“真理”。

作动词用时，“道”的含义是“说话”“言说”，引申义为“引导”。(“道”的次要意义，比如“方圆”“行政区划”，我们在此就不考虑了)。德语单词“Sinn”原意也是“道路”“方向”，此外，还指，(1)“某人的心之所向”；(2)“人进行意识活动、感知、思考的内在部分”，参见“der innere Sinn”(内心)；(3)“肉体方面的感性生活”，一般用复数；(4)“文字、图片、行为的意义，见解，想象”(参见 M. Heyne 著《德语字典》，莱比锡 1906 年版)。上述含义中，只有第 3 项含义是与此无关的，所以“Sinn”和“道”的含义几乎可以完全对应上。此外，为了明确这个单词的“代数”特性，本书通常将其大写。

这里还要再解释一下另一个经常出现的字：“德”(TE)，应注意的是，这个词的中文定义：“立身之本为德”。因此，我们把这个词译为“LEBEN”，这同样也是借鉴了福音书，《约翰福音》第 1 章第 4 节中写道：“在他里面有生命(Leben)，这生命就是人的光。”这个词也可以翻译成“自然”“本质”“精神”“力量”，这些概念在《论语》中也经常出现，但这里为了避免与概念上的混淆，就没有采用上述译法。TE(德)常常被译为“Tugend”(美德)，后世的道德论著大多在这一含义上使用该词，但这并不适用于孔子的论著，更不用说是老子的论著了。

在对这部著作的两个最基本的概念作了简单解释之后，我们来看看老子是如何构建起了他的这套形而上学。一开始我们就注意到，老子学说和古希腊哲学有一个本质区别。古希腊哲学家的目光是向外的，他们企图寻找一个解释世界的原则。考虑到这一点，他们的作品大多以“自然”(περὶ φύσεως)为题也就并非偶然了。通过对这样一个片面的原则抽丝剥茧，会发现它总是在某一点上达到极限。在这个领域，无论是把水、火、原子、存在还是精神物质作为世界本原，都没有本质的区别：它始终只是人类总体经验的一个方面，在应用上必然会有其极限。这也是在古希腊哲学宇宙论时期，各个哲学体系不断更替的原因：它们都缺乏核心的论证。这也解释了，为什么所有这些哲学体系一旦过渡到心理学领域，主要缺点就都暴露了出来。一个以宇宙论为基本原理的系统永远不可能超越唯物主义心理学。众所周知，希腊人直到经历过诡辩家的主观主义—怀疑主义时期才迎来转折。在第三时期中，它被保留下来，通过在总体上对这些材料的反复加工利用，创造出了德谟克利特、柏拉图，尤其是亚里士多德的伟大体系，并在各个方向上都引领了对思想的统一归纳。

中国的思想却与之截然不同。不论是孔子还是老子的研究都没有离开人类学领域。

---

① [原书注]中文的《圣经》译本几乎都将此处的“逻各斯”一词译为了“道”。

清楚地看到这一点至关重要，特别是在涉及老子的学说时。因为孔子一贯以社会伦理为导向，与此并不存在矛盾，而与之相反的是，老子所宣称的道则似乎是某种纯粹属于宇宙学的东西。但这只是一种假象。老子曾反复指出其认识——或者更确切地说——其观点的出发点：在第21和第54章，他在分别论述了道与德之后，在结尾处都明确提出了问题：我是怎么知道这些的(即上文提到的道与德)？紧接着，他给出了令人费解的答案："只是通过他""只是以这种方式"。言辞中的这种强调使我们不得不赋予它们一种超越单纯的重言式命题之外的含义。这种联系表明，在这两处，认知的基础都是一种普遍性的原则，它也存在于反思的个体本身。正是通过个人对真理普遍原则的参与，认知才得以有凭有据，有了确定无疑的根本。在运用于实践时，这句话被提到了三次：有道之人舍弃遥远的，抓住身边的(故去彼取此)(第12、38、72章)。每一个从外部经验中获取的原则都会随着时间的推移而被推翻并变得过时，因为随着人类的进步，人们对世界的认识也会发生变化(已知的世界从根本上讲是唯一存在的"世界")。而与之相反，从核心经验(如神秘主义者所说的内心之光)出发所认识到的东西，如果它同时也受到了纯粹和正确的观察，那么它将一直是无可辩驳的。因此，即使是老子最激烈的反对者——文化先知韩愈，也无法驳斥他，最多只能说他坐井观天，无法看到整个世界，但就他所看到的那部分而言，并没有人能够驳倒他。其原因在于，应该看到，老子所考虑的不是以心理为基础的、偶然的单一自我，那种单一自我只是妄想和危险的发源地。对他而言，此处所涉及的不如说是人类最根本的"纯粹自我"。为了从经验性的自我中达到这种超个体的境界，当然需要对一切偶然的和个别的事物进行深入的抽象。这就是为什么那种对超个体的切入呈现减少趋势，而研究活动则随着个体知识的积累呈现出增加(第48章)。最重要的是，只有心变得空虚，才能掌握伟大的真理。无论是在认知领域还是在实践领域，空虚的心都是理想的状态。当老子对此反复赞美时，为避免误解，我们必须注意，"心"在中国思想界中的含义与在受基督教影响的欧洲思想界中完全不同。在欧洲，勇气和气质在其中是最为重要的部分并决定了个性，而中国的"心"首先是五种感官之一，事实上它取代了与外界有着最直接接触的感官综合体，也就是我们通常所说的"感觉"。与此相应，心也是对外界的欲望所在之处。在老子看来，通过感官和欲望与经验性外界的一切纠缠都是危险的，它也阻碍了真实的认识，因为能得到的只有虚假的表象(参见第12章)。因此，探究真实的方法就是关闭那些让纷杂烦扰的欲念进入我们内心的"门"(第52、56章)。很明显，这样一来，所有的聪明智巧就都退居到次要地位了。事实上，所有"知识"和"认知"都被老子贬斥为成事不足(第19、20章)。人们也许会以为，这必然导致一种对世界的抽象否定。但这其实绝非老子的观点。相反，这一切是基于这样的观点：隐匿的真实存在是永恒的，它超越了感官错觉中稍纵即逝的变幻，而只有在表象终结之处，它才可以更加清晰和纯粹地呈现出来。因此，老子所追求的不是"认知"，而是"观照"，是内心的"开悟"。这种观照与苦行主义没有关系，老子反而完全赞同对"肉"和"骨"的关怀，即对生存所必需的肉身的关怀，这一点在多个段落中都可以看到(参见第3和第12章)。这种内心的开悟导致了人从自我走向朴素纯真

(参见第 28 章),“赤子”(尚未被欲望浸染而放荡堕落的婴孩)是对此最好的比喻。因此,人在本质上构成了一个相互关联而又不断回归自身的统一体,其活动是自发进行的,在这个统一体中,一方的任何表达都会立刻在对立面中得到补充,二者是一体的,就像大海中的每个浪峰都伴随着一个波谷一样。这种协调一致的互补不受生与死的影响;它带来了超越死亡的永生。

在这一点上,对老子认知问题的追求就不自觉地催生了一个形而上学的原理:德(TE)或者说生命(LEBEN)。因为根据老子的观点,“德”本来就与发乎自然、与世界最终本源完全一致的人类本质没有什么不同。这里非常重要的是行动要发乎自然;它是“德”的奥秘的最高形式(上德)(参见 38 章)。然而,从个人的角度来看,这种自发性就显得有些消极。个人自我克制,消极避世。不是要活出自我,而是让自己能够活着,活过一世(第 30 章)。因此要强调无为。这种无为并不是懈怠懒惰,而只是毫无保留地接受那些形而上学因素对个人产生的影响。这也是有些章节所要表达的含义,其中“德”被描述为一种母性的东西,代表了纯粹的接纳。就这方面而言,德是善的(德善),因为它指明了在任何时刻、任何情况下的适当行为(第 8 章)。它的力量正是基于此:它在每一对关系中提供了不可或缺的补充。对于善良的人,它善待于他,对于不善良的人,它也善待于他;因为它填补每个人的不足,使之变得完整(善者,吾善之;不善者,吾亦善之;德善)。这种补充自然天成,可说是水到渠成。正因为这种补充是被给予的,所以给予补充的人本身必须具有优势。由于对老子来说,“善”是一个变化着的概念,不可能一劳永逸地固定下来,而必须因人而异,所以一切以片面情况为依据而作出的判断都必然居于低劣。即使是至高的美德,如果它想要宣扬自己,想要独自张扬,那也是低劣的,因为它仅仅代表了不可或缺的对立双方中的一个方面。当天下人都认为好的东西是好的,那么不好的东西就已经确定了。① 因此,通过外部安排让人将它看作美好的品德,并且因此为人们所普遍接受的“德”是“下德”,即使它表现为仁慈、正义和道德准则(第 38 章)。所有情况下,正是这种立场必然导致否定。所以从至高的角度来看,谁要是只完全认同这对立双方中的一方,谁就错了。我们对于生命便往往持有这种片面的观点——例如生命是整个悲剧的根源,作家黑贝尔②对这种观点尤其看重。个人的每一次超越行为都会在被其干扰的环环相扣的世界中招致一种报复性反应。

对“德”身体力行之人,可以说是理想人类,《道德经》一以贯之地将其称为“圣人”。我们将此翻译为“der Berufene”(受呼召者)。此外也可以用另一种翻译“der Heilige”(圣徒)。无论如何,这里所指的是一个个人,他抛开了偶发的兴趣和愿望,并完全符合了“德”的原则。他不为自己而活,也不为自己谋求任何东西,而是让“德”在他自己身上

---

① [本书注]参见《道德经》第 2 章:“天下皆知美之为美,斯恶已。皆知善之为善,斯不善已。”

② [本书注]弗里德里希·黑贝尔(Friedrich Hebbel,1813—1863),德国剧作家,著有《尼伯龙根三部曲》(1861)等作品。

发挥作用。在这种状态下，他可以说是宇宙中的一种力量，这是符合逻辑的，因为永远不可能将人从世界中排除出去，因为人始终是我们称之为世界的综合体的一个不可或缺的因素。即使是最现代的世界观也无法超越这一点。根据康德哲学，这样一个个体连丝毫有些严肃的怀疑都不可能再有。但如今没有任何一位历史人物可以称为“圣人”，这是一个超越时代的概念，每个人都能基于内心的相通在其中占有一席之地，从特定角度来看，这可以与犹太教的弥赛亚思想相提并论。由此观之，似乎连《道德经》第四章中的晦涩段落也迎来了解答的曙光：“我不知道他是谁的儿子，他好像先于天帝。”①

我们更深入地追寻这种自发性，在超越人性之后就来到了“道”。正如“德”之于人，“道”之于世界同样体现为自发性。它与万物不同，无形无象，就这方面而言它不属于存在的范畴。老子多次将“道”归于“无”和“虚空”。为了正确理解这些表述，有必要提醒大家注意，与欧洲人的思维方式相比，中国人对否定的定位是不同的。对于他们来说，有和无是对立的两方，但又是辩证统一的。在某种程度上，有和无就像是数学中的正负号。就这方面而言，“无”也不是纯粹个人化的表达(没有)，通常最好将它翻译为“Für-sich-sein”(对自身而言的存在)，与“Dasein”(此在)相对应。一些语言学家就现代汉语中的口语表达进行了语言心理学方面的研究，结果十分有趣。虽然利用双重否定加强语气在欧洲也是允许的，但是一般而言语感会天然想要抗拒这种表达方式，但它在中文里却十分流畅。如我们说：“他一定会来。”而中国人会毫不迟疑地说：“他不会不来。”我们说“普遍存在”，他们会表述为“无所不在”。肯定和否定的完全对等，也许在对问题的否定回答中表现得最为突出。对于“他不来吗?”这个问题，如果他不来，中国人的回答是“是的”，因为这个问题的“不”对他来说没有意义，而是与“来”一起形成一个概念，即“不来”的概念。它可以像任何积极的概念一样被用于肯定而不用担心被误解。我们必须在这种语境下理解老子所说的“无”。它不是简单的虚无，而只是与存在有质的区别。“道”在万物之中，但它本身并不是物。因此，它的作用在本质上也是定性的。我们在自然法的普通概念中对此有一个类似的说法。自然法则体现在所有的现象中，而不是以某种方式从外部干预事件进程的东西。同样，老子的“道”在万事万物中无所不在，它可以向右，也可以向左(第34章)，但它在任何情况下都不会耗尽自己。这种不可穷尽，或者就如老子所说的“不盈”，是使它无限优越于万物的品质，而这种优越性从未以任何方式表现出来。这种不表现出优越性的“弱”就是所谓的“小”，而它在万事万物中无处不在的有效性则构成了它的“大”。值得一提的是，“道”的永恒建立在所有运动都会回归到自身的基础上。一切对立面不复存在，因为它们互相平衡。事实上，每一个运动都必然变成它的对立面。当事物变得强大时，它们就会死亡。正是这种力量和与之相关的僵化招致了它们的死亡。在现代发展史上，人们可以找到很多证据证明这一真理——一些生命类型在经历单方面的过度发展和固化之后灭亡(如恐龙等)。

① [本书注]参见《道德经》第4章：“吾不知谁之子，象帝之先。”

生命永远只存在于整体之中，而不是孤立的，这就是为什么自然不知道以人的方式去爱，但所有的生命却能分享到它的丰饶；但如果有任何生命企图在这种丰饶中独占一些东西，它们就会因此而灭亡。

从本体论的角度来看，“道”是一切存在的根源，但由于“有”和“无”并无本质区别，所以“道”也以母性和孕育的形式在“有”中有效地表现出来，它使个体的生命得到孕育，并在死亡中再次回归。

我们已归纳完了老子解释世界的原则，现在我们来探寻剩下的这条逆向路径，即老子是如何从其至要原则踏入现实的。无须多说也能猜到，他最大的困难也恰恰就在于此。

> “住在我心怀里的神，
> 能深深地激起我内心深处的波澜；
> 他高居于我所有的力量之上，
> 却动摇不了外界的任何东西。”①

老子也经历过这些诗句所表达的某些困境。这些困境不仅是个人的，存在于他与外界的关系上，正如在第20章里他在悲观情绪爆发时所倾诉的那样；而且是从“道”推导出物质世界的理论困境。从根本上讲，人们不能因此而责备他；因为现实中确实存在一种非理性的残余，并不受到思维掌控。也许正是这种非理性的残余才是一切个体存在的根本。自古以来，人类与非理性斗得遍体鳞伤，却并没有找到他们问题的答案。除了个体的意志之外，也许根本再无任何其他方式可以解决这些问题。在老子的时代之前或之后的哲学家都未能办到的事，我们也不应期望老子能办到，即：将他的思想付诸实践。无论如何，他为指明“道”走向现实的方向而绘制的指南还是很有趣的。

人们必须区分两件事：其一是运动，即由作为最终统一体的“道”发展出多样性；其二是路径，从思想指向现实的路径。

老子以该统一体为出发点；就这点而言，他是坚定的一元论者（顺便提一下，整个中国思想界归根结底都是一元论的。尽管有非常突出的二元力量的学说，但是，这些二元力量只在内心世界有效）。这个统一体是由思想最终升华而成的，是秘密中的秘密，是揭示一切力量的门户（第1章：玄之又玄，众妙之门）。在这个统一体中，所有对立面仍然是不可分割地混杂在一起。人们也习惯于将此统一体称为“太初”，认为它位于“原始”之前（参见第1章的解释）。由这个作为命题的“一”产生了作为对立面的“二”（光明和黑暗的矛盾，男性和女性的矛盾，积极和消极的矛盾等）。由“二”产生了“三”，即对立双方在结合的过程中被扬弃（参见第42章）。值得注意的是，理性哲学在老子这里发

---

① ［本书注］参见《浮士德》悲剧·第一部：书斋（二）。

生转变的路径与2500年后黑格尔给出的路径完全相同。

顺便提一下，统一性可以发展成多样性而不出现完全不同的东西，这是因为统一性本身便蕴含着多样性的种子，只是这种多样性没有能力在其萌芽阶段就显现出来。这可能是第14章的含义，这一章谈道，“道”里蕴含着一种无相的可见性、一种无声的可闻性、一种无形的可触性，这三者密不可分地交织在一起，形成“一”。然后，这种统一性中的多样性使进一步发展成为可能。显然，老子所指的并非历史上真实出现过的世界创生和发展过程。而这种发展从本质上讲更多的是一个逻辑过程。然而，它可以在时间上往回投影，然后称之为天地之始；同样，它也在空间世界中展现为生命的持续再生（第1章）。第25章也提到了发展为多样性的统一性，将这种发展描绘为循环运动的形式。“道”首先在流水中、在天空上、在所有潜移默化的非物质力量中呈现出来，发挥影响，再从那里一直传递到与自己距离最远的地方，也就是说，它先是滋养大地以及所有物质实体，最终又回归人自身。因此，人、地、天总能在前一阶段的存在中找到自己的样板，而它们的作用机制又都源自“道”，“道”才具有唯一的直接影响力。同样，在第39章中，这种统一性被描述为天、地、人（统治者）命运的根源。然而，在那里又出现了两个复杂的概念（“精”和“深”），我们将在另一种语境下对它们进行更详细的研究。

与这种统一性和多样性之间的关系相区别的是从“道”到现实的过渡。第14章和第21章在这方面尤其带有这个特征，此外还有第51章的开头部分。书中在此暗示，现实在“道”的支配下具有怎样的潜势。试图在孤立的、无法用概念表达的直觉中引入某种固定的体系，恐怕只能是徒劳。这在多个段落中都可以看到，那里反复谈论的都是超越人类思维的经验。总体而言，可以说与柏拉图的观念论有一定的相关性。书中反复强调，“道”在万物（即现实生活中的个体）中发生作用之所以成为可能，是因为“道”本身以不可思议的方式包含着无形无质的观念（形象）。为了说明这些观念的产生，老子一方面使用了“德”的概念（“大德”的形式完全遵循“道”，即按照“道”来塑造自己；第21章）；① 另一方面使用了“精”的概念。上文已经提到了“德”及它与“道”的关系。至于“精”的概念，它处于观念世界和物质世界的中间位置。根据第21章，“精”具有现实性，从而建立了与外部世界的联系。

除上述推导外，书中还运用了常见的天地二元性。在这种情况下，“天”代表着精神力量，而“地”则更接近于物质力量，因为它是“道”最大的自我表现形式。还有一对概念应该提及，它们出现在第六章和第三十九章：深或空（字面义：山谷）和精或灵（神）。“谷”最初是指两个山坡之间未填充的空间。根据更为古老的神话观念，它与生命起源于神灵的观点也有关联。于是，“谷”几乎具有了我们所说的物质的含义，它本身是不确定的、不活跃的、仅仅具有成为存在的可能性，而“神”则增加了相应的活跃原则。如果试图沿着此处隐含的线索探究到底，那就离题太远了。我们将会发现自己陷

① ［本书注］参见《道德经》第21章：“孔德之容，唯道是从。”

入了一大串概念，而它们在某种程度上偏离了《道德经》中的其他概念。但至少可以提一下，以引起人们的注意。

在这些思想的指导下，后来的道教产生出了一些影响深远的推想，其中有些推想可谓天马行空，有的与试图找到长生不老药的炼丹术紧密结合起来，有的则结合了苦行者通过各种身体修炼来聚结精气、以求长生的努力。这表明老子的思想达到了何等高的境界，那些事物对他来说都是陌生的，他把自己局限于对不可言说之物的暗示上，而把追寻下去的工作留给了每一个人。

历史研究

列支敦士登的历史与纹章

华中科技大学　林纯洁

摘要：列支敦士登本是神圣罗马帝国列支敦士登家族的领地，在 19 世纪欧洲封建王朝体系向民族国家转变的大趋势和现代国际法体系下，获得了独立地位。列支敦士登家族通过灵活的外交手段，并借助瑞士的力量，在战争中保持中立，同时应对第二次世界大战后世界的新局势，积极开拓多边外交，由此保持了独立国家的地位，体现了小国的生存之道。列支敦士登的纹章体现了其历史渊源，见证了列支敦士登家族历史上的辉煌，是该家族曾通过与贵族联姻扩大领地，振兴家族事业的证明；纹章中的亲王冠冕是历史上神圣罗马帝国流传至今的印记。

关键词：列支敦士登；瑞士；奥地利；纹章

列支敦士登亲王国(Fürstentum Liechtenstein)是欧洲著名的袖珍国，面积约 160 平方公里，元首为亲王，是一个君主立宪国家。它位于阿尔卑斯山地区，由三分之二的山区和三分之一的莱茵河冲积平原组成，东部山区与奥地利相邻，西部则与瑞士以莱茵河为界，首都是瓦杜兹，居民有 3 万多人，其中 80%信仰天主教。列支敦士登官方语言为德语，与德国、奥地利和瑞士三个主要德语国家历史渊源深厚，有着独特的发展历史，而其纹章则记录和见证了这段历史。

1. 列支敦士登的历史

列支敦士登地区早年居住着凯尔特人，后被北方来的日耳曼人的一支——阿勒曼人征服，中世纪时成为神圣罗马帝国的领地。这与邻国瑞士和奥地利的发展轨迹类似，并受到神圣罗马帝国内部斗争的强烈影响，如 1499 年在瑞士对抗奥地利哈布斯堡家族的施瓦本战争中受到了很大的破坏。这个地区主要由瓦杜兹(Vaduz)和施莱伦堡(Schellenberg)组成，在各贵族家族间流转，到了 1613 年开始由霍恩莱姆斯家族统治。该地区的名称来源以及成为一个独立的国家，都与奥地利的一个古老贵族家族——列支敦士登家族有关。

列支敦士登家族的名称源于维也纳附近的列支敦士登城堡(Burg Liechtenstein)，该城堡于 1130 年左右建在一片浅色的岩石上，由此得名，Liechtenstein 的字面意思就是“浅色的岩石”。

当时哈布斯堡家族还统治中欧的波希米亚（今捷克西部地区）、摩拉维亚（今捷克东部地区）和西里西亚地区（主要位于今波兰西南部地区，少部分位于捷克北部），列支敦士登家族遂前往西里西亚等地区发展。列支敦士登家族深受哈布斯堡王室信任和重用。1614 年，皇帝马蒂亚斯将西里西亚的特罗波公国（Troppau）转让给列支敦士登家族的查理一世。

1618 年，波希米亚首府布拉格爆发反抗哈布斯堡统治的起义，由此爆发了三十年战争。查理一世对布拉格贵族严厉镇压，受到了哈布斯堡家族的赞赏。1622 年，皇帝费迪南二世将查理一世任命为波希米亚总督，并封为耶根多夫（Jägerndorf）公爵。耶根多夫紧邻特罗波，也位于西里西亚。列支敦士登家族利用权势，在当地获取了大量利益，而且在摩拉维亚购买了大量庄园，成为该地最重要的贵族家族之一。1742 年，在第一次西里西亚战争中，奥地利被普鲁士打败，西里西亚包括特罗波的大部分被普鲁士占领，列支敦士登由此遭受了重大损失。

列支敦士登家族忠心效劳于哈布斯堡家族的皇帝，但一直没有家族的直属领地，由此不能作为帝国诸侯进入帝国议会。正好在 17 世纪末，施莱伦堡和瓦杜兹的领主霍恩莱姆斯家族负债累累，想出售领地还债。于是列支敦士登家族在 1699 年购买施莱伦堡，又在 1712 年购买了瓦杜兹。1719 年，瓦杜兹和施莱伦堡被皇帝查理六世合并为列支敦士登亲王国，列支敦士登家族由此正式列入帝国诸侯。在获得列支敦士登后，列支敦士登家族依然生活在维也纳，主要通过官员和代理管理该地。

列支敦士登王室一方面忠诚于哈布斯堡家族，一方面灵活地根据时局，维护自身的利益。1806 年，在拿破仑主导下，普鲁士和奥地利之外其他德意志邦国组建了莱茵邦联，这直接导致了神圣罗马帝国的瓦解。列支敦士登和其他很多德意志诸侯一起，加入了莱茵邦联，“由此获得了主权”①。1814 年至 1815 年，普鲁士、奥地利联合英国、俄国等盟友打败法国，并召开维也纳会议，处理战后秩序恢复问题。在维也纳会议上，列支敦士登的主权再次获得认可。1815 年，列支敦士登加入奥地利主导的德意志邦联，并向位于莱茵河畔的法兰克福的邦联议会派遣代表，加强了独立地位，同时对奥地利非常依赖。列支敦士登家族在奥地利上议院拥有世袭席位，并在政府中担任要职。1852 年，列支敦士登与奥地利签订关税条约；1859 年，采用奥地利货币克朗作为本国货币。1862 年，约翰二世亲王颁布宪法，使列支敦士登成为一个君主立宪国家。

1866 年，普鲁士打败奥地利，德意志邦联解散。1867 年，奥地利与匈牙利成立了奥匈帝国。列支敦士登在脱离德意志邦联的身份后，解散军队，宣布为中立国，仍与奥匈帝国保持着密切联系，1880 年，驻外外交代表权由奥匈帝国代理。1918 年 11 月，奥匈帝国在第一次世界大战战败，哈布斯堡家族垮台，国家解体为奥地利、匈牙利、捷克斯洛伐克等多个国家。在第一次世界大战中，列支敦士登因与奥匈帝国的密切关系也受

① Stiftung Historisches Lexikon der Schweiz（Hrsg.），*Historisches Lexikon der Schweiz*，Band 7，Basel：Schwabe Verlag，2008：841.

到很大影响。捷克斯洛伐克独立后，不承认列支敦士登的主权，进行土地改革时没收了列支敦士登在当地的部分财产。

在奥匈帝国解体后，奥地利实力弱小，甚至想加入德国，因英法反对而未成功。约翰二世亲王认识到不能再依靠奥地利，转而依靠西边的邻居——瑞士，于是列支敦士登在1919年解除了与奥地利的关税同盟，并在该年将外交权力委托给瑞士。1923年，与瑞士签订关税同盟条约。1924年，采用瑞士法郎作为货币。同时，面对战后的新局面，列支敦士登谋求国际社会的承认。1920年，国际联盟成立后，列支敦士登申请加入，但是被拒绝了，这对其独立地位造成了一定的打击。

1938年3月，纳粹德国吞并奥地利，这使得列支敦士登也面临被吞并的危险，史称"三月危机"。此时在位的弗兰茨一世亲王已是85岁高龄，无力应对如此危局。3月底，王储弗兰茨·约瑟夫二世临危受命，担任摄政王，7月弗兰茨一世去世后，正式继位为亲王。他挫败了纳粹分子的政变，并将驻地从维也纳迁往亲王国首都瓦杜兹，成为第一位永久驻跸当地的亲王，加强了王室与民众的联系。亲王从此专心经营列支敦士登，并利用与瑞士的同盟关系，在第二次世界大战中成功保持中立，未受到战火的侵袭。1945年，第二次世界大战结束后，捷克斯洛伐克颁布法令，没收了列支敦士登家族在当地的剩余财产。

列支敦士登面积狭小，资源贫乏，长期以来是较为贫穷的地区，在第二次世界大战结束后大力发展轻工业、金融业、旅游业等，成为世界人均收入最高的国家之一。该国的银行和瑞士银行一样，严格执行保密规定，为该国带来了大量财富，同时经常引发争议。

列支敦士登外交虽交由瑞士代理，但仍在努力扩大多边外交。1950年，在联合国的同意下，列支敦士登加入位于海牙的国际法院。1978年，加入欧洲委员会。1990年，加入了联合国，而瑞士直到2002年才加入。

2. 列支敦士登的国徽

列支敦士登王室的纹章就是列支敦士登的国徽，分为大国徽和小国徽。大国徽的背景是一个紫色的斗篷，里面是白鼬皮，斗篷上方是一顶亲王冠冕。紫色染料在古代价格昂贵，古罗马时代紫色就是贵族才穿着的颜色，象征富贵和权力，还代表"节制与深思熟虑后的举动"①。

纹章由一个二分的小盾徽和一个五分的大盾徽组成。中间的小盾徽是一个金色红色二分盾徽，是列支敦士登家族的纹章，自13世纪开始使用。金色的含义与黄金和太阳

① 米兰达·布鲁斯-米特福德、菲利普·威尔金森：《符号与象征》，周继岚译，北京：生活·读书·新知三联书店，2010年，第282页。

密切相关，象征天堂、永恒、“天堂的荣耀和最高的辉煌”①等含义。在中世纪的欧洲，红色是封建权力的象征，包括审判的权力，例如在宗教宣传画中，将亚当夏娃驱逐出伊甸园的天使通常身着红衣。红色是中世纪贵族常用的服装、军旗和纹章颜色。②在1605年出版的《西布马赫文章册》中，列支敦士登家族纹章收录于男爵(Freiherrn)纹章行列。

大盾徽右上方③是金底黑鹰纹章，黑鹰头戴金色王冠，胸前是白色的三叶草和十字架，代表西里西亚(Schlesien)，列支敦士登家族曾在这个地区拥有特罗波和耶根多夫等领地。鹰是中世纪贵族最常使用的纹章之一，一般象征神圣、高贵和权力，在基督中象征上帝、耶稣、福音书作者约翰，由此具有重要的地位。西里西亚自12世纪开始使用黑鹰纹章，并在纹章中增加了象征三位一体的三叶草和基督教最为重要的标志——十字架。

右下方的红白二分盾徽代表特罗波公国。白色与红色一样，也是中世纪常用的纹章颜色，象征圣洁。红白组合也是常见的纹章图案。

左上方的八条黑黄相间条纹和弧形绿色菱形花环，源自库恩林格(Kuenringer)家族的纹章，与萨克森纹章非常类似，可能与历史上与萨克森贵族家族联姻有关。库恩林格是中世纪奥地利的著名贵族家族，16世纪末绝嗣。列支敦士登家族在14世纪曾与该家族联姻，由此继承了该家族的纹章。

左下方的少女头鹰身，少女头戴金色王冠，袒露上身，代表威斯特法伦地区的东弗里斯兰—里特堡(Ostfriesland-Rietberg)。1604年，列支敦士登亲王曾与里特堡伯爵家族的贵族女性联姻，由此继承了该纹章。里特堡在1816年归属普鲁士统治，列支敦士登王室只获得了里特堡伯爵的头衔。

纹章下方中间的蓝底金色号角是耶根多夫的纹章。耶根多夫(Jägerndorf)是“猎人村”的意思，号角则是猎人的重要装备，用于集合猎人，这个纹章也由此带有“言说纹章”的性质，即用图案来展现名称含义的纹章。这里曾是列支敦士登家族的统治领地。

这个大国徽代表了列支敦士登家族历史上的辉煌和荣耀。虽然早已失去西里西亚的特罗波和耶根多夫等领地，列支敦士登亲王仍保留了特罗波公爵、耶根多夫公爵、里特堡伯爵的头衔。

列支敦士登还有一个小国徽，就是在金色红色二分小盾徽加上亲王冠的图案。列支敦士登大小国徽分工使用，构成了国旗、印章等标志的基础，被认为是“最重要的国家标志”④。早期国旗就是金色和红色条纹旗，与王室旗帜一致。“在18世纪，全新的蓝

---

① Eckhard Bieger, *Taschenlexikon christliche Symbole*, Leipzig: St. Benno-Verlag, 2012: 49.

② 米歇尔·帕斯图罗:《色彩列传:红色》，张文敬译，北京:生活·读书·新知三联书店，2020年，第91-93页。

③ 列支敦士登大盾徽见封底。按照纹章学的规则，纹章的左和右以纹章本身的左右为准，与观看者视角相反。

④ Alois Ospelt & Norbert Marxer, *Wappen, Farben, Siegel und Embleme des Fürstentums Liechtenstein*, Vaduz: Lorenz Hilty, 1985: 3.

色色调在洗染和绘画上的流行让其从此成为欧洲各地最受青睐的颜色"①，尤其是在法国的影响下，蓝色被各种政治派别接受，具有了强烈的政治含义。蓝色被广泛运用于制服。在这种潮流的影响下，1852 年，列支敦士登国旗改为了红色和蓝色条纹旗，据说这源于当时王室制服的颜色。国旗由此与王室旗帜区别开来，更有利于在国际上展示国家。后因与海地国旗类似，于是 1937 年在国旗左上方加上了金色的亲王冠冕。

1957 年，列支敦士登颁布了关于国徽、国旗样式和使用方式的法律。1982 年，对该法律进行了修改，对大小国徽、国旗等各种旗帜、印章和相关国家标志的图案、颜色和使用方式进行了更为详细的规定。如大国徽主要用于官方印章和标志，小国徽由于图案简单，识别度高，除了用于官方印章和标志，还用于"机动车车牌，飞机和船只标志，警察、消防员和邮政工作人员制服的帽徽和徽章"②。

列支敦士登主要由瓦杜兹和施莱伦堡两个地区组成，但大纹章中并没有体现出这两个地区。列支敦士登现分为 11 个市镇，其中就包括瓦杜兹市和施莱伦堡市。考察这两个城市的纹章，可以进一步深化对列支敦士登历史的理解。

瓦杜兹是列支敦士登首都。1932 年，弗兰茨一世亲王授予瓦杜兹一枚纹章，主要是瓦杜兹城堡图案，城堡上方是两串葡萄叶和果实，象征瓦杜兹中世纪以来发达的葡萄产业；纹章底色是红白红条纹，可能是受到奥地利红白红条纹盾徽的影响。1978 年，弗兰茨·约瑟夫二世亲王授予瓦杜兹一枚新的纹章，这是一个四分盾徽，左上方和右下方是红底白色教会旗帜，象征 15 世纪统治瓦杜兹的维尔登堡(Werdenberg)伯爵，这个家族起源于瑞士的圣加仑地区；右上方和左下方是白底红色亲王冠冕，以此体现该地是亲王的驻地。瓦杜兹纹章的变化，体现了 20 世纪亲奥地利路线向亲瑞士路线的转变。

施莱伦堡的盾形纹章于 1940 年由亲王授予，上方是黑金红条纹，下方是三个金色的城垛，象征历史上的施莱伦堡家族，城垛代表城堡。施莱伦堡家族来自德国的巴伐利亚，家族盾徽图案是金色底面上两条黑色条纹，该家族在 12—14 世纪统治过这个地区。这个纹章体现了这个地区与德国的历史渊源。

3. 结　语

列支敦士登家族长期作为奥地利哈布斯堡王朝的重臣，统治西里西亚的富庶领地，而列支敦士登地区在家族利益中则处于边缘地位，但随着局势剧变，在家族失去西里西亚的领地和维也纳的容身之地后，原本不被看好的列支敦士登成了家族的归宿，还在 19 世纪欧洲封建王朝体系向民族国家转变的大趋势和现代国际法体系下，获得了独立

---

① 米歇尔·帕斯图罗：《色彩列传：蓝色》，陶然译，北京：生活·读书·新知三联书店，2016 年，第 151 页。

② Gesetz vom 30. Juni 1982 über Wappen, Farben, Siegel und Embleme des Fürstentums Lichtenstein, *Liechtensteinisches Landesgesetzblatt*, Nr. 58, 1982: 6.

地位。列支敦士登家族通过灵活的外交手段，并借助瑞士的力量，在战争中保持中立，同时应对第二次世界大战后世界的新局势，积极开拓多边外交，由此保持了独立国家的地位，体现了小国的生存之道。

列支敦士登的纹章体现了其历史渊源，见证了列支敦士登家族历史上的辉煌，纹章中的西里西亚黑鹰、特罗波的红白二分盾徽、库恩林根家族的绿色花环、耶根多夫的号角和里特堡的少女黑鹰纹章是该家族曾通过经略边疆，与贵族联姻扩大领地，振兴家族事业的证明；纹章中的亲王冠冕是历史上神圣罗马帝国流传至今的印记。

参考文献

[1]Bieger, Eckhard. *Taschenlexikon christliche Symbole*[M]. Leipzig: St. Benno, 2012.

[2]Gesetz vom 30. Juni 1982 über Wappen, Farben, Siegel und Embleme des Fürstentums Lichtenstein, *Liechtensteinisches Landesgesetzblatt*[M]. Nr. 58, 1982.

[3]Ospelt, Alois, Marxer, Norbert. *Wappen, Farben, Siegel und Embleme des Fürstentums Liechtenstein*[M]. Vaduz: Lorenz Hilty, 1985.

[4]Stiftung Historisches Lexikon der Schweiz (Hrsg.), *Historisches Lexikon der Schweiz*[M]. Band 7, Basel: Schwabe, 2008.

[5]米歇尔·帕斯图罗．色彩列传：蓝色[M]．陶然，译．北京：生活·读书·新知三联书店，2016.

[6]米歇尔·帕斯图罗．色彩列传：红色[M]．张文敬，译．北京：生活·读书·新知三联书店，2020.

[7]米兰达·布鲁斯-米特福德、菲利普·威尔金森．符号与象征[M]．周继岚，译．北京：生活·读书·新知三联书店，2010.

文献翻译

神圣罗马帝国国事诏书

（1713 年 4 月 19 日）

华中科技大学　李芳芳　译

译者导言

1703 年，为防止西班牙哈布斯堡王朝因绝嗣引起的继承纠纷在奥地利重现，神圣罗马帝国皇帝利奥波德一世和自己的两个儿子约瑟夫及查理，即未来的神圣罗马皇帝约瑟夫一世和查理六世，在一份“秘密家庭契约”（Der geheime Familienvertrag）①中确立了相互继承的协定。根据该协定，查理应当继承西班牙王国领地，而哈布斯堡王朝的其他领地则由其兄长约瑟夫继承；两兄弟去世后，其领地分别由各自的合法男性继承人继承；若一方没有合法男嗣，则其领地由另一方继承；若双方均无合法男嗣，约瑟夫的女儿将优于查理的女儿享有哈布斯堡家族的领地继承权。

1711 年，约瑟夫一世去世，只留下两个女儿。同年，查理继位。按照协约，查理若无男嗣，约瑟夫的女儿将优于查理的女儿继承哈布斯堡王朝的领地。虽然当时查理尚无子嗣，但为了保证自己这支的继承权，以及尽可能避免当时普遍存在的男性继承法规可能引起的继承纷争，他在 1713 年 4 月 19 日的一次秘密宫廷会议上宣布，自己的子嗣相较于其兄长约瑟夫的子嗣对哈布斯堡王朝世袭领地享有优先继承权。

此次宫廷会议由皇帝及大公共同任命的公证人、奥地利法学家乔治·弗里德里希·冯·希克（Georg Friedrich von Schick）负责记录并进行公证。该记录文书后来被命名为 *Pragmatische Sanktion*，并多次印刷。② 该德语名称直译为“实用法令”，本文沿用了中文中已有的“国事诏书”这一表达。但它不同于一般意义上皇帝诏书或王室法令，严格来说只是一份包含了皇帝口头决议的会议记录。这种以口头形式宣布、以会议记录形式保存的“诏书”，多少让人有些惊愕。德国历史学家沃尔夫冈·米歇尔认为，“即使今天，

---

① Der geheime „Familienvertrag“, in: Gustav Turba (Hrsg.), *Die pragmatische Sanktion: authentische Texte samt Erläuterungen und Übersetzungen*, Wien: Kaiserlich-Königlicher Schulbücher-Verlag, 1913, S. 30-39.

② Wolfgang Michael, *Das Original der pragmatischen Sanktion Karls* Ⅵ, Berlin: Verlag der Akademie der Wissenschaften, 1929: 36.

人们对其(查理六世)以会议纪要形式将决议记录并保存下来的行为仍感到惊讶"①。本质上，这份"诏书"是查理六世作为哈布斯堡王朝领袖在家族层面单方面发表的声明，其在帝国层面上的合法性虽受到质疑，但却对哈布斯王朝的继承问题及欧洲地缘政治均产生了深远影响。

1720年该诏书公布后，查理六世虽致力于让欧洲诸国承认此诏书的效力，但并非所有王国都认可该"法令"。1740年，查理六世去世，其长女玛丽亚·特蕾西亚即位。欧洲各国此时对是否遵守该诏书产生了巨大争议，结果导致了将近八年的奥地利王位继承战争(1740—1748)。1748年10月18日，奥地利、法国、英国及荷兰签订《亚琛和约》(*Friede von Aachen*)，该战争正式结束。至此，玛丽亚·特蕾西亚继承权的合法性得到欧洲各国的普遍认可。此后，《国事诏书》持续发挥作用，直至1918年奥匈帝国覆灭。

严格来讲，会议记录中第五段才是诏书的核心内容：约瑟夫一支和查理一支享有相互继承权；哈布斯堡家族领地不可分割；查理婚生男性后裔依据长子继承制对家族领地拥有继承权；若查理无男性后裔，则其婚生长女获得家族领地继承权；若查理无儿无女，其兄长约瑟夫的长女则获得家族领地的继承权。此段虽为诏书主要内容，由于其本身以会议记录这一形式呈现，加之德语原文也写明这是皇帝陛下宣告的"主要内容"(hauptsächlichen Inhalts)，因而本段记录极有可能和皇帝陛下当时的口头宣告在字面上有所出入。米歇尔在其《查理六世国事诏书原件》中亦明确指出，"由于这份记录最初并未向任何人展示，而是被秘密搁置起来，直至后来才被公开，因此该会议的记录者在记录时，在措辞方面不必像皇帝口头宣告时那般谨慎。如果当时的会议记录也指明皇帝只是'又宣布了主要内容'，那么这一表述本身，似乎对记录人在记录口头表述时所拥有的某种程度的自由进行了合理化"②。

其他段落则是对此次秘密宫廷会议相关情况的介绍：第一段说明了会议举行的时间及地点，第二段介绍了参会人员，第三和第四段则回顾了于1709年签订的关于约瑟夫和查理之间相互继承的协定，第六段强调了遵守皇帝陛下此次宣告的重要性，最后两段则是记录人希克的签名、盖章、此次会议记录的时间和地点，以及其作为公证人发表的简短声明。

该会议记录原文为手写体德语，现依据1913年《国事诏书：对相关真实文本的解读及翻译》中收录整理的德语版本译为中文。③ 该版本与奥地利国家档案馆收藏的手稿原

---

① Wolfgang Michael, *Das Original der pragmatischen Sanktion Karls* Ⅵ, Berlin: Verlag der Akademie der Wissenschaften, 1929: 1.

② Wolfgang Michael, *Das Original der pragmatischen Sanktion Karls* Ⅵ, Berlin: Verlag der Akademie der Wissenschaften, 1929: 28.

③ Die Publizierung der Pragmatischen Sanktion am 19. April 1713, in: Gustav Turba (Hrsg.), *Die pragmatische Sanktion: authentische Texte samt Erläuterungen und Übersetzungen*, Wien: Kaiserlich-Königlicher Schulbücher-Verlag, 1913: 48-53.

件一致。

译文

1713 年 4 月 19 日上午 10 时，皇帝陛下传召所有在维也纳的枢密顾问于惯常地点集合。既定时间到，华盖相随，陛下进入枢密顾问室，移步御桌前，随后传召枢密顾问和众大臣；众人听令依次进入，在各自的指定位置站定。到场者分别为：

萨伏伊的欧根王子；特劳特松公爵；施瓦岑贝格公爵；陆军元帅特劳恩伯爵；艾蕾诺尔殿下最高宫廷事务官特尔恩伯爵；首席马厩总管戴特里希斯坦伯爵；宫廷首相赛勒恩伯爵；内务主席斯塔伦贝格伯爵；小马尔蒂尼茨伯爵；战事副统领赫伯斯坦伯爵；波希米亚最高宫廷宰相施利克伯爵；帝国副首相舍恩伯爵；大主教瓦伦西亚；最高内务官辛岑多夫伯爵；阿玛利亚殿下最高宫廷事务官帕尔伯爵；帝国宫廷顾问团副主席辛岑多夫伯爵；匈牙利王室法官尼古拉斯·帕尔菲伯爵；匈牙利首相伊列哈希伯爵；下奥地利州州长克文胡勒伯爵；加拉斯伯爵；阿玛利亚殿下首席马厩总管萨尔姆伯爵；西班牙王室机密国务秘书罗梅奥侯爵；特兰西瓦尼亚副首相科尔尼斯伯爵。

会议记录者：希克

所有枢密顾问和众大臣到齐之后，皇帝陛下宣布：这次召集枢密顾问和大臣，旨在告知他们，自己的亡父——仁慈尊贵的陛下利奥波德，自己的仁兄——曾经的罗马人的国王①、后来的神圣罗马帝国皇帝约瑟夫，以及当时被家族确立为西班牙国王的皇帝陛下自己②，他们三人曾在帝国枢密顾问和众大臣的见证下，签署了一些关于帝国管理及继承问题的协定③，且各方均宣誓，会遵守上述协定。由于当时在场的顾问和众大臣多数均已离世，因此皇帝陛下认为，有必要向目前到场的枢密顾问和众大臣告知相关情况、宣读当时协定的内容；随后，皇帝陛下命令宫廷首相赛勒恩伯爵宣读相关文书。

首相赛勒恩伯爵听令，先是将由当时的国王、现如今的皇帝陛下亲自签署的关于接

---

① “罗马人的国王”这一头衔首次出现在亨利二世(972—1024)时期，当时该头衔基本等同于需要教皇加冕的帝国皇帝头衔。1508 年，马克西米利安一世时期，当时的教皇儒略二世准许皇帝无需前往罗马接受教皇加冕也可自行称帝，但头衔须为“当选罗马皇帝”。而“罗马人的国王”这一头衔则被授予皇帝的继承人，即现任皇帝在世时，诸侯需选一个“罗马人的国王”作为其继承人，一旦前任皇帝去世，“罗马人的国王”自动成为下任帝国皇帝。

② 1700 年，西班牙国王卡洛斯二世无男嗣而终。当时的帝国皇帝利奥波德一世虽力图为其子查理六世争取西班牙王位，但并未如愿。法国国王路易十四的孙子腓力公爵，于 1700 年即位为西班牙国王。

③ 指 1703 年 9 月 12 日，奥波德一世与其子约瑟夫和查理签署的关于让查理继承西班牙王位、约瑟夫和查理相互继承的三份相关文书(包括前文提到的“秘密家庭契约”)。具体文书内容参见 Gustav Turba (Hrsg.), *Die pragmatische Sanktion: authentische Texte samt Erläuterungen und Übersetzungen*, Wien: Kaiserlich-Königlicher Schulbücher-Verlag, 1913: 18-26, 30-40.

受由自己继承西班牙王位的声明文书(此文书加盖皇家印章)①，连同公证附录在内，从头至尾朗读了一篇。接着，他又将已故利奥波德皇帝和罗马人的国王约瑟夫陛下签署的、关于让查理继承西班牙王位的文书(此文书加盖皇帝及国王双重印章)②，同样连同公证文书一起，进行了完整宣读。最后，首相再次清晰宣读了皇帝陛下关于接受由自己继承西班牙王位的声明文书，及文书遵守方面的相关内容，公证附录同样被宣读。这些文书均于 1703 年 9 月 12 日在维也纳签署。

上述文书宣读完毕，皇帝陛下又宣布了以下主要内容：所读文书表明，约瑟夫一脉和查理一脉，已达成相互继承的永久协议，并宣誓遵守该协议。仙逝的利奥波德及约瑟夫陛下，已通过协议拟安排由皇帝陛下去继承西班牙王国领地。由于皇帝陛下的兄长、仁爱的约瑟夫无男嗣而终，故而哈布斯堡王朝其他领地亦由皇帝陛下继承。如果皇帝陛下有合法男嗣，根据长子/女继承制，届时由陛下继承的所有王国及领地，均传给其婚生长子，不得分割；若陛下未能留下男嗣(愿上帝仁慈，勿使此种情况发生)，则其王国及领地同样不可分割，并由其婚生长女继承。若陛下绝嗣，这些王国及领地则同样按照长子/女继承制，不可分割地传给陛下已故的仁爱兄长约瑟夫之女及其合法后裔。根据这一法令，女大公们应享有所有其他相关特权及待遇，且这些待遇应持续保留：依照此法令，无论是现任统治的查理一脉，顺位继承的约瑟夫家族女性一脉，还是皇帝陛下的姐妹及其他所有显赫皇室大公家族，均要遵循长子/女继承制原则，维护相应继承秩序。

皇帝陛下与其仁爱的先父兄同在。为了确保上述法令、规章和协议的永恒效力，为了赞美上帝的无上荣耀，为了所有领地的世袭继承，陛下以亲身誓言保证，会始终遵守上述内容。陛下素来对顾问和众大臣宽和以待，此次同样以最仁慈的方式告诫和命令他们，要严格遵守、维护和捍卫上述法令，必要时，陛下会解除众人对此法令的保密义务。随后，皇帝陛下和枢密顾问及众大臣相继走出枢密室。

我以本人亲笔签名及印章作证，上述所有事项均属实。维也纳，1713 年 4 月 19 日。

本人，乔治·弗里德里希·冯·希克，神圣罗马帝国宫廷顾问、下奥地利机要秘书及此会议记录者，兼此次事务官方公证人，特此声明。

---

① Geheime Annahme-Erklärung Karls, in: Gustav Turba (Hrsg.), *Die pragmatische Sanktion: authentische Texte samt Erläuterungen und Übersetzungen*, Wien: Kaiserlich-Königlicher Schulbücher-Verlag, 1913: 40.

② Die öffentliche Zession des spanischen Reiches an Erzherzog Karl, in: Gustav Turba (Hrsg.), *Die pragmatische Sanktion: authentische Texte samt Erläuterungen und Übersetzungen*, Wien: Kaiserlich-Königlicher Schulbücher-Verlag, 1913: 18-26.

普奥奥尔米茨和约

（1850 年 11 月 29 日）

华中科技大学　李芳芳　译

译者导言

《奥尔米兹和约》（*Olmützer Punktation*），又称《奥尔米兹条约》（*Olmützer Vertrag*），是 1850 年 11 月 29 日，普鲁士迫于奥地利及俄罗斯等国家的多重压力，在捷克摩拉维亚小镇奥尔米兹和奥地利签署的旨在结束普奥冲突的外交协议。

1806 年 8 月 6 日，随着《德意志皇帝弗兰茨二世退位诏书》的颁布，神圣罗马帝国正式解体。1815 年，在维也纳会议的决议下，以奥地利帝国为主席国、普鲁士王国为副主席国的德意志邦联（Deutscher Bund）得以成立。彼时的欧洲，自由主义和民族主义高涨。1848 年欧洲革命使得本就松散的德意志邦联遭到重创。普鲁士王国随着自身实力的增强，不甘继续受制于奥地利帝国。在 1850 年 3—4 月召开的埃尔福特联盟议会上，普鲁士提议，建立一个将奥地利排除在外、由自己领导的小德意志（Kleindeutschland），即埃尔福特联盟（Erfurter Union），以解决“德意志问题”（Deutsche Frage），建立一个统一的德国。普奥冲突由此进一步加剧，最终导致了 1850 年 11 月的秋季危机（Herbstkrise）。这场危机险些导致普鲁士与奥地利和巴伐利亚爆发战争，迫于奥地利及俄罗斯的巨大压力，最终普鲁士作出妥协。

1850 年 11 月 29 日，经过谈判，奥地利时任首相费利克斯 · 施瓦岑贝格（Felix zu Schwarzenberg）和普鲁士内政部长奥托 · 特奥多尔 · 冯 · 曼特乌菲尔（Otto Theodor von Manteuffel）在捷克摩拉维亚小镇奥尔姆兹签署了《奥尔姆兹和约》。该合约包含五项条款，涉及以下内容：普鲁士放弃领导各邦国、统一德意志的计划，条件是尽快举行德累斯顿部长会议，并在该会议上讨论邦联改革问题；允许德意志邦联对黑森选侯国事务进行干预；接受由邦联政府在邦联议会中提出的共同解决石勒苏益格—荷尔斯泰因问题的方案，并同意撤军。德意志邦联由此在奥地利领导下得以重新建立。

普鲁士的屈从以及在该和约中被迫作出的让步，令其声望受损，王国内甚至出现了“奥尔米兹之耻”的说法。该合约虽然暂时避免了普奥战争的爆发，却加剧了普鲁士对奥地利的不满。在随后的几十年，普鲁士谋求革新，实力不断增强，在 1866 年普奥战争中迅速取胜，最终于 1871 年建立了由自己主导、实行联邦制的统一民族国家德意志帝国(Deutsches Kaiserreich)。

和约原文为德语，现依据《德国政治和历史文献：1848 年至今》(*Dokumente der deutschen Politik und Geschichte von* 1848 *bis zur Gegenwart*)中的德语版本译为中文。①

译文

1. 奥地利和普鲁士两国政府联合声明，希冀通过所有德意志邦联成员国政府的共同决定，来彻底解决黑森选侯国和荷尔斯泰因公国事务。

2. 为促进德意志邦联各成员国政府之间的合作，应尽快由驻法兰克福的邦联成员和普鲁士及其盟国各自任命一名专员，就将要联合采取的措施达成协议。

3. 不管在黑森选侯国，还是在荷尔斯泰因公国，遵循邦联基本法规、实施邦联条例，都符合邦国成员共同利益；加之，对普鲁士为维护自身利益而提出的占领选侯国这一要求，奥地利已经以自身及其盟国的名义作出了充分保证。因此，奥地利和普鲁士两国政府达成如下协议：

3a. 在黑森选侯国，普鲁士不得对选帝侯的军事行动设置任何障碍，并准许其通过由普军占领的军事通道。为维护和平与秩序，奥地利和普鲁士两国政府与其盟友达成协议，将请求选帝侯同意，把侯国政府军队中的一个营和普鲁士的一个营驻留在卡塞尔。

3b. 奥地利和普鲁士在与其他邦国成员协商后，应尽快派遣联合专员前往荷尔斯泰因公国，以邦联的名义要求后者停止敌对行动、将部队撤至艾德河②后方，并将军队规模减至现有兵力的三分之一。荷尔斯泰因公国如果拒绝上述要求，将受到各邦国联合制裁。此外，两国(奥地利与普鲁士)政府将共同向丹麦政府施压，要求其不得在石勒苏益格公国部署超过维持和平与秩序所需的兵力。

4. 部长会议③应尽快在德累斯顿举行。为使会议能够在 12 月中旬开幕，奥地利和普鲁士将共同(向其他邦联成员国)发出参会邀请。

---

① 文献来源：Die Olmützer Punktation vom 28. November 1850, in: Johannes Hohlfeld (Hrsg.): *Dokumente der deutschen Politik und Geschichte von* 1848 *bis zur Gegenwart. Ein Quellenwerk für die politische Bildung und staatsbürgerliche Erziehung. Band* 1: *Die Reichsgründung und das Zeitalter Bismarcks* 1848-1890, Berlin: Dokumenten-Verlag, 1951: 71-72.

② 全长 188 千米，是德国石勒苏益格—荷尔斯泰因州最长的河流，发源于博德斯霍尔姆附近，注入北海。

③ 指德累斯顿部长会议(Dresdener Ministerialkonferenzen)。在德累斯顿部长会议上讨论邦联改革问题，是普鲁士提出的放弃联盟计划的条件。1850 年 12 月 23 日至 1851 年 5 月 15 日，在德累斯顿召开的多次部长级会议上，德意志联邦所有成员国代表遵守该和约规定，就对备受诟病的邦联进行根本性改革的问题进行了讨论。

由奥地利时任首相施瓦岑贝格起草、普鲁士内政部长冯曼特乌费尔代表普鲁士接受的条款

请普鲁士国王尽快确定日期，发布决议，废除于11月6日颁布的动员令。此决议发布后，奥地利皇帝(有信心与邦联大会中其他邦国政府代表达成一致)将于同一天宣布停止一切军备活动，并同时下令采取以下措施：终止国民卫队及第四营的军事活动，停止新兵征募，迅速撤回边境部署的部队。

德意志帝国皇帝威廉二世继位训令

（1888年6月15日至18日）

湖南师范大学　刘剑枫　译

译者导言

1888年是德国历史上的“三皇之年”（Dreikaiserjahr），随着威廉一世、腓特烈三世的相继离世，时年29岁的威廉二世继承皇位。对于掌握国家实权的帝国首相俾斯麦来说，他一开始对这位年轻的新君主充满信心。俾斯麦认为，威廉二世崇拜他的祖父，所以威廉二世应该与他的祖父一样，同属于普鲁士保守党，而不是像热爱自由主义和英格兰的腓特烈三世那样。

在继位伊始，威廉二世确实表现出自己将会遵照威廉一世确立的原则行事。他在1888年6月15日至18日对军队（尤其是海军）和国民的讲话中不断表达自己对祖父的崇拜。所以，当威廉二世继位时，俾斯麦认为自己处于安全的位置，他相信自己对于威廉二世来说是不可或缺的。

但事与愿违，威廉二世不仅在年龄上与俾斯麦相差很大，他们的政治观点也是相互对立的。威廉二世在登基之前就曾表示，自己与威廉一世不同，他有自己的政治思想，要亲身实践，所以他想要独揽包括外交权力在内的国家大权。然而“权力是一种永远不会自愿放弃的药物”，俾斯麦并无放权的打算。① 不久，皇帝与首相在工人问题上的最初纠纷，让俾斯麦相信威廉二世不太成熟、政治经验不足，尚不能独掌大权。在随后的两年里，这场帝相之争愈演愈烈，最终以俾斯麦的下台告终。

1888年6月15日上午11时，在位99天的德皇腓特烈三世死于咽喉癌，其子威廉二世于波茨坦新宫父皇的灵床前继位。当天，威廉二世向军队发布了命令（Armeebefehl），第一时间宣布自己对国家武装力量的掌控权。他提醒军队，忠诚于他本人，就是继续履行他们对于皇室先祖的忠诚。同日，威廉二世又向自己拳拳在念的海军发布名为“致海军”（An die Marine）的训令，袒露自己对海军的喜爱之情。6月18日，威廉二世最后向民众发布训令。在这个题为“致我的人民”（An mein Volk）的训令中，威廉二世明确表示想“做一个公正且温和的君主”“促进国家的福祉，成为穷人和受压迫者

---

① Golo Mann, *Deutsche Geschichte des* 19. *Und* 20. *Jahrhunderts*. Frankfurt a. M.: Fischer Taschenbuch, 1992: 456.

的帮助者，成为正义的忠实守护者”。这并非冠冕堂皇的说辞，至少在行动上，威廉二世标榜自己是“公民皇帝”，推行相对宽容的社会经济政策。

回顾这段历史，我们可以在威廉二世的这组继位训令中试窥帝相之间的四个主要冲突点。

其一，威廉二世对于权力的渴望和俾斯麦长期独揽大权之间的矛盾。威廉二世上台到俾斯麦下台这段时期，威廉二世虽然有可能因为他憎恨的母亲批评俾斯麦的缘故而崇拜俾斯麦，但他想要独揽大权，而习惯掌权的俾斯麦不会轻易放弃国家大权，二人对于权力的追求注定他们之间的关系无法调和。

其二，新兴的海权战略和传统的陆权战略之争。在 19 世纪，海权是与殖民活动紧密相连的，德国自不能免俗。早在 1847 年，军官奥尔斯尼茨提交了一份关于将普鲁士提升为海上、殖民和世界第一强国的备忘录。① 实际上，德意志帝国的第一次有组织的殖民活动发生在 1871 年 1 月 1 日②帝国建立之后。然而，俾斯麦保守的海权思想，限制了德国殖民活动的能力。俾斯麦德国虽然进行了一系列海外殖民活动，但是“总参谋部只是为了德意志帝国的声望而支持殖民政策。政治领导层很清楚，海外殖民扩张只是被视为欧洲大陆扩张计划的插曲”③。俾斯麦始终强调，与英国保持良好的关系远胜于参与殖民地争夺，因为殖民活动容易引发大国对抗，会威胁到德国的欧陆战略布局。④

在海权和海外殖民扩张问题上，威廉二世有着完全不同的主张，他在继位伊始已明确表示：“海军知道，朕不仅对海军的海外行动感到满意，朕自幼就对海军产生了强烈的兴趣，这一点朕与朕亲爱的兄弟海因里希亲王完全相同。朕学到了生活在海军中的高度荣誉感和忠诚感。朕知道，无论身在何处，每个人都准备好用自己的生命心甘情愿地捍卫德国国旗的荣誉。”⑤威廉二世对海军的强烈情感，促使德国的海军建设无论在战略目标上还是建设规模上都出现了根本性变化。俾斯麦时代将德国海军主要战力用于确保沿海安全的“防御舰队概念”已经无法满足威廉二世的海权梦想，德国需要更多的军舰来承担新的进攻任务，这种海权理想与俾斯麦的陆权强国观念存在本质的冲突。这一冲突所反映的问题是大陆政策与世界政策互不兼容，这是俾斯麦最终下台的根本动因。

其三，俾斯麦对于威廉二世“性格缺陷”的批评。随着皇帝与首相在工人问题上的最初纠纷，俾斯麦认为威廉二世不太成熟、政治经验不足，尚不能独掌大权。威廉二世

---

① Michael Fröhlich, *Imperialismus Deutsche Kolonial-und Weltpolitik* 1880 1914. München: Deutsches Taschenbuch, 1994: 18.

② 林纯洁：《德意志之名》，武汉：武汉大学出版社，2022 年，第 71 页。

③ Udo Ratenhof, *Die Chinapolitik des Deutschen Reiches* 1871-1945. Boppard am Rhein: Harald Boldt, 1987: 105.

④ Michael Fröhlich, *Imperialismus Deutsche Kolonial-und Weltpolitik* 1880-1914. München: Deutsches Taschenbuch, 1994: 51-52.

⑤ Gesammelt und Herausgegeben von Johs Penzler, *Die Reden Kaiser Wilhelms* Ⅱ. *In den Jahren* 1896-1900. Leipzig: Druck und Verlag von Philipp Reclam jun, 1906, Erster Teil: 9.

的性格是学者们津津乐道的问题，大体共识如下：他才华横溢、思维敏捷，对很多事情都感兴趣，尤其是先进的军舰。相对的，他也缺乏对相关事物进行更系统且深入的学习。在俾斯麦眼中，威廉二世的“性格缺陷”让他无法放心地将权力让渡给年轻的皇帝。换句话说，皇帝的性格问题是帝相权力之争的附属品和工具。

其四，威廉二世相对宽松的对内社会经济政策与俾斯麦高压政策之间的矛盾。威廉二世继位后，即采取有利于工人的对内政策，此举与俾斯麦高压的对内政策产生矛盾，二人在对待社会民主党人的问题上爆发了激烈的冲突。由于二人互不退让，帝相矛盾越积越深。最终，这场旷日持久的帝相之争在 1890 年迎来了收场。1890 年 2 月 4 日，威廉二世在绕开首相的情况下发布了两项有利于工人的社会政策法令。威廉二世此举违背了 1852 年确立的原则，即在没有通知帝国首相的情况下与部长们就重大问题进行商谈，并达成协议。此外，威廉二世要求取消 1852 年确立的原则，但遭到俾斯麦的反对。最后，这场冲突也转移到对外政策上，在俄奥巴尔干争端上，威廉二世和俾斯麦意见相左，二人再次发生激烈冲突。最终，3 月 18 日晚，俾斯麦提交了辞呈。“根据俾斯麦一贯奉行的君主制原则，大臣是君主的奴仆，在与君主发生矛盾时只能选择后退。”①这实际上是以退为进的手段。然而俾斯麦低估了威廉二世想奉行与大陆政策完全不同的政策的决心。1890 年 3 月 20 日，俾斯麦正式下台。

威廉二世继位训令原文为德语，现依据《威廉二世皇帝训令》(*Die Reden Kaiser Wilheim* Ⅱ)中的德文版本译为中文。②

译文

1. 军事命令

(背景)腓特烈三世的长子威廉王子接替他成为德意志皇帝和普鲁士国王。威廉王子在他的父亲去世后，下达了以下军令：

当军队刚哀悼完朕所尊敬的祖父德意志皇帝、普鲁士国王威廉一世时，今日上午 11 点 05 分，朕亲爱的、敬爱的父亲德意志皇帝、普鲁士国王腓特烈三世的离世，对于我们来说又是一个新的沉重的打击。

在这个悲痛的日子里，根据上帝的旨意，朕将成为军队的领袖，朕对朕麾下军队的首次讲话着实是发自内心深处的。

朕对上帝托付给朕的职位充满信心，因为朕知道吾光荣的祖先们已在军队中树立了

---

① 邢来顺：《德国通史》第四卷，南京：江苏人民出版社，2019 年，第 298-299 页。

② Gesammelt und Herausgegeben von Johs Penzler, *Die Reden Kaiser Wilhelms* Ⅱ. *In den Jahren* 1896-1900, Leipzig: Druck und Verlag von Philipp Reclam jun, 1906, Erster Teil: 7-11.

荣誉感和责任感，朕还知道这些意识在任何时候都能经得住考验。

军队要忠诚于在这片土地上父子相承、代代相传的世袭统帅——朕也向各位提到了朕的祖父，就是一位光荣可敬的统帅形象，朕无法用更合适的语言来表达朕对他的无上敬意——朕亲爱的父亲，王储期间的他已在军队生涯中赢得了荣誉——以及朕众多辉煌的先祖，他们在历史上熠熠生辉，他们的心始终在为军队炙热地跳动。

这是我们之间的纽带——朕和朕之军队——我们为彼此而生，紧密地联系在一起，根据上帝的旨意共经风雨。

你们现在要向朕宣誓，效忠并服从于朕——朕相信朕在另一个世界的先祖们正在注视朕，有一天朕将不得不向他们讲述军队的声望与荣耀。

新宫，1888 年 6 月 15 日

威廉

2. 致海军

（背景）遵照皇帝的上述军令，同日向海军致辞如下：

朕悲痛地向海军宣告，朕敬爱的父亲，德意志皇帝、普鲁士国王腓特烈三世国王陛下，今天上午 11 点 05 分与世长辞。朕，根据上帝的旨意继位，接管了原国家政府的领导权，以及海军的最高指挥权。

这确实是一个非常庄重的时刻，在此朕首先想对海军发表讲话。

直到不久前，对朕难忘的、亲爱的祖父威廉一世皇帝的哀悼刚刚结束，他去年在基尔港期间表示，他对海军在政府的领导下取得的建设成就表示满意——现在，旗帜再次为朕的父亲而降，他对海军的发展和进步满怀喜悦并抱有浓厚的兴趣。

庄重而由衷的哀悼会强化人们的意志，因此我们要牢记朕的祖父和父亲的形象，并自信地展望未来。

海军知道，朕不仅因为外在的羁绊而对海军产生莫大的喜悦，而是朕自幼就对海军产生了强烈的兴趣，这一点朕与朕亲爱的兄弟海因里希亲王完全相同。

朕学到了存在于海军中的高度荣誉感和忠诚感。朕知道，无论身在何处，每个人都准备好用自己的生命心甘情愿地捍卫德国国旗的荣誉。

所以朕可以在这个庄重的时刻满怀信心地说，无论时日好坏，疾风骤雨抑或风和日丽，我们将坚定地站在一起，时刻铭记德国祖国的荣耀，时刻准备向德国国旗的荣誉献出自己的全部。

在先皇去世之际，上帝与我们同在。

新宫，1888 年 6 月 15 日

威廉

3. 致朕的人民

上帝决意再次将最痛苦的悲伤带给我们。在朕难忘的祖父入土之际，朕敬爱的父亲大人皇帝陛下也被召唤至另一个世界，永享安宁。这种英雄的、来自基督教信仰所带来的旺盛精力，让他即使疾病缠身，仍能长期弥留在祖国，履行自己的皇室职责。上帝另有打算。短短数月的时间，这位皇帝一直在为追求一切伟大和美好的事物而奋斗，他在位期间，赢得了人民的爱戴。只要德国人仍活在这个世上，他的美德和他曾在战场上赢得胜利就会被人们心怀感激地铭记，他在祖国历史上所留下的伟大的骑士形象将永垂不朽。

朕被召唤到先帝们的宝座上，接管了政府，成为众王之王。朕向上帝发誓，效法朕的先祖，做一个公正且温和的君主，对上帝充满虔诚和敬畏，守护和平，促进国家的福祉，成为穷人和受压迫者的帮助者，成为正义的忠实守护者。

波茨坦，1888 年 6 月 18 日

威廉

论悲剧性(节译)

[德]彼得·斯丛狄(Peter Szondi)　著
华中科技大学　翟　欣　译

译者导言

彼得·斯丛狄(Peter Szondi)是20世纪德国文学理论和文学批评领域的重要人物，也是德国比较文学的奠基人。除了在策兰研究、荷尔德林研究领域留下了重要的学术贡献以外，斯丛狄的悲剧理论对于理解戏剧和文学中的悲剧元素也至关重要，在当代文学理论和戏剧理论界具有开创意义。他的学术贡献为后来的文学批评和文学理论研究留下了深刻的思想资源，对雷曼等学者产生了深刻的影响，但国内学界还未充分认识到他的重要价值。除了他的代表作《现代戏剧理论》(*Theorie des modernen Dramas*)已被译成中文外，国内对他其他作品的译介还较少。

《现代戏剧理论》基于斯丛狄1956年完成的博士论文，在该著作中他描绘了欧美现代戏剧的发展脉络，提出了现代戏剧存在的戏剧危机。而《论悲剧性》(*Versuch über das Tragische*)是斯丛狄于1961年在柏林自由大学比较文学系任职时提交的授课资格论文，在一定意义上是对前者的继续思考。如果说《现代戏剧理论》是从形式入手勾勒出了现代戏剧的基本线索，开启了理解现代戏剧的一个新的视角，那么在《论悲剧性》中斯丛狄则是将他的注意力从作为实体的悲剧(die Tragödie，die Tragik)艺术转移到了作为精神范畴的悲剧性(das Tragische)这一概念，从更广义的哲学领域讨论了悲剧的本质、结构和意义。

《论悲剧性》不是一部狭义上的戏剧理论著作，而是在对悲剧进行了广泛研究和深入思考的基础上结合了文学、哲学和美学多方面的洞察。斯丛狄在论文开篇用了一句令人印象深刻的话："自亚里士多德以来就有悲剧诗学，自谢林以来才有悲剧哲学。"这反映出自18世纪末以来，悲剧从戏剧及诗学领域进入了哲学领域，成为哲学思考的重要对象和模式。在以谢林、黑格尔、叔本华、尼采和雅斯贝尔斯等为代表的众多著名德国思想家的作品中，对悲剧和悲剧性的讨论都占据着重要的位置，有时甚至是核心位置。在这一转变过程中，悲剧性这一哲学概念逐渐取代了悲剧的结构因素而成为探讨的中心，对悲剧的思考和解读都离不开对这一概念的分析，它也基本上成了德语世界的专有概念。斯丛狄看到了这一趋势，在《论悲剧性》中试图将18世纪以来不同思想家对悲剧的规定统一在悲剧性这一个共同的基点上。

《论悲剧性》由导言和两部分组成，第一部分包括对 1795 年至 1915 年间 12 位思想家和诗人的哲学美学作品的评论，涵盖谢林、荷尔德林、黑格尔、索尔格、歌德、叔本华、费肖尔、克尔凯郭尔、黑贝尔、尼采、齐美尔和舍勒等人。斯丛狄在这部分中不仅关注各种悲剧定义的哲学背景，还着眼于如何利用这些观点来分析悲剧，以建立一个普遍的悲剧性概念。第二部分对不同时期的代表性悲剧著作，如索福克勒斯、莎士比亚、席勒、克莱斯特和毕希纳等人的 8 部悲剧进行了示范性分析。斯丛狄在这些分析中着重探讨了悲剧中的辩证结构，以及悲剧作品在不同历史时期和文化背景下的变化和发展。

此篇译文节选了《论悲剧性》的导论和第一部分《悲剧性哲学》中的黑格尔篇进行翻译。① 在黑格尔看来，悲剧的内容是伦理实体的自我分裂和自我和解的运动过程，是精神从意识的初始阶段通过自我意识和理性到达绝对精神的一个阶段，在这一过程中体现出精神发展中那种对立统一的内在辩证结构。因此斯丛狄认为，黑格尔哲学辩证法的产生与其悲剧思想是密不可分的，两者具有同一性的结构。但斯丛狄也同时指出，黑格尔哲学中悲剧与辩证法的这种同一性自身也有一个发展变化的过程，在黑格尔青年时期的神学著作和论自然法的文章与后来的《精神现象学》以及《美学》之间存在一个本质的差异：在悲剧中这种差异体现为对立统一元素范围的扩大，而辩证法也相应地从一种历史—神学现象和假设演变成了世界的整体法则和认知方法，这种转变本身也是辩证法的一个印证。

译文

导　言

自亚里士多德以来就有悲剧诗学，自谢林以来才有悲剧哲学。作为对创作的指导，亚里士多德的著作旨在确定悲剧艺术的要素；它研究的对象是悲剧，而不是关于悲剧的观念。即使它在超越具体的艺术作品，探究悲剧的起源和影响时，它在灵魂学说上仍然是经验主义的，它得出的结论——模仿的冲动是艺术的起源，净化是悲剧的效果——这些结论的意义不在于它们自身，而在于它们对诗的意义，从它们当中可以推导出诗的法则来。现代诗学本质上是基于亚里士多德的这部著作，现代诗学的历史就是这部著作的效果历史(Wirkungsgeschichte)，可以被理解为对亚里士多德作品的接受、扩展、系统化以及误解和批判。尤其是对故事情节的封闭性和范围的规定，众所周知在古典主义的三一律理论以及莱辛对其进行的纠正方面起了重要的影响，就像恐惧和怜悯学说一样，

---

① 文献来源：Peter Szondi，“Versuch über das Tragisch”，*Peter Szondi Schriften. Bd.* 1. Berlin：Suhrkamp，2011：149-260.

对其数量众多而又互相矛盾的阐释形成了悲剧的历史诗学。

从亚里士多德这个巨大的、超越了国界和时代的影响范围之中，悲剧哲学如一座孤岛般凸显出来。悲剧哲学由谢林以一种完全非系统性的方式创立，它以始终全新的形态贯穿了观念论和后观念论时期的思想。悲剧哲学可以说是德国哲学独有的特色，如果可以把克尔凯郭尔也归到德国哲学里去，并且不考虑他的学生比如乌纳穆诺的话。时至今日，悲伤(Tragik)和悲剧性(das Tragische)的概念基本上是个德语概念——最能说明这个特性的莫过于马塞尔·普鲁斯特(Marcel Proust)在一封信开头第一句话的插入语中所说的：正如德国评论家库尔提乌斯(Curtius)所说的那样，您将看到我的处境的全部悲剧。因此在本研究的第一部分，也就是对悲剧性的规定的部分，我们在其中找到的全是德国哲学家和诗人的名字，而在第二部分才探讨了古希腊、西班牙、英国和德国巴洛克时期、法国和德国古典主义及其瓦解时期的作品。

然而就像不能指责亚里士多德的诗学缺乏对悲剧现象的洞察力一样，同样也不能从一开始就否认德国哲学在1800年后形成的悲剧性理论对早期悲剧诗的适用性。相反，为了理解19世纪的理论与17—18世纪的实践之间存在的历史关涉，应该假定在这个领域密涅瓦的猫头鹰也只是在黄昏来临时才开始起飞的。但是谢林、黑格尔、叔本华和尼采对悲剧性的规定在多大程度上取代了那些似乎在他们那个时代似乎已经成熟了的悲剧诗，这些规定本身在多大程度上呈现了悲剧或者悲剧的模型，这些问题只能由构成本研究第一部分的评论来回答。

接下来的内容只是评论，而不是详尽的描述，更不是批评。这些评论涉及来自十二位思想家和诗人的哲学和美学著作的文本，时间段跨越1795年到1915年，这些文本似乎是首次汇集于此。这些评说不是为了批判性地探究得以产生出这些悲剧性规定的体系，也不是为了充分认识它们的独特性。相反，除极少数例外以外，这些评说必须仅限于追问悲剧性在相关的思想结构内的价值，从而弥补因摘取引文的部分内容而对这些文本造成的不公。此外这些评说还必须使悲剧性的各种规定从一种或多或少被遮蔽的结构要素中变得透明，这个要素是所有悲剧性的规定所共有的，如果我们对不同思想家下的定义不是从他们的哲学观点来进行解读，而是从这样一种可能性来进行解读，借助这种可能性的帮助可以分析悲剧，从而有望得到一个悲剧性的普遍概念，那么这个要素就具有重要意义。不过也有例外情况，有些评论要从很艰深的文本中(比如荷尔德林的碎片)才能挖掘出意义，或者有些评论要返回到规定背后，以便在那里寻找它的起源，那个地方似乎与悲剧性没什么关涉，但却为其后来的定义提供了解释。对黑格尔的评论就是这种情况，它构成了其他诠释的基础，在本研究的开篇必须首先提到黑格尔，因为本研究要归功于黑格尔及其学派的见解，没有这些见解本研究也无从展开。

黑格尔

悲剧在于伦理自然把作为命运的它的无机自然和自身分开，以便伦理自然不和无机自然纠缠在一起，并和无机自然对立起来；而且通过在斗争中承认这种命运，伦理自然已经和作为二者统一的神圣本质达成了和解。

黑格尔最早对悲剧的论述见于《论自然法的科学探讨方式》，该文章于1802年至1803年发表在由谢林和黑格尔共同主编的《哲学批判杂志》上。如同整本杂志一样，这篇文章也是反对康德和费希特的。这场在伦理学领域展开的斗争同时也是刚刚才认识到自身的黑格尔辩证法与他那个时代哲学上二元论的形式主义之间的原则性较量。因为这里要指摘康德的《实践理性批判》和费希特的《自然法基础》的，正是它们将法则和个体性、普遍和特殊之间僵硬地对立起来。费希特希望“看到，作为个人，个人的一切行动和全部存在应该由和个人对立的普遍和抽象来监视、了解和规定”。黑格尔则用伦理的绝对理念与它对抗，这个理念对自然状态和对个体来说是陌生的……法的状态的整体威严和神圣性，这两者是完全同一的。黑格尔想用一个真实的伦理概念代替抽象的伦理概念，这个真实的伦理概念在普遍和特殊的同一中呈现了二者，而形式主义的抽象则造成了二者的对立。真实的绝对伦理，正如黑格尔所理解的那样，“直接就是个体的伦理，反之，个体伦理的本质绝对是真实的，因此是普遍的绝对伦理”。然而与谢林不同，黑格尔将他的注意力不仅放在同一性上，而且放在在其同一性中得以把握的各种力量的持续对抗上，放在内在于其统一的运动上，通过这种运动，同一性才有可能成为真实的同一性。无机的法则和鲜活的个体性之间、普遍和特殊之间的对立与其说是被消除了，不如说是在概念内部作为动态的对立得到了扬弃。就像后来在《精神现象学》中表达的那样，黑格尔将这个过程理解为自我分裂为二(Selbstentzweiung)，表达为牺牲。“这种牺牲的力量就在于直观和客观化与无机物所进行的纠缠，直观消除了这种纠缠，而无机的东西被剥离了，并且被当作无机的东西被识别出来，从而自己被吸收进无差别中去：当生命体通过把它知道是它自己一部分的东西置于自身之中，并将其献祭给死亡，它的权利同时也得到了承认，自身也得到了净化。”黑格尔将这个过程等同于悲剧性的过程本身，他以埃斯库罗斯的《俄瑞斯忒斯》结尾为例子说明了这个过程。作为存在于不同领域中的法的力量的复仇女神，即伦理的无机部分，与阿波罗在伦理组织(即雅典人民)前的冲突最终以雅典娜主持的和解而告终：复仇女神从此作为神圣力量受到尊崇，“她们的狂野天性静观着城里为她们建立的屹立在城堡之上雅典娜祭坛对面的祭坛，享受着祭祀，从而也获得了平静”。黑格尔将悲剧性的过程解释为伦理本性(sittliche Natur)的自我分裂为二和自我和解，它的辩证结构从而也首次直接显现出来。

在谢林对悲剧的规定中辩证法还没有被揭示出来，因为谢林——正如黑格尔在《精神现象学》前言中暗暗批评他的那样——太容易走向和谐，而在黑格尔那里悲剧和辩证法是重叠的。这种同一性不是事后宣称的同一性，而是可以追溯到这两种思想在黑格尔那里的起源，这一点在他于1798年至1800年期间以《基督教的精神及其命运》为题的青年时期的著作中得到了证明。黑格尔辩证法的起源典型地就是一部辩证法之作为辩证法的起源史。黑格尔与康德形式主义的争论首先是在神学—历史研究的框架内进行的，是有实质内容的争论，即基督教和犹太教之间的争论。年轻的黑格尔对犹太教精神的描述与他后来对康德和费希特的形式主义的描述类似。它是由不可能实现和解的人性和神性、特殊和普遍、生命和法则之间的僵硬对立所规定的。它们之间的关系是统治和被统治的关系。而基督教的精神与这种严格的二元论的精神相反。耶稣的形象弥合了人和神的鸿沟，作为上帝的儿子和人的儿子他体现了一种和解，体现了这两种力量的辩证统一。同样，作为复活者他还在生和死之间进行了调解。他用主观的意向取代了人类受制于其中的客观律令，在主观的意向中个体自身与普遍性融为一体。然而正如后来在论自然法的论文中表述的一样，黑格尔在他青年时期的这本著作里也很少把同一性看作一种确定无疑的和谐。他更多的是把那个过程看成同一性的内部运动，这个过程在《精神现象学》里作为精神的辩证法将会获得它的最终形式。青年时期的著作把这从自在存在（Ansichsein）到自在自为存在（Anundfürsichsein）的发展进程中自我分裂和和解的阶段称为命运和爱。黑格尔认为犹太教不知道什么是命运，因为在人和上帝之间唯一的联系就是统治的纽带，而与犹太教相反，基督教的精神同时也为命运的可能性奠定了基础。命运“不是什么外来的东西，就像属于外来法则的惩罚一样，而是对自身的意识，但是是作为一个敌对者对自身的意识”。在命运中，绝对伦理与它自身分裂为二。绝对伦理发现自己不是要面对一种本来会损害它的客观法则，而是要在命运中直面它自己在行动中确立的法则。这样一来同时就给予了它与这法则相和解，从而重新建立统一的可能性，而在客观法则下绝对的对立比惩罚更持续存在。

所以黑格尔青年时期的这本著作不仅像编者给定的标题那样只是涉及基督教的命运，而且同时涉及了命运的形成过程（Genesis），在黑格尔看来它与辩证法的形成过程同时发生，而且是在基督教的精神里。但是在这里，在基督教的空间里，命运也意味着悲剧性的东西，正如命运在论自然法论文的悲剧概念里作为伦理自然的自我分裂环节而出现。在这部青年时期著作的手稿里有一些关于《伊利亚特》里的命运的节录，而悲剧《麦克白》则说明了由主体自己所揭示的命运的特质。谋杀班柯后麦克白发现自己面对的不是外来的、独立于他而存在的法则，然而在班柯的灵魂里他面对着受到了伤害的生命，这生命不是什么外来的东西，而同样是他自己失去的生命。现在那被伤害了的生命首先作为一个敌对的力量出现来反对那个犯罪者，并且虐待他，犹如他曾经虐待对方那样；所以惩罚作为命运是犯罪者的行为本身之对等的反作用，是他自己武装起来的一种力量的反作用，是他自己造成的敌人对他的反作用。然而，由于犯罪者自己制定了法则，他所造成的分裂——与法则中绝对被分开的东西不同——就能够得到统一，而且是在爱中得到统一。黑格尔是这样解释抹大拉的玛利亚的命运的（并把她的过失归咎到犹太教的精神）：她的民族所处的那个时代是那样的一些时代之一，在那个时代里一个美的心灵没有罪是不能生活下去的，不过在这个时代里正如在任何别的时代一样，美的心灵可以通过爱回到最美的意识中。尽管在《基督教的精神及其命运》这部早期著作中并没有出现“悲剧性的”（tragisch）和“悲剧”（Tragödie）这两个词，但它却包含了在论自然法的文章中所给出的对悲剧性的规定的起源，并且这个起源与黑格尔辩证法的起源合二为一。对于年轻的黑格尔来说，悲剧的过程就是伦理的辩证法，他先是试图将这伦理的辩证法揭示为基督教的精神，后来又将其假设为一种新的伦理学说的基础。这是伦理的辩证法，是一切人类事物的推动者的辩证法，它在命运中与自身分裂为二，但又在爱中返回到自身，而在法则的世界里，僵化的分裂通过罪恶和惩罚继续保持不变。

> 原始悲剧的真正题旨是神性的东西，但不是构成宗教意识内容的那种神性的东西，而是在尘世间、在个人行动上体现出来的那种神性的东西，不过在这种实际体现里它的实质性特征既没有遭到损害，也还没有转化到对立面上去。在这种形式里意志及其实现的精神实体就是伦理性的因素。……一切外化为实际客观存在的概念都要服从个别具体化的原则，根据这个原则，各种伦理力量和各种发出动作的人物性格，无论在内容意蕴上还是个别显现形式上，就得互相区别开来，各不相同。如果这些互相区别开来的力量必须显现于活动，就像戏剧体诗所要求的那样，将自己作为人类情致的某一特定目的实现出来，并转化为行动，那么它们之间原有的和谐就会被打破，就会在相互孤立中彼此对立。在某些情况下，个体的行动希望实现一种特定的目的或性格，而这种目的或性格在所说的前提之下，由于各有独立的定性，就片面孤立化了，这就必然激发对方对立的情致，由此不可避免地引发冲突。现在，原初的悲剧性就在于，这种冲突中对立的双方各有它那一方面的辩护理由，而同时每一方拿来作为自己的目的和性格的真正内容，却只能是把同样有辩护理由的对方否定掉或破坏掉，因此双方都在维护伦理理想之中而且通过实现这种伦理理想而陷入罪过中。

黑格尔在《美学》中的这一规定与论自然法文章中的定义相隔 20 年。悲剧性仍然被理解为伦理的辩证法，但是本质的东西发生了变化。虽然悲剧主人公的命运——他的情致使他同时陷入义和不义，他恰恰因为他的伦理而陷入罪过——是放在一种形而上学的语境中来看待的，这种语境基于神性的东西进入受特殊性原则支配的现实，但相较于 1802 年论自然法的文章，这种联系已经变得松散多了。悲剧性本质上不再属于神性的观念，因为它已经在宗教意识中脱离了神性观念，伦理的自我分裂为二虽然是不可避免的，但其具体化方面是由环境决定的，因此在内容上是偶然的。与第一次的定义不同，现在给出的定义似乎不是直接来自一个哲学体系，而是——这也符合它在美学中的地位——希望包含悲剧的所有可能性。但是从《美学》接下来关于历史发展的论述中，可以看出黑格尔并不怎么情愿承认他的定义在形式上的广泛性，从根本上来说他想坚持悲剧冲突的唯一形式。正如现在所看到的，混入他的定义里的偶然性因素来自现代悲剧，现代悲剧的主人公们“置身于更复杂的偶然关系和情况之中，可以这样行动也可以那样行动”。他们的行为由他们独特的性格所决定，这个性格不像古代悲剧里那样必须体现一种伦理情致。

出于这个原因，黑格尔对近现代悲剧有所保留，而在古代悲剧中他也明确选择认同这样一种可能的冲突，即他在《奥里斯的伊菲格涅亚》《俄瑞斯忒斯》和索福克勒斯的《厄勒克特拉》中发现的那种冲突，而体现得最完美的是《安提戈涅》，他称这部戏剧是“古代和近代世界的一切戏剧杰作中最优秀最圆满的艺术作品”。它是爱和法则的冲突，正如在安提戈涅和克瑞翁身上发生碰撞的冲突一样。因此，在这个晚期定义表面上的不确定性背后，仍然存在着黑格尔在《精神现象学》中分析过的这一种悲剧形式。当然不容忽视的是，在《精神现象学》里索福克勒斯的悲剧并不被视为悲剧，也没有给出悲剧性的定义，正如在《精神现象学》里“悲剧的”(tragisch)和“悲剧”(Tragödie)这些表述甚至都没有出现过一样。更确切地来说，黑格尔在描述精神的辩证过程中达到了真正的精神的阶段，他将其规定为伦理，并使它分裂为两种本质：分裂为神的法则和人的法则。一个法则在女性那里、在家庭领域里成为现实，另一个在男性那里、在国家生活里成为现实。黑格尔在《安提戈涅》的情节里看到了伦理这两种表现形式的碰撞，即最终意识到正在回归自我的绝对精神与自身的碰撞。与《美学》不同，《精神现象学》与论自然法的文章一致将悲剧性(das Tragische)——尽管并没有那样称呼它——置于黑格尔哲学的中心位置，并将其解释为是伦理(或者说精神在其作为真正的精神的阶段)所服从的辩证法。但是恰好是黑格尔青年时期的神学著作、论自然法的文章、《精神现象学》(还有作为其形式化的回响的《美学》)之间的这种密切关联揭示了它们之间的本质差异，从这个差异可以推断出黑格尔对悲剧性的看法中所隐含的一个转变。在《精神现象学》之前的那些著作里，悲剧是伦理世界的特征，伦理世界在命运中与自己分裂为二，在爱中找到和解，而与它相对立的法的世界则建立在普遍和特殊的僵硬对立之上，不可能产生悲剧性。在《精神现象学》中，悲剧冲突恰恰产生在法的世界与爱的世界之间。在克瑞翁身上，曾经被悲剧性排除在外的犹太教和形式主义伦理学的精神，现在似乎作为一个平等的悲剧英雄与安提戈涅相对立，后者代表了爱的世界。黑格尔为克瑞翁的伦理热忱所进行的辩护凸显了他观念上的转变，这一转变与辩证法对黑格尔的意义的变化有关。在发表论自然法的文章到《精神现象学》之间的这些年里，辩证法从一种(基督教精神里的)历史—神学现象和一种(用于重建伦理学说的)科学假设变成了世界法则和认知方法。这样一来，辩证法——同时也是悲剧性(及其克服)——就超越了早期两部著作里设定的界限，现在也包含了一度被它严格区分开的法的领域。辩证法被提升为一种世界原则，它容不得任何向它保持封闭的领域。因此，悲剧的根本冲突现在被认为正是辩证法的起源与其产生时所脱离的领域之间必然产生的冲突。这样一来，犹太教和基督教之间的对立在黑格尔对古代的构想中得到了扬弃。① 然而，黑格尔在早期著作里用同样的悲剧来描述基督教和犹太教，这一奇怪的情况表明，在早期著作里就已经为这两个曾经截然不同的世界之间的统一作好了准备，辩证法早在黑格尔明确提及它的名字之前，就已经在他的背后取得了它的权利。

---

① 在黑格尔的《美学》中与此相对应的是古典型(古希腊)艺术形式在象征型艺术(包括希伯来)和浪漫型艺术(基督教)之间的位置。

就在分析麦克白与班柯的鬼魂之间的场景，以展示主体命运的辩证法的前几页有这样一句话，这句话指引麦克白进入了与客体明显对立的世界：“犹太民族的命运是麦克白的命运，麦克白越出了自然本身的界限，屈服于异己的力量，在为异己力量服役的过程中，践踏并且杀害了人类本性中一切神圣的东西，最终还是被他的神灵所抛弃(因为他的神灵是客体，而他本人是奴隶)，被他的信仰本身所粉碎。”对麦克白形象的这种双重阐述和应用本身就是黑格尔辩证法的见证，尽管与青年时期著作的初衷相反，它已经预示着后来黑格尔对精神的综合，这个综合体现在《精神现象学》里对《安提戈涅》的解读中。

诗歌：中国行五首

［德］海因里希·戴特宁　著
谭　渊　译

导读

海因里希·戴特宁(Heinrich Detering)教授是德国当代著名学者，同时也是一位诗人，出版过多部诗集。他曾数次来华访问，畅游长城、漓江、崂山、黄鹤楼等风景名胜，以下诗歌便产生于他来华访问期间，体现了他在旅行中的观感和体悟，颇有东方文化韵味。如《江中青草》在写漓江景色的同时呈现了诗人的顿悟；《蛇山怀古》是对崔颢题咏黄鹤楼的千古名句“日暮乡关何处是，烟波江上使人愁”和诗仙李白的名句“孤帆远影碧空尽，唯见长江天际流”的应和；《水迹》则源于对进行“地书”创作的民间书法家的观察；《悟道》采用了一种暗示遁世趋向的诗行格式，略带诙谐地展现了崂山道士对名利的淡泊；《石丛中》受到道家思想的启示，展现了“水”与“石”的对抗，笔者因曾陪同戴特宁教授攀登八达岭也有幸被写进诗中，当然正如《道德经》第78章所示，无论是石头还是刻在石头上的名字最终都将无法对抗“攻坚强者莫之能胜”的柔水。这五首诗歌在内容上都与中国的风景名胜有关，同时又处处体现着作者的哲思，折射出东西方文化交流的魅力。笔者在选译上述诗歌时得到了戴特宁教授的大力支持，他不仅详细解答了笔者的疑问，而且还就译文格律提出了很好的建议。笔者自知才能有限，无法尽善尽美，所以采取中德双语对照的形式，以便学界同仁们进一步去探索原作神韵。

译文(双语对照)

Flussgras	**江中青草**
als ich auf dem Li-Fluss die Füße vom	乘着竹筏泛舟漓江之上，
Bambusboot ins kühle Wasser tauchte	我将双足浸入冰冷水中，
als ich den Buddhafelsen erblickte	只见大佛般的岩石耸立，
gespiegelt im jadegrünen Wasser	倒映在翡翠般碧绿水中，
als der Wasserbüffel mir entgegen	水牛嚼着青草迎面游过，
schwamm Flussgras kauend wie ich mein Reisbrot	一如我在咀嚼我的馒头。
und mir die Verse in den Sinn kamen	滔滔江水正在滚滚奔流，

vom Lauf des fließenden Wassers und vom Schwimmen Gottes in Seen und Flüssen da hatte ich für einen Augenblick die Kiesbänke vergessen die weiten Kiesbänke zwischen uns hier im Wasser und Bambuswald und dem Buddhafelsen die jedes Jahr weiteren Kiesbänke den weiten endlosen trockenen Kies —aus *Old Glory*	上帝在江河湖海中畅游， 行行诗句也涌入我心头。 恍然间有那么一瞬浮现， 我忘却了宽阔鹅卵石滩， 它横亘在江中游子前面， 阻隔开我们与竹林佛岩， 年复一年河滩愈加变宽， 一望无际唯见干干石川。 （选自诗集《旧日余晖》）
auf dem Schlangenberg auf die Frage wo denn sein Tor zur Heimat sei wies der Dichter Cui Hao auf den Dunst überm Fluss im Tal das dort sei es *das alles sei es* das da sei alles： das himmelblaue Wasser im wasserblauen Himmel der wasserblaue Himmel im himmelblauen Wasser —aus *Wundertiere*	**蛇山怀古** 崔颢曾被问，乡关何处是， 诗翁指彼处，烟波锁江谷， 一切皆如是，如是即一切： 碧波远上碧空尽， 碧空已融碧波中。 （选自诗集《奇鸟》）
Wasserzeichen lass mich nicht vergessen den stillen Mann der nach dem Regen seinen Finger in eine Pfütze tauchte und langsam kalligraphische Zeichen schrieb auf den leeren Parkplatz vorm Revolutionsmuseum in Wuhan Zeichen die während er schrieb in der Sonne verdunsteten und dass ich umkehren wollte und nachlesen —aus *Wundertiere*	**水迹** 难以忘怀 那个闷不做声的人 在雨后将手指蘸着积水 缓缓在博物馆前 空旷停车场上 尽展书法 当他还在挥毫 字迹已渐在阳光下蒸发 让我更想回过头去 回味思量 （选自诗集《奇鸟》）

<table>
<tr>
<td>

Erleuchtung

Vor wenigen Tagen erhielt der Abt des Klosters
von
Laoshan die Ehrenmedaille des Staates für seine
großen Fortschritte in der Erleuchtung
und im Vergessen seines Ich. Er
wird es nicht mehr bemerkt
haben dank seiner
Fortschrit
Te

—aus *Old Glory*

</td>
<td>

悟道

数日之前，崂山上的道观
把国家级荣誉勋章荣获
因在悟道上多有进步
如今已达浑然忘我
此事转眼被遗忘
这理当归功
它所取得
的进
步

（选自诗集《旧日余晖》）

</td>
</tr>
<tr>
<td>

im Gestein

dass der harte Stein das weiche Wasser
besiegt bewies uns die Große Mauer
errichtet in dreihundert Jahren dann
wiederhergerichtet nach einhundert nach
zweihundert nach vierhundert Jahren
als wir dann das Wunder bestiegen bei
Badaling und die Arbeiter sahen
mühevoll am letzten Mauerabschnitt

und dann weiter wanderten schon zitternd
vor Kälte und durchnässt vom Herbstregen
schrieb endlich auf dem achten Signalturm
mein Freund Yuan in den Stein seinen Na-men.

—aus *Untertauchen*

</td>
<td>

石丛中

巍巍长城要向我们证明：
顽石能将柔弱之水战胜。
三百年终于建成，一百
两百四百年后又获重生。

我们登上世界奇迹之刻，
八达岭上犹见工人辛劳，
正将最后一段城垣加固。

寒风瑟瑟我等继续前行，
艰难来到第八烽火台亭，
全身早已淋透秋雨无尽，
渊君终在石上刻下大名。

（选自诗集《潜水》）

</td>
</tr>
</table>

学科建设研究

跨学科或跨领域专业课程与课群实践性问题考察——以上外德语系为例

上海外国语大学　谢建文

摘要：上海外国语大学（以下简称上外）德语系人才培养体系完整。在本科层面，目前已形成三个清晰的专业发展方向：德语语言文学+辅修英语、德语语言文学+经济学双本科和德语+工商管理三个专业方向。其中，后两个专业方向在课程设置、人才培养口径、师资队伍配备和建设上具备鲜明的跨学科性质。第一个更显传统的语言文学专业方向则通过引入外脑或变革专业课的内容与形式强化了人文内涵的植入；在硕、博士人才培养层面，大量成功引入或联合外脑、外智，采用线上、线下多种教学形式，以累积而成的跨学科或跨领域性质课程或讲座群，培养学生们的知识能力、专业素质和创新性品质。但实践中所形成的问题也很尖锐地摆在我们面前，例如面对跨学科培养实践，谁应当或可以成为专业主体？如何在多种维度上有效激发培养对象，以实现或至少有限度实现改革实践的初衷？诸如此类的问题，值得深入研究。

关键词：德语系；人才培养体系；跨学科专业课程实践；问题与成效

高校外语专业课程变革，其根本逻辑就是围绕培养什么人而展开。正因为有了这样的出发点，所以它无论以什么问题形式被提出、以什么方式设计并加以落实，乃至于以怎样的指标体系加以评估和检验，在人才培养环节中，都必须而且也的确是基础性、很平实的一个长期性问题。而且，它常常在育人目标牵引下，与专业和学科体系，与细分之下的教材和教学资源、教法和教学手段、师资和学习主体等构成一个体系性育人问题。但专业课程变革本身也必须是与时俱进的。教学和教育的外部要素，政治、经济、科技、文化和历史语境因素等，都会以直接或间接的期待、要求与需求形态，影响高校外语专业课程的设计和实践。

目前，气候与环保问题日益严峻；反恐问题一直横亘。在这些全球性问题之外，趋势性的发展让我们看到，一方面，世界格局多极化和经济全球化在深入推进，另一方面，意识形态化和孤立主义问题却又一次甚嚣尘上。然而，似乎值得拥抱的是方兴未艾的第四次工业革命和又一轮产业变革，特别是人工智能、虚拟现实、生物科技以及量子科技等蓬勃发展，正深刻改变我们人类生产和生活方式。更值得关注的是，“当前国际格局和国际体系正在发生深刻调整，全球治理体系正在发生深刻变革，国际力量对比正在发生近代以来最具革命性的变化……新兴市场国家和发展中国家国际影响力不断增强，国际力量对比更趋均衡；全球治理的话语权越来越向发展中国家倾斜，全球治理体系越来越向着更加公正合理的方向发展；世界文明多样性更加彰显，世界各国开放包容、多元互鉴成为主基调”①。简言之，“百年未有之大变局”深刻地改变了高校外语教育的外部环境和关系，而且提出了更深刻、更尖锐的变革要求。同时，我们对外开放的步伐显然也依然是坚定向前，因此，在危机与机遇并存的大局面前，高校外语人必须有精深的观察、深入的思考、贴合自身要求的选择和切实有力的实践，必须有自己清晰的回应，和学生们一起交出符合时代要求和学科发展规律的满意答卷。

然而，在回答这个问题时，高校外语教育依然还是非常容易受到传统教育理念和设计的影响，工具意识强烈，甚至囿于基础性语言技能性训练，在课程体系设置上，实际上还是围绕听、说、读、写、译等语言能力培养做文章；或者是定出不切实际的应然目标，甚至多种不同类型高校在专业外语教育上比较一致地大唱高调。这些倾向都是有问题的。

在面对时代要求时，我们要尊重高校外语教育发展规律；在强调外语学科和专业内在要求时，则应充分考虑时代、乃至社会需求；在充分发挥现代大学知识传承和创新等基本职能时，国家发展乃至个人成长和完善的需求，在理念、方案和实践乃至检验阶段也是必须加以体现的。对高校外语教育来说，工具性与人文性之间，专精和博雅之间，专业、学科常量与跨学科之间，不作非此即彼的选择，不作调和性平衡，不作没有自身发展特色的发展，而应作科学的思考和论证并根据人才培养要求进行相应的探索。

现在，国家明确提出培养全球治理人才②的任务，上外及时响应，在过去已有多年开展国际组织人才培养实践基础上，借鉴相关经验并以“多语种+”的更高理念设立卓越学院，开办“多语种国际组织人才实验班”等③，而且在2020年8月非常鲜明地责成院系和相关学术与人才培养平台，落实全球治理人才要求，以相关素质要求④，结合上外人才培养能力指标——语言能力、学科能力和话语能力，虽不是万川归大海地直奔一个人才培养维度，但无疑已开始对上外相关学科与专业特别是语言类专业产生又一轮展现上外姿态的塑造或深化作用。

为了更深入发展研究生教育，国家从机制上作出新的调整，在哲学、文学、理学、

① 何成：《全面认识和理解“百年未有之大变局”》，《光明日报》，2020年1月3日。

② 亦可参见张毅博：《构筑全球治理人才培养高地》，《中国教育报》2021年5月31日第5版；来梦婕：《新时代全球治理人才培养模式探索与思考》，《神州学人》第1期(2021年)，第30-33页。

③ 谢建文：《德语教育特色创建与问题反思》，《外语高教研究(第2辑)》，上海：上海外语教育出版社，2020：65。

④ 国际组织职员需具备核心价值观、核心胜任力和管理胜任力三个方面共17项素质。国内学者将其概括为价值认同、思维方式、个性特质、交流能力和专业知识五个方面。”见张毅博：《构筑全球治理人才培养高地》，《中国教育报》2021年5月31日第5版。

工学等传统学科之外，设置“交叉学科”①门类，明确提出大力发展交叉学科。上外基于已形成的工作基础自主设置的语言数据科学与运用交叉学科、国别与区域研究交叉学科，此次进入教育部近期公布的学位授予单位自主设置二级学科和交叉学科名单。这两个交叉学科，均各有侧重地涉及外国语语言文学、政治学和工商管理这三个学科，旨在培养语言数据科学与运用交叉学科、国别与区域研究交叉学科新型专门人才等。② 这是上外在面对时代要求、面对国际和面向未来办学格局正发生显著变革的一个表征。

我们再稍稍检视一下近年来上外在学科交叉融合建设上的努力，更可真切感受到一种具有召唤力的前景让人期待。学校在倾向于传统但实际上内部已频频变革的语言研究院和文学研究院等之外，设立脑与认知科学应用实验室、全球文明史研究所和世界艺术史研究所等③，尤其是与国家部委或上海市合作，建立中阿改革发展研究中心、全球治理与区域国别研究院，并在校级跨学科实体研究机构层面，成立语料库研究院，加上中东研究所、中国国际舆情研究中心、中国外语战略研究中心、英国研究中心和丝路战略研究所等组成的智库群，展现了上外具有自身思考角度和行动逻辑的时代回应、目标选择与实践方向。这些机构以其跨领域、跨学科的合作和竞争发展机制，在科学研究、知识生产和咨政服务方面，同时也特别要指出的是在人才培养方面，包括其中的课程供给，均已并将继续作出它们独特的贡献。

上外德语系就是在这样的历史和时代背景前，在上海外国语大学变革的环境中，基于近 70 年的专业发展经验、契合人才培养的内在精神和外部需求，守正创新，核心性地在专业发展方向和相应的人才培养路径上探索个性化的建设道路。

上外德语系德语专业具有本、硕、博三个层面完整的人才培养体系，2017 年在外国语言文学框架下入选教育部公布的双一流大学一流学科建设名单，2019 年获批首批国家级一流本科专业建设点，2020 年和之前的数年共有 4 门课程获评上海高校重点课程、上海市精品课程和国家级一流本科课程。学科、专业和课程这几个层面的采撷，体现了某种荣誉性的肯定，但更多是提示我们，一切的努力，虽有了很好的支点，却需要在建设过程中科学、细致地化为育人的有效现实。

德语系在本科层面，目前已明确形成三个专业方向：德语语言文学+辅修英语、德语语言文学+经济学双本科和德语+工商管理三个专业方向。其中后两个专业方向，在课程设置、人才培养途径和师资队伍配备与建设上，具备鲜明的跨学科性质。第一个专

---

① 亦可参见杨飒、晋浩天：《与哲学、经济学、理学、工学等传统学科并肩——我国新设置“交叉学科”门类》，《光明日报》2021 年 1 月 14 日。

② SISU：《上外两学科进入教育部公布的高校交叉学科名单》，上海外国语大学官网，http：//www. shisu. edu. cn/about/introducing-sisu(2021-8-31).

③ SISU：《上外简介》，上海外国语大学官网，http：//www. shisu. edu. cn/about/introducing-sisu(2021-9-1).

业方向，虽然具有语言文学专业架构内的跨语种性质，但整体而言更属于传统发展路径。在过去的几十年内，我们在复合型人才培养上曾取得很好成绩，2000余名本科毕业生中，非常重要的一部分即属于这一类型。不过，在学校"十二五"和"十三五"规划实施期间，我们清醒地意识到了要拓展语言文学学科的边界效应，因此其中采取的措施之一就是通过引入外脑或通过专业课内容与形式的变革，以强化该专业方向的人文内涵及其厚度；在硕、博人才培养层面，我们则成功地大量引入或联合外脑、外智，采用线上、线下多种教学形式，以跨学科或跨领域性质的课程或讲座群，培养学生的知识能力和专业素质。

2021年9月，德语系与我校国际工商管理学院合作启动德语+工商管理方向人才培养工作。学生由学校录取入德语系该专业方向，在4年的基本学制内，需完成培养方案所规定的总学分192分的学习，其中包括完成公共基础课程和通识教育选修课、德语语言文学专业框架下的大类基础课程和专业核心课程、外语特色课程与专业方向课程，同时还必须完成实践教育环节并以德语撰写工商管理研究内容方面的毕业论文和通过相关答辩。在专业方向课程这一模块，国际工商管理学院提供了近20门课程必修与选修，其中包括管理学、宏观经济学、概率论与数理统计、创业管理、战略管理、商务数据分析、脑与认知科学导论和人工智能导论等。完成规定学业的学生可获得文学学士与第二学士(工商管理)学位证书。

而我们的德语语言文学+经济学人才培养工作，系与德国拜罗伊特大学合作，2000年正式启动招生，早期是本硕连读，在中国完成四年本科学习，合格毕业生赴拜罗伊特大学继续攻读硕士学位；2011年至2016年，毕业生获得文学学士的同时获颁上外经济学第二学士学位，2016年以来的一段时间内，同时获颁的是国际经济与贸易副修学位。而在2019年，该中德合作办学项目得到教育部继续支持，在深化与拜罗伊特大学战略合作内涵基础上，上外和拜罗伊特大学确定双本科合作培养计划和实施办法，也就是说，该项目毕业生在完成德语语言文学与德语经济学两套体系的学业之后，可同时获颁上外签发的文学学位和拜罗伊特大学签发的理学士学位。① 德语语言文学+经济学双本科项目在上外全力推动发展的过程中，从一开始就获得了我国教育管理部门的认可，而且也得到了国家留基委和德国学术交流中心的相关资金支持；在课程设置上，即便是在德语经济学这一部分，也是既考虑了拜罗伊特大学经济学人才培养要求，同时兼顾了课程计划展开的语境意义；在经济学师资队伍建设、教材合作编撰与教研项目和成果等方面积淀丰厚；在整体办学模式上促进了德语语言文学和德国经济学跨专业和跨学科的融合发展；其人才培养成效尤其显著，近500名毕业生中，300多名赴德深造并获得德国经济学硕士学位②，少部分获得博士学位。从某种意义上讲，该项目独树一帜，"成为

---

① 该项目的发展沿革、课程设置、成效评估和问题反思，详见谢建文：《德语教育特色创建与问题反思》.《外语高教研究(第2辑)》. 上海：上海外语教育出版社，2020：63-65。

② 上外教务处：《德语系"微观经济学"公开课顺利进行》，mp. weixin. qq. com(2021-4-27).

全国首个中外颁发文、理两个不同学位证书的项目”①。

我们下面要展开讨论的重点，其实在于：上外本科阶段德语语言文学+副修英语专业方向和硕、博士阶段德语语言文学人才培养如何在课程体系规划和实践方面展开跨学科与跨领域尝试。

早在按照学校要求制订德语系“十二五”尤其是“十三五”学科发展规划时，我们所展开的其中一项工作便是调查、借鉴中外高校德语专业的专业发展方向和课程体系。在国内，我们特别注意到，北京外国语大学德语系（今天已发展成德语学院）在本科三年级起，即以专业方向课程推进学生德语语言、知识和学科能力训练，在研究生培养阶段则设立文学、语言学、德国经济、跨文化交际和外交学五门课程与研究方向，这给我们留下了深刻印象。同时，我们搜检普林斯顿大学德语系的课程设置，发现在文学研习和研究课程之外，他们也非常注重课程体系上的跨学科安排。笔者近期再次细探其课程设置时发现，该校所提供的近50门课程，极少数以进阶性质的语言训练为目的，其余则是体系性地向知识、理论问题和方法训练发展。文学学习与研究及其相关问题体现为核心轴线，既涉及历史线索中的文学演进，也包含部分文学专题，同时，相关课程体系具有清晰的跨学科性质，颇为关注人文研习框架中的政治、哲学、文化和艺术内涵。可以列举的课程包括：哲学引论和文化专题研究如“法兰克福学派文化理论”，文学与哲学关系研究如“尼采与欧洲现代文学”，思想史构架下的主题研究如“德国思想史主题”。“德国思想史主题”主要探讨德国宗教思想家、作家和哲学家的思想史问题，如“自我”“神正论”“偶然性”和“苦行主义”等主题。而且该德语系提供给本科生选择的学习方向就是专业方向性的，包括德国文学、德国哲学和思想史、媒介与美学、语言学、两种文学研习、文化与政治学联合培养六个方向。②

此外，通过勘查与我们处于专业和学科发展相似格局中的海德堡大学新人文学系英文专业，不难发现，他们在初级研讨课这个层面，就已区分供给方向，涉及语言学、文学学、文化学方向；相应细分为：初级研讨课Ⅰ语言学，初级研讨课Ⅱ历史语言学和现代语言学，初级研讨课Ⅲ语言学；初级研讨课Ⅰ文学学，初级研讨课Ⅱ文学学，初级研讨课Ⅲ文学学；初级研讨课Ⅰ文化学，初级研讨课Ⅱ文化学/国情学。再选择性细看初级研讨课Ⅰ文学学模块，其中涉及5门课程描述，初级研讨课Ⅱ文学学模块，内中提供了6门课程描述。前者大抵是导论性质课程，例如“小说研究导论：二十世纪的英国小说”“简·奥斯汀小说导论”，而在第二个模块，则明显具有专题性质，例如“由十九世

① SISU：《SISU学科建设：探索新文科发展新路径，以一流学科建设促学校整体发展》，上海外国语大学官网，http：//news.shisu.edu.cn/gazette/210902-025650(2021-9-2).

② 相关课程目录和简介，参见美国普林斯顿大学德语系简介，美国普林斯顿大学官网：https：//www.princeton.edu/academics/area-of-study/german(2021-8-22).

纪美国女性写作的和关于十九世纪美国女性的颠覆性小说”“颓废与唯美主义”等。①

正如上文已说明的，笔者在此不厌其烦地呈现之前和现在所做的课程体系调研工作，主要是为了借鉴。

我们上外德语系本科阶段的课程设计，近年作了相当多的调整：将阅读课、部分精读课与专业方向课调整为“德国经典著作选读”“中德人文交流文选”“德国国家历史”，增添“德语语言学导论”“中古德语语言与文学导论”“学术研究导论”等；同时力图机制化将作家引入课堂，作为常规写作课程的补充；开辟读书小组例如师生共读《德意志意识形态》并定期讨论、交流；在上海某小学开辟学生实践基地、由德语系学生提供有关欧洲文化与语言学习的教学和文化活动，锻炼也检视自身的知、行态度与方式和社会责任感；引入中德人文交流高端学术系列讲座，让多学科的思想、知识和问题角度也面向本科生开放；充分利用 Gobel SISU 德语网站，让学生在老师指导下就中华优秀文化研习体悟、国外游学观察和社会实习实践认识等撰写德语文章，学习讲述中国故事和世界故事，由之提供学习、思考和交流平台，迄今已发表原创性文章近千篇。也就是说，在思考和调整课程乃至课程体系时，我们也同时考虑到了多种人才培养手段和路径的综合利用，认为不仅课型重要、课程体系重要，而且相关教法、教材、施教主体与学习主体，课程之外的第二乃至第三课堂，也非常重要。在这样的视域内，谈课程、课程群和体系的跨学科、跨领域性，也许才能更切实地抓住问题实质。

但是，比较而言，我们以语言训练和语言能力提升为主要目的的精读课，不论是第一至第二级基础阶段，还是在第三第四高年级阶段，依然还是主线；虽然我们往往也设置有一定数量的专业方向课，具有高度激发力、参与性乃至挑战性的初级研讨课、高级研讨课和专业研讨课还是严重不足；囿于课时限制、师资力量等现实矛盾，课程体系上的学科纵深性存在问题；即或是在课程人文性上有所深化设计，在科技素养上的关照和让这种关照有效落实，依然是个问题。

当然，我们研究生阶段尤其是硕士阶段的课程设置与人才培养方向，按照国家对外国语语言文学一级学科发展方向调整的要求，及时作了相应改变。当然，这里面也充分考虑了我们德语系的研究生教育传统，因此并非一一对应地跟进。比较而言，德语文学方向，因德语系长于文学研究，除获得国家社科基金重大项目和教育部哲学社会科学研究重大课题公关项目等显性支持外，在相关研究和师资队伍方面也比较整齐，因此课程设置体系性比较清晰。而相对地，语言学与教学法研究方向、翻译学研究方向、中德跨文化与比较文学、德语国家文化与历史、区域国别研究等，在课程设置上目前尚不完备，预留的空间有待充实。因此，外脑外智的支持，成为德语系研究生教育一项非常有益的补充。我们延请海德堡大学、柏林自由大学、洪堡大学、比勒费尔德大学和法兰克福大学等高校教授，主要面向德语系硕、博士生开设文学、哲学、宗教学和国别区域研

---

① 相关课程目录和简介，参见德国海德堡大学新语文系英语专业简介，德国海德堡大学官网：http：//www. as. uni-heidelberg. de/kvv/21ws/kvv. pdf(2021-8-1).

究等领域的系列讲座，同时也将之纳入专业方向课体系。

在国家外专局和学校支持下，比方说，近年来笔者所主持落实的海外专家项目就达到10余项，涉及文学与哲学系列等。

文学系列包括：(1)“悲剧理论与悲剧发展史：自古希腊至当代”（2014年3月，17讲，34学时）；(2)“作为欧洲文学之基础的神话与宗教：神学、宗教与神话理论基础与例证分析”(2015年3月，7讲，14学时)；(3)“新时期早期德语诗歌(1500—1800)研究”(2016年3月，18讲，课时36学时)；(4)“德国早期浪漫派研究”(2016年10—11月，16讲，课时32学时)。

哲学/美学系列包括：(1)“康德哲学引论”(2015年3—4月，16讲，课时32学时)；

(2)2015年10—11月，为德语系德语语言文学硕、博士生开设学位课程“尼采哲学”(2015年10—11月，18讲，课时36学时)；(3)“古典美学导论”(2016年4月，16讲，课时32学时)；(4)“叔本华哲学研究：《作为意志与表象的世界》”(2017年11—12月，18讲，课时36学时)；(5)“阐释学研究”(2018年11月，18讲，课时36学时)。①

此外，2020年至2021年学年冬季学期，柏林自由大学联合上外、北京外国语大学和四川外国语大学等，针对这几所高校的博士生展开为期3个月的博士论文主题、问题研讨；2021学年与2022学年春季学期，海德堡大学相关教授特为我系硕、博士生开设为期一个月的专题研讨课——“德语当代文学发展趋势”；同时，我们的博士生同学2021年7月，得以资源共享地参加由北京外国语大学德语学院和柏林自由大学合作举办的为期2周的专题讲座“中、德美学比较”。而且，2021年至2022学年冬季学期，柏林自由大学联合上外等大学举办的第二期博士论文研讨班，也如期开办。迁延至今，这种具有很强学术针对性的讨论已顺利进入第三期。

上述以德语开设的系列讲座/课程，反响良好，既在我们的课程体系上留下了鲜明印记，同时也对学生们的知识能力、思考角度与方法等产生了积极影响，尤其是对学生而言具有长远的学术激发力。

近年来，我们应和时代需求，在研究生教育的人文性和跨学科性培养之外，对硕、博士生培养的命题做了引导性拓展，以区域国别研究范畴内的学术实践和思考锻炼作为一个支点，利用我们既有的获得教育部批准设立的中德人文交流中心平台，相关研究生导师与硕、博士生组成课题或学术任务团队，举办中德教育政策研究系列国际研讨会、中欧/中德关系国际学术研讨会、多类关于中德人文交流等方面内容的学术讲座，翻译、编撰德国教育和文化政策研究与相关领域中德比较研究方面的著作如《德语国家教育报告》系列图书，编译、撰写德国与欧洲新冠疫情状况、抗疫策略及问题的分析文章，以德国大选和阿富汗救援行动等为主题的专题文章近百篇，刊于《上海文汇报》《环球时

① 课程描述与成效评价等，详见谢建文：《德语教育特色创建与问题反思》，《外语高教研究(第2辑)》. 上海：上海外语教育出版社，2020：67-68。

报》《上官新闻》以及上外中德人文中心微信公众号上，既为社会提供了有效的知识供给和问题观察视角，也非常切合培养要求，锻炼了学生们面对纷繁复杂、变化万千之外部世界和时局的问题意识、分析能力和表达能力，也就是说，这综合训练了学生们的话语能力。

然而，就像笔者前面已提及的，在高校专业外语教育中，课程与课程体系无论是在相关学科自身的范畴内，还是溢出学科，能够跨出去，跨得有成效，依然还是要协调一系列其他要素，才能发挥育人重要渠道的作用。

近期在媒体上，西南联大国文课本乃至英文课本被又一次提及，并非为了怀旧。文中介绍，由朱自清、罗庸选编《西南联大国文选》，"从诗经、楚辞、论语到鲁迅、徐志摩，不同时代、不同文体、不同观点俱有，鼓励批判性思维的同时，也为学生提供了个人身份和人格形成的严肃选择"①。而由时任联大外文系主任陈福田主编的《西南联大英文课本》，其中包括"赛珍珠《贫瘠的春天》，林语堂《生活的目的》，毛姆《哲学家》，梭罗《红蚂蚁大战黑蚂蚁》，美国哲学家帕默《英语学习的自我培养》，美国化学家里拉·雷姆森《何为科学》等 43 篇文章，篇篇语言优美，思想深邃"②。西南联大教育的成效无疑是值得肯定的。大家往往由所培养的杰出学生如杨振宁、邓稼先、刘东生和汪曾祺等，认可其教育的成功，也会联想起其强大的师资力量。但我们采引的这两部教材，其中编选的理念、知识与思想的架构，不惟其跨学科性质，还有其选材的包容性等，均可细加琢磨。而且，相关媒体的确不是为了怀旧，而是要整合几支"名师队伍，力图再现西南联大课堂"③。

显然，课堂、师资、教学方式和教学效果也均在他们的考虑之列。相信他们不会是亦步亦趋地仿效，也不相信他们能够亦步亦趋地仿效；想必相关媒体已经想到了当初学生的报国之志，想到了乱世之中小环境内学生们也许因心安而多出了很多时间，也就是说，想必已考虑到了学生作为学习和思考主体的重要因素。不过，如果设定目标真能如愿实现，也是教育的一个有益尝试，而且未必没有启示作用。因为我们看到，课程及其体系的跨学科和跨领域性问题，固然可以技术性地讨论，但更需要放在一个整体的、联动的构架下思考。如果说学校不是政府、不是企业、更不是医院④，而包括高校在内的学校可以首先是教师和学生，那么，我们是否可以说，这两个群体，假使在当下大学行

---

① 中国教育三十人论坛：《培养出两位诺奖得主的西南联大，它的课本为何让人念念不忘?》，https：//www. sohu. com/a/485883994_112404？ scm=1004. 770291450092126208. 0. 0. 686（2021-8-30）.

② 同前注。

③ "三联中读分别联手译林出版社、中译出版社打造《西南联大国文课》《西南联大英文课》音频课程，邀请业内名师深入解读这两本教材，这些老师承袭了西南联大的学术传统，了解彼时文学大师们编撰教材的深意，旁征博引妙语连珠，力图再现西南联大课堂。每一位主讲人都是各自研究领域的佼佼者，因此，这两门课程绝对会给你带来一场不同凡响、极为难得的学习体验。让专业的人带你读有趣而有价值的书"。同前注。

④ 参见秦春华：《学校既不是政府，也不是企业，更不是医院》，mp. weixin. qq. com(2021-8-31).

政化等问题能够在实践中最终合理解决的情况下，或者说决不以此为前提，而有一种使命感，一种情怀，有一种对民族和文化的体认，有自己的国际、国内视野，有一种宽容而清晰的态度，有脚踏实地的工作作风，特别是有自己安静或者能相对安静下来的时间，而促生学校或大学的革新之风，或者稍加限制地说，能让我们的高校外语专业课程改革，获得实现的可能性和面向未来的意义。我们可以有这样的期待吗？

参考文献

[1]SISU. 上外简介[Online]. 上海外国语大学官网，http：//www. shisu. edu. cn/about/introducing-sisu(2021-9-1).

[2]SISU. 上外两学科进入教育部公布的高校交叉学科名单[Online]. 上海外国语大学官网，http：//www. shisu. edu. cn/about/introducing-sisu(2021-8-31).

[3]SISU. SISU 学科建设：探索新文科发展新路径，以一流学科建设促学校整体发展[Online]. 上海外国语大学官网，http：//news. shisu. edu. cn/gazette/210902-025650(2021-9-2).

[4]德国海德堡大学新语文系英语专业简介[Online]. 德国海德堡大学官网，http：//www. as. uni-heidelberg. de/kvv/21ws/kvv. pdf(2021-8-1).

[5]何成．全面认识和理解“百年未有之大变局”[N]. 光明日报，2020-01-03.

[6]来梦婕．新时代全球治理人才培养模式探索与思考[J]. 神州学人，2021(1).

[7]美国普林斯顿大学德语系简介[Online]. https：//www. princeton. edu/academics/area-of-study/german(2021-8-22).

[8]秦春华．学校既不是政府，也不是企业，更不是医院[Online]. mp. weixin. qq. com(2021-8-31).

[9]上外教务处．德语系“微观经济学”公开课顺利进行[Online]. mp. weixin. qq. com(2021-4-27).

[10]谢建文．德语教育特色创建与问题反思[A]. 外语高教研究(第 2 辑)[C]. 上海：上海外语教育出版社，2020.

[11]杨飒、晋浩天．与哲学、经济学、理学、工学等传统学科并肩——我国新设置“交叉学科”门类[N]. 光明日报，2021-01-14.

[12]张毅博．构筑全球治理人才培养高地[N]. 中国教育报，2021-05-31(05).

[13]中国教育三十人论坛．培养出两位诺奖得主的西南联大，它的课本为何让人念念不忘？[Online]. https://www. sohu. com/a/485883994_112404? scm = 1004. 770291450092126208. 0. 0. 686 (2021-8-30).

学术资讯

2023年国家社科、教育部社科基金德语国家相关项目盘点

华中科技大学　谭　渊

2023年9月4日，全国哲学社会科学办公室公示了国家社会科学基金年度项目和青年项目立项名单。进入公示的有重点项目397个，一般项目3185个，青年项目1214个，西部项目500项。数字人文、中国式现代化等成为本年度热点关键词。此后，国家社会科学基金又公示了927个后期资助项目和74个优秀博士论文出版项目。在众多项目中，与德语国家相关项目的总计38个，与前一年的55个项目相比，数量大幅下降。在这些项目中，哲学类仍然独占鳌头，虽然总体上比去年减少了6项，但仍多达17项，尤其是后期项目多达9项，其中尤以康德、海德格尔研究项目居多。从热点词来看，以"现象学""美学""浪漫派"出现次数为最多，如"德国早期浪漫派美学中的东方思想研究""德国早期浪漫派艺术哲学研究"等。此外，在中国文学学科中也出现了"康德的审美模态论研究""德国浪漫主义戏剧理论研究"两个项目，显示了哲学与美学理论的交叉性。

2023年度立项数位列第二的是外国文学大类，共有4个一般项目、2个青年项目和1个后期项目。综合来看，这些项目并没有形成明显热点，研究对象五花八门，从17世纪德国巴洛克戏剧到2019年获得诺贝尔文学奖的彼得·汉德克，纵横数百年。立项课题中较为突出的趋势是研究本身的跨界性和交叉性，如"德语近现代文学经典中的法律题材研究"探索了文学与法律的交叉领域，"亚历山大·冯·洪堡的旅行书写和唯理论批判"探索了旅行文学与唯理论哲学的交叉。此外，东学西渐研究依然占据重要地位，如"中国古代文论在德语世界的传播研究""中学西渐视域下阿尔方斯·帕凯的中国文化书写研究"均体现出学术界对中国文化走出去和中外文明交流互鉴研究的高度重视。此外，涉及文化交流的还有上海师范大学张若玉博士的"德语流亡报刊文学研究"，这也是她继2020年获得教育部社科基金青年项目"上海犹太流亡报刊中的德语文学研究(1939—1949)"之后再次在相同方向获得课题立项，其研究范围则有明显扩大。

在世界历史学科中，本年度有4个课题获得立项。分别涉及中世纪晚期德意志社会观念史、近代早期德意志贵族、19世纪德国公共卫生体系和第二帝国时期的结核杆菌研究。其中，后两个课题有一定重叠，凸显了研究者在当前热点问题影响下对完善全球公共卫生治理体系的关切。

在国际问题研究和中国历史学科中则出现了两个关注中德科技合作的课题，分别为

“东西德对华技术转移与新中国重工业发展研究(1949—1990)”和“德国新政府科技政策及其对中德科技合作关系影响研究”。一个关注历史，另一个关注当代，都与当下中德两国之间讨论最多的科技合作息息相关。

2023年9月15日，2023年教育部社科基金年度项目也进入立项公示阶段。公示结果显示，本年度共有教育部基金项目3482项，其中青年项目2040项，占比高达58%，显示了教育部社科基金在支持青年学者方面的倾斜力度。其中，与德语国家相关的研究项目达到12项，比上一年度略有增加，也均为青年项目。此外，在教育部社科基金后期资助项目中，《维特根斯坦讲演与书信集》作为重大项目获得资助，这不由得让人联想起2019年同样是获得后期重大项目资助的“布洛赫名著《维吉尔之死》的中文全译本”课题，从两个项目的性质来看，后期重大项目明显更注重研究者在典籍整理、翻译方面的长期积累。

从项目的学科分布来看，外国文学相关课题共有3项，分别涉及中古德语文学中的地缘叙事、19世纪德语文学中的战争书写与德意志民族国家建构、德语现实主义小说中的家宅书写与市民价值观构建关系研究。虽然从时间和流派上看不出三个课题的共同之处，但“书写”“叙事”“建构/构建”等关键词频频出现，而“旅行书写”“文化书写”也出现在本年度获得立项的国社科基金项目中，这说明青年学者们开展德语文学研究的切入点主要在于回归文学文本，并以某一类型的文本建构为重点，通过福柯式的知识—话语结构分析，勾画出文本背后所隐藏的民族、国家、市民价值认知。

而本年度获得立项的中国文学课题中同样有两项涉及中德文化关系研究，分别是“‘鲁迅与德国文化’文献资料整理与研究”“世界文学视域下的克拉邦德与中国文学研究”，二者都属于经典的文明交流互鉴研究课题。由于此前在2015年教育部项目中已出现过郭沫若与德国文化场域关系研究课题，作为同样级别的研究项目，鲁迅与德国文化关系研究在本年度获得立项并不令人意外。而克拉邦德与中国文学研究虽然也属于十分令人期待的课题，但德语表现主义文学与中国文化关系是前一时期的研究热点，在前期研究已有相当深度的情况下，课题要取得新的突破有一定难度。有趣的是，曾参加2017年国社科重点项目“德语表现主义文学的中国想象与中国动机研究”并完成博士论文的陈多智博士今年也获得了自己的课题，不过却是在交叉学科下的“‘总体艺术作品’与德语表现主义的跨媒介研究”。此外，同样涉及中德文化关系研究的还有艺术学下的“18世纪欧洲中国观与德国理性主义美学起源研究”。显然，学科虽有不同，但文明交流互鉴却深入人心，成为青年学者开展课题研究的思路来源。

交流互鉴研究的思路也出现在教育学、法学研究课题中，如“德国应用技术大学产业学院主流运行模式与中国选择”“德国工商行会参与现代学徒制的治理经验和中国路径研究”“德国宪法渊源理论：比较与借鉴”。正如课题名称所指出，借鉴德国经验，为走好中国特色社会主义道路提供参考，这正是我辈开展德语国家研究的现实意义所在。

从2023年度国社科、教育部社科项目主持人的所在院校、地理分布来看，北京、上海地区高校的研究人员虽有一定优势，但总体优势并不明显，这折射出当下各地高校对国社科、教育部社科基金项目的激烈争夺。以外国文学学科为例，传统强校北京大学、南京大学、上海外国语大学均未获得立项，北京外国语大学、同济大学也仅各获得 1 个项目，这在近年极为罕见，而华北机电大学、南昌航空大学、中国矿业大学、浙江科技学院等理工院校却首次上榜。当然，在这些理工院校中主持课题的青年学者还是毕业于传统的外语类强校及综合性大学，这仍然显示了传统德语强校在人才培养方面的巨大优势。而京沪地区之外非传统强校的异军突起也在一定程度上折射了人才的“溢出”效应。

附录 1：2023 年国家社科基金中与德语国家相关项目汇总

序号	课题名称	负责人	所属院校	学科
1	马克思主义哲学视阈下近代德国道德哲学情理之争研究	张艳玲	河北师范大学	马列·科社
2	黑格尔对现代性的政治伦理重塑研究	詹世友	南昌大学	哲学
3	康德与狄尔泰历史哲学比较研究	刘凤娟	华南师范大学	哲学
4	对《纯粹理性批判》的非概念论解读研究	袁建新	华南农业大学	哲学
5	德意志神秘主义哲学研究	雷思温	中国人民大学	哲学
6	康德《法哲学反思录》翻译与研究	汤沛丰	暨南大学	哲学
7	卢卡奇海德堡手稿现象学美学研究	秦佳阳	四川大学	哲学
8	德国早期浪漫派美学中的东方思想研究	宋慧羚	四川美术学院	哲学
9	德国早期浪漫派艺术哲学研究	黄江	安徽师范大学	哲学
10	东西德对华技术转移与新中国重工业发展研究(1949—1990)	陈弢	同济大学	中国历史
11	近代早期德意志(德国)贵族研究	王志华	华中师范大学	世界历史
12	霍乱防治与 19 世纪德国公共卫生体系构建研究	徐继承	山西师范大学	世界历史
13	德意志帝国结核杆菌的发现、传播与影响研究(1882—1914)	顾年茂	华东师范大学	世界历史
14	《士瓦本镜鉴》与中世纪晚期德意志社会观念史研究	荆腾	首都师范大学	世界历史
15	马丁．路德与现代性思想文集编译与研究	张仕颖	南开大学	宗教学
16	莫尔特曼的希望人论研究	洪亮	华中科技大学	宗教学
17	犹太喀巴拉神秘主义对本雅明文化批判理论的影响研究	陈影	中国人民大学	宗教学

续表

序号	课题名称	负责人	所属院校	学科
18	二战后美国对德同盟战略及德国的战略自主性研究	雷海花	南开大学	国际问题
19	德国新政府科技政策及其对中德科技合作关系影响研究	孙浩林	中国科学技术信息研究所	国际问题
20	康德的审美模态论研究	陈海静	深圳大学	中国文学
21	德国浪漫主义戏剧理论研究	田艳	中央戏剧学院	中国文学
22	晚清民初德国旅华书写中的“知识中国”形象及其功能研究	叶雨其	湖北大学	中国文学
23	德语近现代文学经典中的法律题材研究	李烨	中国政法大学	外国文学
24	亚历山大·冯·洪堡的旅行书写和唯理论批判	任海燕	湖南师范大学	外国文学
25	彼得·汉德克早期作品中的视觉感知与主体诗学	史良	北京外国语大学	外国文学
26	中国古代文论在德语世界的传播研究	唐雪	西南大学	外国文学
27	十七世纪德国巴洛克戏剧中“君权”观念研究	王珏	华北电力大学	外国文学
28	德语流亡报刊文学研究	张若玉	上海师范大学	外国文学

附录2：2023年国家社科基金中与德语国家相关项目汇总

序号	课题名称	负责人	所属院校	学科
1	德意志造型美学中古典意识的核心问题及当代影响研究	陈宁	东北财经大学	哲学
2	道德形而上学的先声：康德“前批判时期”到“批判时期”伦理思想发展研究	朱毅	苏州大学	哲学
3	康德归责思想研究	胡学源	湖南大学	哲学
4	伽达默尔对诠释经验的现象学重建	魏琴	华中师范大学	哲学
5	质料与意向：从胡塞尔现象学到当代意识哲学	刘畅	南京大学	哲学
6	从“现象学语言”到日常语言：维特根斯坦《大打字稿》研究	梁家荣	温州大学	哲学
7	海德格尔实际性解释学的历史哲学维度	张兴娟	西北政法大学	哲学
8	海德格尔的《道德经》：走向世界的道家辩证法	夏可君	中国人民大学	哲学

续表

序号	课题名称	负责人	所属院校	学科
9	海德格尔前中期思想中的差异问题研究	张云翼	华南师范大学	哲学
10	中学西渐视域下阿尔方斯·帕凯的中国文化书写研究	陈巧	浙江科技学院	外国文学

附录3：2023年教育部社科基金中与德语国家相关课题汇总

序号	课题名称	负责人	所属院校	学科
1	“鲁迅与德国文化”文献资料整理与研究	黄江苏	浙江师范大学	中国文学
2	世界文学视域下的克拉邦德与中国文学研究	饶贝蕾	同济大学	中国文学
3	19世纪德语文学战争书写与德意志民族国家建构研究	史敏岳	南昌航空大学	外国文学
4	中古德语文学地缘叙事研究	孟国锋	同济大学	外国文学
5	德语现实主义小说中家宅书写与市民价值观构建关系研究	殷世钞	中国矿业大学	外国文学
6	“总体艺术作品”与德语表现主义的跨媒介研究	陈多智	山西大学	交叉学科/综合研究
7	德国应用技术大学产业学院主流运行模式与中国选择	梁彤	西安外国语大学	教育学
8	德国工商行会参与现代学徒制的治理经验和中国路径研究	徐纯	天津中德应用技术大学	教育学
9	德国宪法渊源理论：比较与借鉴	冯威	中国政法大学	法学
10	18世纪欧洲中国观与德国理性主义美学起源研究	李昊阳	西南大学	艺术学
11	当代德语世界神经科学与自由意志争论之研究	胡永文	南京理工大学	哲学
12	法兰克福学派的政治哲学思想研究	寇瑶	西安工业大学	哲学
13	《维特根斯坦讲演与书信集》系列翻译(9卷)	张学广	西北大学	哲学（后期重大）

国号之源与民族之魂

——评《德意志之名：德国国名国号及其汉译研究》

华中科技大学　谭　渊

第一次接触到"德国"这个名字时，笔者便产生了一个疑问：这个国名与"德"有什么关系。后来随着阅历的增加，笔者才慢慢知道，这里的"德"原来是"德意志"的简称，与中国古人所说的"道德"并没有什么关系。可是一个新的问题又开始萦绕在脑海中：这个国家和"意志"又有什么关系呢？学习了德语之后，笔者才明白，"德意志"原来是德语中"Deutsch"一词的音译。那么又是谁为这个国家选了这么好的一个译名呢？学习过德语的朋友一定都有过这一疑问。直到近日，当笔者读到林纯洁老师的新作《德意志之名：德国国名国号及其汉译研究》时，这些困扰多年的问题才终于得到了解答。

《德意志之名》一书分为两个部分，第一个部分详细梳理了德国国名的起源和国号的演变，第二部分则研究了德国国名国号的汉译过程。

该书首先从德国国名"德意志兰"(Deutschland)一词的起源说起，先梳理了古罗马帝国时期罗马人对欧洲北部早期民族的统称——"日耳曼人"(Germani)一词的来源。这个称呼最早来自古希腊的波希多尼乌斯大约在公元前70年至公元前60年所著的《历史》。稍后，恺撒在《高卢战记》中也提到了"莱茵河对岸的日耳曼人"。此后，罗马帝国将其在莱茵河沿岸设立的行省称为"小日耳曼尼亚"，而莱茵河以东未被罗马征服的日耳曼人聚居区则被称为"大日耳曼尼亚"。这便是拉丁中的"日耳曼尼亚"(Germania)和英语中的"日耳曼"(Germany)一词的来历，并一直作为德国地理名称在使用。而"德意志"最早其实是指日耳曼人的一种民族语言。公元842年，查理大帝的孙子"日耳曼人"路易和"秃头"查理在斯特拉斯堡结盟反对他们的兄长洛泰尔，为了能让对方的士兵也能听懂誓词，"秃头"查理宣誓时用的就是日耳曼人的这种民族语言。随着查理曼帝国的分裂，"日耳曼人"路易统治下的民众逐步形成了讲德语的德意志民族，他们生活的地域也就获得了"德意志兰"的地理称谓，但直到16世纪之后，其拼写才固定下来，并逐步成为主要的地理名称，进而成为国名。

但国名不等于国号。简单地说，国名是一国的通称，国号则是政权选定的代表政权、彰显国家理念的名称。例如今天德国的正式国号就是"德意志联邦共和国"，其中既包含国名的地理、民族因素，也指向其政治体制和政治形态。可想而知，德国历史上的国号绝不会是一成不变。那么它又是如何演变的呢？《德意志之名》一书随后沿着德国历史的轨迹，一边娓娓道来，向我们介绍着德国历史的风云变幻，一边向我们展示出政治风云对德国国名演变的影响，从东法兰克王国、神圣罗马帝国建立开始，一直讲述到20世纪两德的分裂与统一。书中精心选取的史料多有让人耳目一新之感。例如书中讲到建立神圣罗马帝国的奥托一世，这位开国大帝为显示自己是古代罗马帝国的继承者，使用的头衔便是“罗马和法兰克的皇帝奥古斯都”。他的儿子奥托二世在加冕之初也是采用同一头衔，到公元976年则将其改为“罗马皇帝奥古斯都”，进一步强调了帝国与罗马的承继关系。受此影响，帝国国号在1034年也被定为“罗马帝国”。

不过，与其说《德意志之名》是在梳理德国国名的演变，倒不如说这本书是在借德国国名的演变史，从历史长河中截取一个个精彩的片段，向我们展现着德国历史中的风云变幻。例如，该书告诉我们，中世纪时，这个国家叫“神圣罗马帝国”还是叫“德意志王国”的背后其实还隐藏着一场旷日持久的政教之争。因为查理大帝和奥托一世都将自己视为罗马帝国的继承者，并由罗马教皇加冕，因此在中世纪形成了德国最高统治者须到罗马由教皇加冕才算正式称帝的传统，而在加冕之前则往往自称“罗马国王”，表示自己对罗马拥有统治权。公元1074年，由于皇帝亨利四世与教皇格里高利七世之间爆发了争夺主教叙任权的斗争，格里高利七世将亨利四世称为“德意志国王”，次年，又在文件中将其国家称为“德意志王国”，以此来否定德国的帝国地位和与罗马的政治联系。而到了霍亨斯陶芬王朝的腓特烈一世统治时期，皇帝再次与罗马教皇发生了激烈斗争。1157年，教皇哈德里安四世写信给腓特烈一世，强调是教皇“把帝国的全部权力交给他”。皇帝为了显示帝国权力直接来自上帝，与教会一样神圣，于是在公文中使用了“神圣帝国”的称号。后来，帝国公文将“罗马帝国”和“神圣帝国”合二为一，于是就形成了与“神圣天主教会”分庭抗礼的“神圣罗马帝国”这一国号。14世纪后，在欧洲民族国家兴起的背景下，皇帝越来越强调帝国的德意志属性。1474年，在赫尔曼伯爵写给皇帝腓特烈三世的臣服书中首次出现了“德意志民族的神圣罗马帝国”，随后演变为德国的正式国号。然而由于帝国长期四分五裂，后来伏尔泰嘲讽这个帝国“既不是神圣的，又不是罗马的，更不是什么帝国”。

而后世常用的“德意志帝国”(Das Deutsche Reich)则是1848年德国资产阶级革命期间，德意志各邦国代表组成的国民议会确立的一种新的政治设想，并被写进了1849年3月起草完成的《德意志帝国宪法》。但是直到1871年德国完成统一，“德意志帝国”才正式成为国号。采用这一名称既标志着德国统一大业的完成，也是对1849年帝国宪法的追认。到了1918年，随着德国在第一次世界大战中战败，君主政体的德意志帝国也随之垮台。1918年11月9日下午，德国社会民主党喊出了“德意志共和国万岁！”的口号，而左翼领袖李卜克内西则宣布成立“自由的德意志社会主义共和国”。在这种革命形势下，德国皇帝威廉二世被迫退位，德国建立了共和国。但因为大多数德国人对来之不易的统一怀有深厚的感情，因此随后召开的德国国民议会拒绝了将“德意志共和国”或“德意志合众国”作为新国名的建议，将旧国号“德意志帝国”保留下来，作为德国历史延续的重要标志，只是强调国名中的Reich不再是指帝国，而是指国家。1933年，希特勒掌握大权后，国号也依然没有改变。所谓“第三帝国”其实只是当时流行的说法，不仅从未成为国家的正式名称，而且在1939年就已经被纳粹宣传部禁止使用。它之所以后来如此流行，倒是与反法西斯国家关于The Third Reich的密集报道不无关联。直到第二次世界大战之后，为了表示与纳粹极权统治的彻底决裂，盟军枪口下的德国人才终于放下了他们的“帝国”情结，在东西两块被占领土地上分别成立了德意志民主共和国和德意志联邦共和国。1990年10月3日，德国再次统一，“德意志联邦共和国”终于成为唯一的国号。这种国号的演变正体现了德国历史的特殊性和延续性。

该书的第二部分首先探究了17世纪初以来中文世界对德国的多种称呼，如“入尔马泥亚”“热尔玛尼亚”“阿里曼”“日耳曼”等，接下来该书专门研究了Deutsch如何翻译为“德意志”的过程，该书从通过传教士的早期音译开始爬梳，一直追踪到总理衙门时期中德各种外交文件中译名的变化，并找到了1861年5月中国和普鲁士通商条约谈判期间最早出现“德意志”之名的珍贵文献。通过对德国国名、国号汉译历史的这番不懈追踪，《德意志之名》揭示出了中国对德国认识不断加深的过程，同时也发掘出了中德文化交流史中的一项重要见证。

总体来看，该书有以下几方面特色：

第一，史料爬梳精细，编排合理，通过对德国国号演变的回顾展现出德国历代统治者政治理念的不断变化，将东法兰克王国、罗马帝国、神圣帝国、神圣罗马帝国、德意志民族的神圣罗马帝国、德意志帝国、德意志国、德意志联邦共和国、德意志民主共和国等国号背后的政治、文化渊源有条不紊地呈现在读者面前，显示了作者对史料的娴熟把控和高超驾驭能力。

第二，该书体现出作者在德国史研究上的深厚积累以及对史料的强大发掘能力，在诸多环节上都以小见大，从微小细节入手，见常人所不见，及常人所不及。例如，该书搜集了民国时期《魏玛宪法》的九种汉译本，考证了不同译本对德国国号的不同翻译，体现了当时中国知识界对外国最新制度的学习热情。

第三，该书娴熟地运用了符号学、变异学的研究方法，将短短几个单词所组成的国号、国名中所包含的政治、文化、地理、民族等因素有机地整合为一个整体，通过聚焦于国号演变，将一千多年来德国经历的历史道路、政治体制演变解析得有条不紊，对我们认识德国独特的政治生态、历史文化有着重要价值，也加深了学界对德国政治演变特征的理解，并澄清国内德国史研究领域对德国国名和国号的一些误解。

综上所述，《德意志之名》独到的历史呈现与解读模式打破了传统的结构史学研究方法，将符号学、政治学甚至心理学整合进了一种全新的“历史符号学”叙事，为我们呈现了一部别开生面的德国史，同时也为我们带来了无穷的回味与启发。

《德意志之名：德国国名国号及其汉译研究》

作者：林纯洁

出版社：武汉大学出版社

出版时间：2022 年 2 月

导读：《意第绪语——一门语言的历险记》

南京大学　江雪奇

意第绪语(Jiddisch)对于大部分中国读者而言，似乎仍是比较陌生的。今日真正还在日常生活中使用它的，主要是散居在北美以及其他西方国家的犹太人，然而这门语言的起源、发展与巅峰却都是在昔日的中东欧。《意第绪语——一门语言的历险记》(*Jiddisch-Das Abenteuer einer Sprache*，1962)的作者兰德曼(Salcia Landmann)正来自那片曾经高度多元的土地，她1911生于时属奥匈帝国的加利西亚，其后不久这个犹太家庭便移民瑞士。兰德曼将这本书献给自己家乡的意第绪语——一门具备着悠久的源流、成型于晚近时代、一度攀登过精神高峰、却已然走向没落的悲剧语言。固然直到作者写下此书的20世纪60年代，意第绪语仍是全球犹太社群内部最通用的语言，然而这并无法改变它业已衰微的现实。

"意第绪"这个名称其实是从德语形容词"Jüdisch"(犹太的)而来。犹太人一般发不好ü的音，所以会变异为i。仅从这个名称出发，我们便不难认识到这门语言最关键的特征：一方面它基本上脱胎于德语，另一方面它又是中东欧阿什肯纳兹犹太人的主要母语，带有着浓厚的非日耳曼特征。事实上，意第绪语虽然在历史长河中混杂了大量希伯来—阿拉美语以及斯拉夫语元素，其所使用的希伯来字母看起来也相当小众，然而总体上它与现代高地德语的区别仍然有限：任何通晓德语之人，只要学会了希伯来字母的基本拼写规则，便可以看明意第绪语文本的大意，至多只会对掺杂其中的希伯来语借词感到困惑。而在口头交流中，只要双方都愿意耐心地适应彼此的发音特点，意第绪语母语者与德语母语者之间能够达成较有深度的沟通。也就不难理解，素来都有人根本不愿意承认意第绪语具备独立语言地位，而断言这不过是一种由犹太人使用的德语方言，也即"犹太人德语"(Judendeutsch)而已。就连很多意第绪语使用者，都习惯称呼自己的语言为"Taitsch"，也即"德语"(Deutsch)一词的变音。

犹太人侨居德意志土地的历史可以追溯到极早。中世纪晚期的史志曾记载，乌尔姆(Ulm)地方的犹太人拥有一封信件，其内容是巴勒斯坦的犹太人向旅居德国的同胞汇报耶稣被杀之事。这封信件显然是后世伪造出来的，乌尔姆的犹太人想靠这封假信证明，自己的社群早在耶稣受难之前，就已经生活在德国了，所以在基督受难之事上并无血债，基督徒也无理由迫害他们。这个例子一方面说明，古人并不质疑犹太人极早便已定居德意志地区，另一方面也证实，犹太人罹受迫害的历史几乎也同样久远。另外还有个不能不提的有趣事情是，中古德语英雄史诗《古德伦之歌》(*Kudrun*，老辈学界常称之为

《尼伯龙根之歌》的姊妹篇）现知的最早手稿竟然是用希伯来字母写成的，而且出土于千里之外的埃及。虽然这个文本的奇幻漂流历程如今已难以确考，但这至少是中世纪犹太人积极参与德语文化生活的铁证。

从语言史上说，意第绪语的诞生的确是个例外，它虽然是个混杂的语言，但并不是像一般的皮钦语与克里奥尔语一样，产生于语言互相不通的文化低下的群体（例如中国东南沿海的买办与苦力、巴布亚新几内亚的土著、拉美丛林里的逃亡奴隶）的初次碰撞中，而是诞生于一个平均教育程度高于周边的社群之中。犹太男性原则上全员都能识读经文，故而文化水平高于文盲率较高的基督徒邻居。可即便如此，他们还是在数百年的时间里坚持说着一种被人嘲讽为不伦不类的混杂语言。作者认为，此种现象并非由于这些人无从习得地道的本土语言，而是出自复杂的社会心理及族群身份因素。中世纪德意志土地上的犹太人虽然始终保持着学习希伯来与阿拉美语宗教文献的传统，但是其中大多数人早已接受东道主国的德语作为社交与家庭口语。这也并非什么新奇事情，毕竟犹太人在历史上曾多次改用别族的语言，就连耶稣讲道也是用希伯来化的阿拉美语。本书作者的观点是，最早期的旅德犹太人在口音上与基督徒邻居还并无特别显著的区别，是常年的隔绝与迫害才使得其与周边的语言环境疏离。一次又一次的排犹暴行逼使犹太人不得不朝向相对宽容的东方迁移，从而令那条连接着意第绪语与其母亲德语的“脐带”不再通畅，意第绪语就这样“被迫”开始了自己的独立生命：它一方面吸收了周边的斯拉夫口语的鲜活表达，另一方面也从希伯来语经典中汲取营养，逐步发展为一种驳杂而诡异的独立语言。而即便是留在德语区内的犹太人，也由于社会与物理上的隔绝，在心理及语言上与日耳曼邻居愈行愈远。意第绪语就这样逐渐成了独立的语言。

意第绪语的地位长期是低下的。由于犹太人长期处于社会边缘地位，他们的语言往往也被与犯罪分子所讲的黑话联系起来。德国北部港口城市吕贝克的警察局长亚伟—拉勒芒（Avé-Lallemant，1809—1892）曾经为了破译罪犯之间的暗语，而系统地尝试学习犹太人的语言。在深入了解了意第绪语之后，此人不禁动情地写道：这乃是“一种结合了印欧语言与闪米特语言的特征的、暴力的、悖逆自然的拼凑物，永久都将是一座纪念古老的上帝之民族所遭受的非人的迫害与侮辱的阴郁纪念碑，深深地融进了德意志的文化与语言的大地上，仿佛拷打刑椅之上的斑斑血痕”。的确，意第绪语几乎是一枚诞生在血与泪之中的畸胎，处处遭受着白眼与憎恶。就连高度同情犹太人的德国学者瓦根宰勒（Johann Christoph Wagenseil，1633—1705）都曾轻蔑地称意第绪语是“极度可笑”的。而他自己研习这种语言，也不过只是出于更好地向犹太人传播基督教理念而已，而非对这种语言本身感兴趣。更为可悲的是，意第绪语所遭受的，并不仅仅是来自外人的鄙夷与敌视，就连本社群的精英都对母语充满了羞耻乃至憎恶。历史上的不少犹太学者将意第绪语看作一种堕落的德语。例如哲学家门德尔松（Moses Mendelssohn，1729—1786）谴责意第绪语是“洋泾浜”（Kauderwelsch），呼吁同胞尽早抛弃掉母语，改用规范的德语以便更好地融入社会。沙俄境内甚至还曾有一批犹太启蒙学者向文化部门请愿，要求采取措施将同胞们口中的意第绪语斩草除根。而一贯比较反犹的俄国官僚却拒绝了请愿，理由是此种想法太过不切实际。

当然，即便无法得到来自官方的“支持”，犹太精英还是会在自己力所能及的范围内贬损、扭曲、践踏自己的母语。他们勉为其难地使用这种被认为缺乏教养、毫无文法的土语，只是为了使得希伯来语水平有限的普通同胞能理解自己。在肇始于 18 世纪末、影响深远的犹太启蒙运动(Haskala)中，具有开阔视野的启蒙者(Maskil)群体志在推动犹太人整合入欧洲社会。他们认同门德尔松的理念，相信只有歌德、席勒式的古典德语才是足以承载文化的雅驯语言。启蒙者们虽然也曾以意第绪语言创作过不少文学作品，但是在写作中却总是试图贴近德意志“雅言”，不仅在正字法和句法上极力往标准德语靠拢，甚至还掺杂进大量在意第绪语中根本不具备的近现代德语词汇，故此文风极度生硬、晦涩。此外他们的文学在题材上非常热衷于抨击本民族内部的众多黑暗现象(毕竟外界所强加的黑暗也并不是犹太人靠自己批判的力量就能改变的)，而意第绪语这个四不像的“缝合怪”语言，就常被当作恶劣现象之一，从而大遭鞭挞。犹太启蒙文学家们所面临的尴尬现实是：他们只能用意第绪语来使得同胞明白，讲母语原来是一件可耻的事情，定要将其像垃圾一样抛弃，以求拥抱强势语言。本书作者就此总结道：意第绪语文学可谓是一种浸透着自我仇恨的文学。

时光进入近代，德意志帝国境内的西部犹太人口在外来的歧视排挤以及内在的融合诉求的交相作用之下，半推半就地向标准德语靠拢，代价则自然是疏远、遗失自身的意第绪文化、传统与身份。而与之相对的是，19 世纪下半叶的沙俄的西部与奥匈的东北部，也就是大致相当于今日的波兰、立陶宛、西乌克兰、白俄罗斯、匈牙利、斯洛伐克、摩尔多瓦的地方，意第绪语言文化迎来了一场“文艺复兴”：东部意第绪语知识精英终于逐步意识到了“Mame-Loschen”(母语)的价值，积极地进行母语文艺创作，使得原本上不得台面的土语被雅化为一种可以被用于讨论与创作诗歌、哲学、科学的文化语言。他们之所以在缺乏政治实体的情况下，仍能成功实现此等规模的文化振兴运动，其实是有多方面的原因的。从客观条件来说，东部犹太人数百年来虽然处于斯拉夫民族的汪洋中，但是他们所占有的经济、社会、政治资源往往高于实际人口比例。他们传统上聚居于城市，受到当权者的一定庇护，具有较稳定悠久的独立社区，有能力维持繁荣的文化生活。此外从语言文字本身的特点来说，意第绪语在书写上坚持使用从右向左的希伯来字母体系，这种本为闪含语言设计的文字体系一般只记录辅音，而缺乏表达元音的符号，这一方面固然造成了表音不精准的缺陷，可另一方面，因为各意第绪方言之间的主要语音差异体现在元音上，所以这种不完整标出元音的文字体系反而保障了跨方言性，起到了一种类似中国汉字的效果，为维护文化共同体、建设共同的高等书面文化创造了良好条件。这场“文艺复兴”的结果是，意第绪语言被广泛应用于学校教育、学术研究、出版传媒、舞台艺术，在社会功能上成为几乎可以和其他语言平起平坐的“高等语言”(Hochsprache)，大批经典作家正在这一时期涌现。此外维尔纽斯和明斯克两地还建立了意第绪语研究学院，旨在建设规范的词汇库与正字法。这一系列文化成就一度使得西部不少仍具犹太意识的同胞颇感羡慕。

尽管如此，意第绪语即便在东部犹太社群内部，地位也时常遭到挑战。一方面有不少人受到复国主义的感召，倾向于让古老的希伯来语回归日常；另一方面还有不少人在外在压力下，选择放弃本族语言，融入所居国家的主流文化中。与此同时，外部世界对意第绪语的认识也并不足够。直到 21 世纪，德意志帝国的公众都不甚知悉，原来在东方的边界之外，还有上千万人说着一种与德语既亲近、又遥远的语言。直到第一次世界大战期间，德国决策者才终于意识到了语言相似所带来的便利，故而向东线的战斗与文职人员印发手册与字典，普及希伯来字母拼读规则以及意第绪语口语知识，以便与本地犹太居民沟通。一个有趣的事例是，后来在联邦德国成为政要的卡罗·施密特(Carlo Schmidt)当时正作为年轻少尉在加利西亚前线活动，他不通晓任何斯拉夫语言，所以在与居民交流时头疼不已。当他有一次走进一所简陋的犹太小屋，听到了陌生而又熟悉的意第绪语时，当即震惊不已："这正是我们的古老的尼伯龙根德语!"当然，这句赞叹从语言史的角度来说是完全错误的，意第绪语固然保留了中古高地德语的某些特征，对于德语历史研究具备礼失而求诸野的意义，但它毕竟是一种有生命力的、不断发展的活语言，经历过剧烈的演变历程，绝不能被等同于古语。无论是贬低与歧视，还是浪漫化的拔高，都证明外界对这种独特的语言始终充满了误解。

在第二次世界大战爆发之前，东欧共有 1200 万人使用意第绪语。这个庞大的人口基数基本抵得上一个民族国家。然而由于历史的风云，这种语言还是迎来了自己在旧大陆的末路。纳粹的野蛮屠杀几乎灭绝了德占区的全部犹太人，也销毁了此前数代意第绪语研究者所搜集的宝贵资料。这对于语言文化的传承自然是空前的打击。而战后的苏联境内虽然仍存活着百万级别的意第绪语人口，可即便如此，社群的语言传承也日薄西山。这种颓势具备深刻而复杂的原因：早期苏维埃政权对于境内的各类少数民族语言文化一度持有相当开明的态度，对于犹太人也不例外。何况相对于深奥难解的"资产阶级"语言希伯来语，通俗的意第绪语被认为更"无产阶级"的，所以其发展理所当然地得到过苏联官方的支持。在白俄罗斯苏维埃共和国，意第绪语一度还是官方语言之一。1932 年的苏联有 16 万学童上意第绪语学校。另外苏维埃政权还在远东建立了一个犹太自治区，并设定其主要语言为意第绪语。不过从 20 世纪 30 年代开始，苏联民族沙文主义滋生并演化，由此让意第绪语犹太人的传统、文化和宗教也都沦为敏感话题。无论在犹太自治区还是在欧洲部分，就连犹太民族基本文化知识的传承都成了问题。苏联境内的意第绪语文学虽然并未遭受过真正彻底的禁断，然而伴随着无神论教育的推广和正字法改革，其内容和形式都日渐贫瘠。毕竟不能忘记，这门语言原本是根植于希伯来宗教文化的。教育良好的意第绪语使用者的词汇量约有五分之一源自希伯来语的宗教经典，而这些词汇大多是表示比较高级、抽象、精微的概念的。本书作者甚至认为，虽然意第绪语主要由日耳曼元素构成，然而这都不过只是无机的砖石而已，其灵魂部分仍然来自遥远的巴勒斯坦。切断了犹太传统文化之根，苏联境内的意第绪语言就好比无源之水而逐渐枯竭，退化为一种基本只能应付吃喝拉撒的日常语言。再加上融冰后的苏联犹太人千方百计移民以色列，残余的犹太群体愈加"户口本化"，欧洲故乡大地上最后的意第绪语社群就这样逐渐丧失了生命力。

兰德曼的书还总结了意第绪语中与标准德语有异的词汇，并且搜集了不少格言与笑话，这些资料不但提供了原始的语料信息，还极为生动地反映了意第绪语使用者的历史文化、族群特性与日常生活，具备不言而喻的参考价值。目前汉语世界内有关意第绪语的资料仍然较为稀缺，希望这篇泛泛而谈的导读能够多少激起读者兴趣，以促成未来更为深入的研究。

学术园圃里的又一片沃土

——贺《德意志研究》丛书出版八周年

图宾根大学　顾正祥

20 世纪 70 年代末，笔者在用非所学十年后，有幸从浙南山村落伍西子湖畔，跨进江南学府——杭州大学。其时，恰逢北外的《德语学习》(*Wir lernen Deutsch*)创刊不久，令渴望恢复和强化德语的笔者如饮甘霖。那是一本薄薄的小册子，“小荷才露尖尖角”，却是我初入德语语言文学世界的初恋。如今回想起来，心底仍充满甜蜜的滋味。2013 年，《德语学习》改名为《德语人文研究》(*Germanistische Kulturwissenschaften*)，覆盖面、气派、容量和内涵都上了一个新台阶，更让我仰慕万分。而最让我心存感激的还是六年前川外冯教授的那则书评①，让笔者与该刊又多了一份缘分。

但说到底，要大力反映德意志——世界上一个如此重要国别的历史和文化，要满足偌大中国、十四亿多人口了解德意志历史和文化的迫切愿望，要充当数以千计、数万计日耳曼学者施展才华的宽阔平台，仅一家杂志，一个天地，容量毕竟有限。正巧，八年前的 2016 年，作为“中外语言文化比较研究系列丛书”的《德意志研究》(*German Studies*)，在雄踞武汉三镇的华中科技大学外国语学院应运而生，不啻为该校和该院师生的福音，也是全体中华德语界的盛事。

《德意志研究》丛书的出版，分担了老大哥《德语人文研究》的发稿任务，迄今已出八卷。八轮春华秋实，本应好生庆祝一番。编辑部同仁却甚低调：不发“邀请函”，不办“生日宴”，而嘱不才作一番评估。不才身居海外，隔岸观火，自知很难胜任。然其意可嘉，其情可感，才不揣冒昧，呈小文一篇，求方家斧正。

让我们先一起看看 2016 年出版的第一卷《德意志研究》。其框架为：总序、卷首语、文学、中德文学关系、语言、教育、宗教与历史、附录、编后记、征稿启事、德语系科研成果统计表、德语之缘等栏目。“卷首语”扼要点评和解读收编的学术论文，“编后记”交代杂志诞生的背景、来龙去脉及丛书宗旨。需要说明的是，除“总序”(许明武)、“卷首语”和“编后记”之外，全是本校师生发表过的论文。此举或遭诟病，但其实事出有因：乃按校外语系领导的总体设想和统一部署，德语系开个头，其他各系跟进，拟借

① 冯亚琳：《一部令人肃然起敬的鸿篇巨制——评顾正祥教授的新作〈歌德汉译与研究总书目(续编)〉》，《德语人文研究》，2016 年第 1 期，第 74-75 页。

丛书为根据地，先出一本论文集，借以回顾已取得的成果，激励师生多出成果、出好成果。

实践证明，稿源虽自一校一系，内容却不乏普遍性，因为它们紧扣德意志研究的主题，并展示了一个理工医学科大学的德语实力。一个如此年轻的德语专业不容小觑。尤其谭渊和林纯洁两位中青年才俊，各以五篇系列论文，包揽了“中德文学关系”和“宗教与历史”两栏目，并非游击式的“流窜”，而是有主攻点的“攻坚战”。

首卷《德意志研究》的“编后记”和“征稿启事”明确宣告，丛书将“面向全国德语界同仁和研究生”，从而架起中德文化交流的又一座桥梁，筑成中德比较哲学、史学、文学研究人员和中德日耳曼学者舒展才华和抱负的又一块平台。

要摸清丛书的方针和走向，要考量它的品位和质量，先得看作者的阵容。为此，笔者对历年来的作者群作了抽样调查，拟从三个层面加以审视：

1. 作者的年龄层面

德语界元老冯至仙逝后，近年其门人弟子中亦有多位驾鹤西去，如社科院的叶廷芳（1936—2021），北大的张玉书（1934—2019）、赵登荣（1939—2021）、范大灿（1934—2022）和安书祉（1934—2017）夫妇，又如北外的祝彦（1926—2019）等，当年他们驰骋学坛，功勋卓著，如今已别我们而去，惜哉！尚健在的也都八十开外、垂垂老矣。

笔者在此斗胆做个小统计，将《德意志研究》前五卷的主要撰稿人按年序排列如下：年事最高的要算杨武能（1938 年生），顾正祥次之（1944 年生），邓晓芒再次之（1948 年生）。杨、顾、邓已届古稀或耄耋之年，却宝刀未老，仍在该丛书上露面。20 世纪 50 年代出生的学者，如许宽华（1953 年生）、王克非（1954 年生）、李昌珂（1954 年生）、魏育青（1956 年生）等也快跃居为“老一辈”的行列了；下一个梯队应该是 20 世纪 60 年代出生的，如吴建广（1960 年生）、陈从阳（1965 年生）、张意（1965 年生）、黄燎宇（1967 年生）、赵劲（1968 年生）等年富力强，他们已历练为资深教授。最年轻的梯队应该是叶隽（1973 年生）、谭渊（1975 年生）、王强（1979 年生）、林纯洁（1983 年生）、孟珺捷（1985 年生）、庄玮（1986 年生）等中青年才俊和后起之秀，已成为各高校的顶梁柱和中坚力量，也成了《德意志研究》的主力军。甚至还有二十多岁在读研究生（如王思瑶、孙芳颐、王玉珏、熊姣、李婉婉、李晓书等）的参与。

以上名单约占作者总数的近五分之一，其中有笔者熟悉、不太熟悉或在某种场合、某个会议上有过一面之交的同仁，但更多的是笔者完全陌生的学界新人。这显示中国德意志研究领域后继有人，“江山代有才人出”。

2. 作者的地域分布

《德意志研究》丛书主要面向本国学者，作者来自北大、人大、南大、同济、复旦，山大、武大、华中科大等各大名校；同时也有不少外国学者的加盟，如瓦尔特·比梅尔(Walter Biemel，1918—2015)、博希迈耶(Dieter Borchmeyer，1941 年生)、顾彬(Wolfgang Kubin，1945 年生)、海顿(Ulrich van der Heyden，1954 年生)、戴特宁(Heinrich Detering，1959 年生)、尹芳夏(Eva Schestag，1963 年生)和吴漠汀(Martin Woesler，1969 年生)等。尤其是第 3 卷(2018 年)有五位外国学者，占作者总数的近三分之一。

3. 作者的学术背景层面

《德意志研究》的作者多半有博士以上的学历，还有硕导、博导、文学院院长、德语系主任、国家社科基金项目负责人等，知识层次都比较高。著作等身的大咖也不在少数。即便是年轻族，多半也有国外深造的学历，受过长期的德语训练，再加上从国外捎回的学术资源，用母语、德语写作都能驾轻就熟。据统计，前五卷中有六篇是中国学者写的德文稿，分别出于林纯洁、朱可佳、庄玮、王强等几位之笔。

至于外国学者，也无不声名显赫者，如顾彬，头上戴有“波恩大学教授、汉学家、诗人、翻译家”四顶桂冠；博希迈耶是德国“歌德金奖”得主、巴伐利亚艺术科学院前主席；戴特宁一人荣膺哥廷根科学院、美因茨科学和文学科学院、德意志语言文学科学院和丹麦科学院四个科学院院士。

这就是《德意志研究》开创的天地。在那片天地上，中西作者视野不尽相同，互为借鉴、相得益彰、殊途同归，形成一道独特的风景线。

再看看《德意志研究》开设的栏目。撇开每卷固定的“卷首语”等，前八卷的主体栏目如下：

第 1 卷	第 2 卷	第 3 卷	第 4 卷
文学 中德文学关系 语言 教育 宗教与历史	学者访谈 文学 语言与哲学 德国媒体 历史与文化 译文赏析 书评与综述	学者访谈 哲学与美学 文学与翻译 语言与文化	哲学与诗学 文学 语言 历史与文化 翻译与教学

续表

第5卷	第6卷	第7卷	第8卷
学者访谈 文学研究 语言研究 人文研究 翻译研究 研究评述	文化研究 文学研究 翻译研究 学术资讯	文化研究 文学研究 历史研究 文献翻译 书评 学术资讯	文学研究 人文研究 翻译研究 历史研究 文献翻译 学科建设研究 学术资讯

如果我们放飞思维，不是把一个个栏目的标题看成一个个枯燥乏味的术语，而是看作不同主题不同题材的地标，就会让我们的阅读走进深藏其中的一道道色彩斑斓的景观，从而发现，作者们的视角是如何伸向文史哲的不同领域。

该栏目表显示，各卷的栏目并非固定不变和整齐划一的。如第一卷上的“教育”与“宗教”和第二卷上的“德国媒体”，在前八卷中只出现过一次；“学者访谈”出现三次；“语言”出现五次；只有“文学”贯穿《德意志研究》的每一卷；“中德文学关系”一栏从字面上看只出现了一次(含论文三篇：顾正祥的《试论荷尔德林的中国接受》、孙芳颐的《莎士比亚在德国的经典化历程》和李婉婉的《张爱玲作品在德国的译介与接受研究》)，实际却是贯穿各卷的一根隐形红线。较之前四卷，第五卷的各栏名称多了“研究”两字，含义变得更为清晰明了。

哲学、美学、诗学，三位一体。丛书中，邓晓芒、高小强和瓦尔特·比梅尔三家对黑格尔、康德、海德格尔三大师的解读值得研读。其中，赵劲的论文《洪堡语言哲学思想及其对后世的影响》(2017)，旁征博引、论证严密。文章不长，脚注倒有40条，且是清一色的德语原文，展示了“海归族”学者国外深造的学术背景和业已企及的学术水准。

与上文毗连的谭渊、李晓书的《沃尔夫道德哲学视野中的儒学思想》，探索德国古典哲学和中华儒学经典之间中德文化的异同及交互影响(2017)，别有深意；谭渊对中德作家相互比较和相互影响的研究，还体现在《德意志研究》2016卷“中德文学关系”一栏篇幅不菲的五篇文章中。

著名美学家邓晓芒在《德意志研究》前八卷中三次亮相：(1)《学者访谈：答慧田君有关黑格尔哲学的问题》(2017)；(2)《康德〈实践理性批判〉句读》解读(2019)；(3)《传情论美学的形成及理论资源》(2018)。何谓“传情论”美学？它是邓老“长期现实生活中的审美体验和艺术实践经验的积累”“又经受了哲学，特别是德国古典哲学、马克思主义哲学和德国现代哲学的洗礼”，是邓自创的一种美学新理论，邓美学研究的新成果，得以在《德意志研究》原创首发。恭喜《德意志研究》成了这种新知识、新理论的摇篮和载体而让后学们受益无穷。

值得称颂的是，邓文将哲学从高高的神殿请下，在源深的哲学原理里糅进作者长期的切身体验和独特思考，现身说法、娓娓道来，仿佛在跟读者谈心交心。可以毫不夸张地说，即使是美学理论的门外汉也能读懂它，一如我学生时代读到俄国美学家车尔尼雪夫斯基著的《生活与美学》(人民文学出版社 1957 年版)，在不经意间受到启发，还去书店买了一本。

吴建广的大块文章《发挥专业优势，建设课程思政：〈共产党宣言〉——兼纪念恩格斯诞辰 200 周年》(2019)，含吴译《共产党宣言》全文(德汉对照)和译者导论两大部分。《共产党宣言》既是共产主义的政治纲领，又是德语文学的一部杰作。把它作为德语教材，把思想教育与德语教学融为一体，把耳熟能详的人文经典衍化成鲜活的教学实践，是一个颇有战略眼光的明智举措。

值得称颂的还有译者的执着。自陈望道的首译本问世以来(1920 年 8 月)，一百多年里出的《共产党宣言》汉译本不计其数①，随便哪个译本用作教材都行，吴老师却不图轻松，不走捷径，心犁笔耕，为《共产党宣言》百年汉译史贡献了又一个直接从德语原文译出的新版本，其历史意义和资料价值不容低估。据悉，已有同济博士生把吴译作为研究课题，拿吴译与历史上的各种译本作比较，必有新的启发和认识。文学翻译天地广阔，无法穷极，文学翻译的质量永难封顶，永远有值得探讨的论题。

令笔者不无惊讶的是姜林静以《什么是德意志？——博希迈耶、魏育青和黄燎宇对谈录》为标题的采访稿。什么是德意志？我在六十年前报考上海外国语大学德语系时就思考过，应是德语学生知识的 ABC，怎么会成为当今中德学者研讨的一大话题？没想到，老生常谈新意多，内中学问深似海。不说德国学者的那部鸿篇巨著②，只说这篇对谈录。全文 8825 字，从“德意志”德语原文的词源、汉译、汉译史、日译、英译，用词与译意的褒贬，到探讨“德意志性”“德意志精神”，即德意志民族的特性(如“孤独”；又如是“富于思想，贫于行动”还是“富于行动，贫于思想”等)和德意志在华接受史；涉及的古典作家有荷马、莎士比亚、歌德、席勒、荷尔德林、海涅等；当代作家有格奥尔格、黑塞、马丁·瓦尔泽、郭沫若等；涉及的哲学人物有康德、费希特、叔本华、施莱格尔、尼采等；涉及的音乐人物有瓦格纳、约翰·塞巴斯蒂安·巴赫(Johann Sebastian Bach)和小巴赫(Carl Philipp Emanuel Bach)等；涉及的历史人物有路德维希二世、希特勒、门格勒(Josef Mengele)等；涉及的作品有歌德的《威廉·迈斯特》(*Wilhelm Meister*)、浪漫派的《独居者报》(*Zeitung für Einsiedler*)、托马斯·曼的《浮士德博士》(*Doktor Faustus*)、《一个不问政治者的看法》(*Betrachtungen eines Unpolitischen*)和《约瑟和他的兄弟们》(*Joseph und seine Brüder*)、黑塞的《荒原狼》(*Der Steppenwolf*)、马丁·瓦尔泽的《迸涌的流泉》(*Ein springender Brunnen*)、君特·格拉斯的《铁皮鼓》(*Die*

① 李权兴、任庆海：《〈共产党宣言〉中译史话》，《人民政协报》，2018-06-07。

② Dieter Borchmeyer, *Was ist deutsch? Die Suche einer Nation nach sich selbst*. Berlin: Rowohlt Berlin, 2017: 1055.

Blechtrommel)、海因茨·施拉夫(Heinz Schlaffer)的《德意志文学简史》(*Die kurze Geschichte der deutschen Literatur*)、舒曼的《梦幻曲》(*Träumerei*)等。还有对第二次世界大战后德语文学的评价。

由此可见，标题"什么是德意志"涉及的远不止一个名词概念的解释，还涉及语义学、翻译学、文学翻译接受学、民族学、文化心理学等诸领域。这篇对谈录的张力可谓大矣，不愧为一篇跨语境、跨学科、颇有学术深度的好文章。

无疑，"文学"，包括"文学翻译""文学批评"或曰"文学研究"是《德意志研究》的重中之重，涵盖的范围最广，含量也最丰富。按时间的跨度论，远及神圣罗马帝国(如牛晨波的《符号与象征》，2019卷)、跨越中世纪(如Andreas Gryphius，1616—1664)，直至当代(如Herta Müller，1953年生)；按体裁分，从小说到戏剧如施努累(Wolfdietrich Schnurre)的《在逃亡路上》(*Auf der Flucht*)，从小说到电影如聚斯金德(Patrick Süskind)的《香水》(*Das Parfüm*)；从国别看，从德国的托马斯·曼到奥地利的里尔克、斯蒂芬·茨威格、彼得·汉德克(Peter Handke)和捷克的卡夫卡、美国的马文·托克耶(Marvin Tokayer)和玛丽·斯瓦茨(Mary Swartz)。

《德意志研究》还为读者提供大量中德文化、文学交流的信息，如2020卷中首次出现《2019—2020年国家社科基金德语国家研究项目盘点》，对当年立项的基金立项进行评述，此后便成为每卷的固定栏目，为学界的下一步研究提供了有益的参考。又如张意的《互通精神财富的新"丝绸之路"——〈文学之路〉》(2017卷)，详细地介绍了《文学之路》的酝酿、创刊到有序出版发行，并受到中外学界的认可和赞赏的历程，具有重要的史料价值。

末了，必须承认，笔者虽曾游走于中西文化、文学天地一辈子，也熟悉其文学史上某些代表性作家和作品，而《德意志研究》介绍的作家、题材和作品仍使笔者耳目一新，可见《德意志研究》问世以来，不是原地踏步，不是因循守旧老调重弹，无休止地纠结在几位早已耳熟能详的古典作家身上，而是继续前进，不断拓展德意志研究的新领域。

于是，我们有理由为学术园圃里的又一片沃土——《德意志研究》丛书喝彩。这是一棵在中原大地新生、崛起并茁壮成长的新苗，感谢各位新老作者的辛勤耕耘，让我们分享了一餐餐精神盛宴！此刻，谨奉上我们最美好的祝愿！

百年沧桑——贾译德语《金瓶梅》校勘本评述

图宾根大学　顾正祥

成书于嘉靖、万历年间的世情小说《金瓶梅》是明代市井社会的百科全书，号称“明代四大奇书”之一，被冯梦龙(1574—1646)誉为“四大奇书”之首，在我国小说史上占有极其重要的地位。这份华夏文化的宝贵遗产，海外学者很早就关注到了，并把它们介绍到了自己国家。迄今为止，欧洲德语区(德瑞奥三国)的《金瓶梅》译本，大体有以下几种①(按编年史顺序排列)：

(1)贾柏莲(Hans Conon von der Gabelentz，1807—1874)译本：手稿，历时七年告竣(1862—1869)，是德国汉学史上第一部《金瓶梅》足本译稿。

(2)弗朗茨·库恩(Franz Kuhn，1884—1961)译本：*Kin Ping Meh oder die abenteuerliche Geschichte von Hsi Men und seinen sechs Frauen*《金瓶梅或曰西门庆和他六女人的艳遇史》(莱比锡：Insel Verlag，1930 年)；此为节译本，篇幅近原著的二分之一。纳粹时遭禁(1938 年)，1944 年解禁。在欧美流传甚广。

(3)马里欧·舒伯特(Dr. Mario Schubert)译本，书封上的标题为：*Die Geschichte von Hsi Men und seinen sechs Frauen. Der große chinesische Sitten- und Liebesroman*，《西门庆和他六女子的艳遇史：一部中国世情和恋爱小说的巨著》；内页的标题为：*Chin-P'ing-mei：Episoden aus dem Leben Hsi Mens und seiner sechs Frauen*《金瓶梅：西门庆和他六女子的人生插曲》(苏黎世：Werner Classen 出版社，1950 年)，节译本，331 页。

---

① 散篇摘译不计在内。值得一提的有硕特(Wilhelm Schott，1802—1889)翻译的《水浒传》几个片段(第 1 回和第 23 至第 26 回)：WU Sung，der Held und seines Bruders Rächer (Magazin für die Literatur des Auslandes，1834 年，第 531-532，609-610，614-615，618-619 页)。因为《金瓶梅》最先是从《水浒传》脱胎而来，有学者将这些片段视为《金瓶梅》西传的发端。又如鲁德施贝格(Hans Rudelsberger，1868—1940)翻译的 *Die Liebesabenteuer des Hsi-men*/西门之艳遇(《金瓶梅》第 13 回)，载 Chinesische Novellen 两卷本，Leipzig：Inselverlag，1914 年，第 2 卷，第 5-31 页；又载 Chinesische Novellen 一卷本，维也纳：Kunstverlag Anton Schroll，1924 年，第 37-53 页。值得珍视的还有鲁在前言中将《金瓶梅》称为“现实主义小说之冠”的评述，并提供了早年贾柏莲翻译《金瓶梅》的一些信息(详见第 18-19 页)。

该译本颇遭诟病，被斥为“抄袭”。①

(4)阿图尔·吉拔特(Arthur Kibat，1878—1961)与奥托·吉拔特(Otto Kibat，1880—1956)合译：*Djin Ping Meh. Schlehenblüten in goldener Vase*/《金瓶梅：金质花瓶里的朵朵梅花》(汉堡：Die Waage，1967—1983)，全译本。其实，早在1928年兄弟俩就出版了《金瓶梅》第一卷，1932年又出第二卷(哥达市：Druckerei Engelhard-Reyher印刷厂)，合计20章。1933年被禁止再版。然兄弟二人笔耕不止，历时30余年方竣稿，只可惜没能亲历整部译著的出版，不免令人唏嘘。

(5)贾柏莲(Hans Conon von der Gabelentz，1807—1874)译，马丁·嵇穆(Martin Gimm)、魏汉茂(Hartmut Walravens)校勘本：*Ein Herzensbrecher und seine Frauen. Ein Meisterwerk der chinesischen Literatur, nach der mandschurischen Palastausgabe von* 1708, *erstmals vollständig ins Deutsche übersetzt* (Wiesbaden：Harrassowitz Verlag，2024)②/《风流男子和他的金瓶梅女子们：中国文学的一部杰作，据1708年宫廷满文版译出》(威斯巴登：Harrassowitz出版社，2024年)。校勘本分上、下两大卷，精装，带原版插图200余幅。这一成稿年代最早、新近才出版的《金瓶梅》德语校勘本，经历曲折离奇。而无论译文品位，还是学术配备，都达到了前所未有的水准，堪称中德文学交流史上的一座丰碑。该校勘本是海外汉学百花园里的一方沃土，它的耕耘者让我们感佩不已。

译者贾柏莲出身于东德阿尔腾堡的名门望族，曾在莱比锡大学和哥廷根大学攻读法学和东方语言学，系19世纪德国著名社会活动家、语言学家和满文学家。

贾氏生活的年代，正值清朝时期，中德来往稀少。德人贾氏是如何接触到这部小说的？译著缘何不从中文而从满文译出？首先，当然是贾自身的因素起作用。贾氏一家汉满文化氛围甚浓。贾本人蒙、满语言文学涵养深厚，26岁就发表满语语法专著，后从满文将《四书》《书经》《诗经》译成德文，并编纂《满德词典》(莱比锡，1864年)。贾的次子Georg von der Gabelentz (1840—1893)是莱比锡和柏林两所大学的汉学教授，出版过*Chinesische Grammatik* (《汉语经纬》，莱比锡，1881年)。贾的长子Hans Albert von der Gabelentz-Linsingen (1834—1892)也不示弱，参与过《金瓶梅》的翻译，并在杂志上

---

① 笔者从汉学家魏汉茂(Hartmut Walravens，1944—)处了解到，瑞士汉学家常安尔(E. H. v. Tscharner，1901—1962)曾第一时间在《新苏黎世报》(*Neue Zürcher Zeitung*)等媒体披露舒伯特的一系列抄袭行为：《易经》(*Zürich*：*Werner Classen*，1949)抄袭德国卫礼贤(Richard Wilhelm，1873—1930)；《玉娇梨》抄袭法国汉学家朱利安(Stanislas Julien，1797—1873)；《金瓶梅》抄袭英国汉学家米奥尔(Bernard Miall，1876—1953)转译自库恩的英译本，或整段抄录，或改头换面，或偷梁换柱，却只字不提原译者是谁。常安尔对上述行为的披露使舒伯特声名狼藉，就此销声匿迹。

② 之前还有个试印本。由嵇穆校勘，魏汉茂参编，名为：*Jin Ping Mei. Chinesischer Roman erstmalig vollständig ins Deutsche übersetzt* (《金瓶梅：中国小说首次完整译成德文》)(Berlin：Staatsbibliothek，2005—2013)。该版本无插图、导读和注解等，甚至还有印刷和拼写错误。这是因为两编订者当时都忙于各自的教学、学术或行政管理，来不及悉心打造这部巨著，故为试印本，类似于我国限量发行、只供少数群体阅读的“内部读物”。

发表过《金瓶梅》德文片段。贾的女婿 Richard Julius von Carlowitz-Maxen（1817—1886）贡献更大，他在经商之余兼任驻华使馆的名誉领事，有幸接触到由和素（1652—1718）译成满文（当时的官语）并在清廷印制而秘传的“禁书”——《金瓶梅》。他又通过自己的贸易公司将该书从广州海运到德国。老丈人贾氏当然求之不得，同年就动手翻译。

满文虽是贾的老本行，但要翻译这样一部长篇古典名著谈何容易。要让这部东方语境下诞生的小说在西方语境里复活，会有多少陌生的社会课题和文化现象要解答，会有多少想象不到的障碍要克服！方言、俚语、官话，成语等，没有词典可查，贾就白手起家自己编；没有相关资料可参考，没有对应的表达，也只能独辟蹊径。译稿中留下的大量标记（到这次出版才被去除），记录了贾氏当时遇到的一个个疑点。后人对其给予高度评价：“文字是多么清新流畅，多么朴实无华，毫无刻意雕琢。”①

这里尚有两个谜团需要澄清：

一是贾从《金瓶梅》截稿到其离世，按理还有五年时间可从事译稿的后续工作。何故只留下大部头译稿而无前言后记、批注和解读等配套“软件”？这是否是个缺憾？校勘者魏汉茂不以为然。魏认为，贾虽有翻译该长篇小说的雄心壮志，却并无加工修订其译稿的打算。在满译德的翻译实践中，他注重的是对满语词汇的积累和对满语语法的探讨，以不断完善其副产品——在编的《满语语法》和《满德词典》。也就是说，贾并非因为年岁相逼而放弃《金瓶梅》的修订计划。不无遗憾的是，贾原本还有个专攻汉语语言学的孙子 Albrecht von der Schulenburg（1865—1902）有望接班，他在慕尼黑先后写完博士论文和教授资格论文后被聘为哥廷根大学教授，但无奈天年不测，贾家从此断了汉学香火。贾氏译稿就这样成了一枚未经雕琢的璞玉传于后世。

二是译稿的“失传”之谜。据魏汉茂介绍，所谓的“失传”，应追溯到第二次世界大战后 1946 年的德国，著名的贾氏语言学图书馆被苏军没收，当作“战利品”被运往莫斯科，大家就以为那部《金瓶梅》译稿也跟着遭了殃。两德统一后档案馆开放，译稿才在阿尔腾堡国家档案馆被发现。新近获悉，贾氏语言学图书馆被安置在莫斯科国家图书馆“物尽其用”。

马丁·嵇穆曾在柏林、耶拿、莱比锡、台北等高校攻读音乐学、哲学、汉学、蒙古语学、藏学和日本语文学等，在科隆大学执教 26 年，并获中国 3 所大学客座教授的荣誉证书，著作等身，是欧洲德语汉学史上《金瓶梅》首译全译的考古发现者和校勘本的第一考定者。多亏他慧眼独具，有志于挖掘对华夏文化情有独钟的贾氏家族的历史，在东德阿尔腾堡（Altenburg）国家档案馆，在茫茫故纸堆里发现了尘封一个半世纪、一度误以为早已失传的译稿，挽救了这部历史性译稿的生命，从而刷新了古典名著《金瓶梅》的西译史，更填补了小说满译德的空白，可谓功德无量。

嵇穆教授既深谋远虑，又脚踏实地。手稿发现后，他又沉下心来打磨自己，成了一

① Martin Gimm und Hartmut Walraven：*Ein Herzensbrencher und seine Frauen Jin Ping Mei* 金瓶梅. Wiesbaden：Harrassowitz Verlag, 2024. Einleituag, S. 31.

名普通打字员，长年累月地守着电脑，日复一日地敲击键盘，硬是将 3842 页的手稿一字一句地输入电脑。他不厌其烦，一一校对、纠正手稿中的笔误和读音之误，并将人名、地名的译名规范成当今通用的汉语拼音，最终还补译了贾柏莲未译的满文版前言。这些举措为译稿的进一步整理奠定了基础。

由于嵇穆年事已高，精力不济，他来不及完成的后续工作，就由柏林国家图书馆负责人之一、比他年轻一大截的魏汉茂来继续。魏得天独厚：在精神层面，中国文学的海外传播本来就是他的研究重点——他最熟悉的领域；在物质层面，手头的《金瓶梅词话》《新刻绡像批评金瓶梅》、张竹坡的注释本《第一奇书》，尤其是 1708 年的满文版《金瓶梅》(电子版)等版本他左右逢源。魏先前与嵇穆合作过，于是，他毅然接过嵇穆的接力棒，继续《金瓶梅》的校勘和修订。

虽有上述优势，但付诸实践时仍会面临巨大的挑战。据称，魏付出了整年的心血才使修订版《金瓶梅》有了面的改观和质的飞跃。出于魏之笔的内容包括：一份提纲挈领、引领读者走近《金瓶梅》的导论(Einleitung)、一份《金瓶梅》西传文献目录(Bibliographie)、一份书中人物的人名索引(Personenverzeichnis)、一份专业名词的译名索引(Verzeichnis von transkribierten und glossierten Ausdrücken)、一份词牌和曲名汉德对照表(Erwähnte Melodien und Lieder)和多达 1041 条的注释(Anmerkung)。魏还补上了原译者囿于当年司法或伦理而不得不回避的性描写。由于这些补充，译本的校勘本具备了与张道深(字自得，号竹坡，1670—1698)评注本相似的品质。相异之处仅在于，张本的注释是眉批、夹注、边注等，魏本的注释是脚注。最能体现校勘本学术性的，一是导读，二是注释。

导读是校勘本的统帅和纲领。魏先给出总体评价，称小说是“中国文学伟大的叙事作品之一，属于明代四大长篇小说”，并认为“尽管恣意纵乐的描写屡见不鲜然非色情小说，语言平实，性爱描写的镜头恰如其分地融入了故事情节的发展”；继而深入“腹地”，介绍小说原著的写作年代，小说的作者，小说的内容和结构，小说主角(西门庆、潘金莲等)的人物分析，小说与《水浒传》的渊源关系，小说的不同版本(包括插图情况及插图作者)、不同特色及在不同历史时期的不同遭遇等，接着介绍小说的域外部分，包括德语译者的身份、资质和语言能力，译著的发端，译著的品质——即艺术成就和学术价值，译著在历史上的沉浮及其在欧美、东亚与港台的流变。其学术水准企及今日国际《金瓶梅》研究前沿，反映了国际《金瓶梅》研究的最新成果。

再来看注释。古典小说文化底蕴深厚，涉及彼时彼地政治、经济、军事、世俗和文化的方方面面，华夏文化特有的人名、别名、外号、官名、药名、食名、亭台楼阁、名胜古迹名，可谓层出不穷。若将其机械地按音译，势必面目全非，让人啼笑皆非。以汉语为母语的中国读者尚且需要详尽的注释，如张道深评点康熙本有眉批、旁批、行内夹批，一应齐全，何况对华夏历史和文化知之甚少的普通外国读者，要读懂这部小说会遇到时空双重隔阂。据传，当年贾译《金瓶梅》不是为了发表，因此，除译文之外并没留下任何其他文字，这回就由魏补上。于是，魏参照了《金瓶梅》的满文版和包括张道深注释本在内的各种中文原版，又来来回回，把贾译不知研读了多少遍，方能作出人名索引 800 余条，注明它们的汉语拼音、中文姓名，别名、身份、亲属关系、生卒年月和所在页码，添加脚注 1041 条，显示了一位文史学家和比较文学专家的宏观意识和博学深邃。

书后所附《金瓶梅》的译介书目(Bibliographie)则系魏在修订《金瓶梅》时实际接触的文献目录，并不提供《金瓶梅》在世界各地传播的全部信息。这类目录的编排有多种方式，有按著者的音序，有按编年史顺序，也有按国别或文献类别，其效应不尽相同，不能一概而论。笔者认为，跨国跨界文献以国别分类，史料文献以编年史顺序排列更为脉络分明。

魏坦承，他在翻译实践中也遇上了与先辈贾氏相类似的难题：源语中的药材、服饰、官衔、礼仪等，在目的语中找不到相对应的表达。当今词典再多，也给不了相关的答案。又如菜肴，因年代久远，从小说原创(嘉庆至万历年间)到满文版出版(1708 年)再到贾译手稿(1862—1869 年)，时过境迁，哪知道当年他们享用了什么山珍海味?！在意义不很明确的地方，魏只得根据上下文作些必要的调整。

值得珍视的还有魏对《金瓶梅》色情描写的见解。在魏看来，《金瓶梅》里的色情描写与传统欧洲文学里的色情描写形成鲜明的反差。后者多半由唯利是图之徒炮制，以牵强附会的情节拼凑起不堪入目的镜头，只为了取悦读者，带有明显的商品色彩。而《金瓶梅》里的色情描写并非吸引读者的手段，而是服从故事情节发展的需要。魏认为，西门庆这个角色并非我们从表层看到的水性杨花、拈花惹草、逢场作戏，他每每跟这位或那位女子调情、厮混，都为某种利益所驱使而不能自拔，因此每场“艳遇”背后都暗藏心机。这是作家的独具匠心，也是小说的灵魂所在。

笔者在此要感谢德国友人敢于触及艳情文学这个敏感主题，理直气壮地为《金瓶梅》正名。魏的论断佐证了中国的有识之士对《金瓶梅》的客观评述：《金瓶梅》不是艳情小说，而是世情小说！一字之差，天壤之别呵！当然，对尚未入世的年轻人，还是要作必要的引导(如导读、解读等)，以免产生不必要的负面影响。

最后想说的是：嵇穆、魏汉茂二位当代德国学者，与生活在一个半世纪以前的贾柏莲在旷世巨著《金瓶梅》不期而“遇”，百年沧桑，始得奇缘。这个缘分源自德国汉学家、文献学家和满文学家们的同宗同脉，源自渗透在他们骨子里的对华夏文明的崇敬和痴迷，让他们穿越时空一起“走”到今天，共同书写中德文学交流的重要篇章。